신뢰 사회로 이끄는 거래의 혁명

블록체인노믹스

신뢰 사회로 이끄는 거래의 혁명

블록체인노믹스

오세현 · 김종승 지음

한국경제신문

기술 혁신 그리고 인공지능의 출현으로 우리의 미래가 전례 없는 풍요의 시대가 될지, 소수가 독점하는 불안한 미래가 될지 논란이 되고 있다. 하지만 블록체인은 신뢰와 공유의 기술로서, 인공지능으로 인해 제기됐던 사회적 문제점들도 보완해줄 것이다. 우리는 블록체인이 가져올 눈앞에 닥친 혁명적 변화를 간과해서는 안 된다. 기업 입장에서는 더욱 그렇다. ICT, 컨설팅, 경영 등 여러 분야에 걸쳐 많은 지식과 경험을 쌓은 저자는 이 책에서 본격적인 블록체인 시대를 앞두고 우리가 알아야 할 것들을 쉽게 이해할 수 있도록 기술하고 있다. 변화의 현 시대에, 기업 경영자와 관리자들은 이 책을 반드시 읽어보기를 권한다. 책을 덮고 나면 새롭게 펼쳐질 미래가 보일 것이다.

_ **이호수** SK텔레콤 ICT기술총괄 사장 · 공학박사

블록체인 전도사를 자처하며 2017년 한 해 10개월 동안 180여 회의 강연, 교육 및 회의를 하면서 많은 사람들에게 받은 질문 중 하나가 블록체인이 왜 4차 산업혁명의 핵심 인프라가 돼야 하는지 구체적인 사례를 들면서 블록체인의 정치적, 사회적, 경제적 가치의 기대 효과를 설명해달라는 것이었다. 짧은 지식으로 나름대로 설명했지만 항상 국내의 블록체인에 대한 인식 제고와 블록체인 산업 활성화를 위해 참고할 만한 국내 서적이 매우 부족하다고 느꼈다.

특히, 내가 번역을 감수한 《블록체인 혁명》이 이해하기 어렵다는 이야기를 자주 들어왔고, 그때마다 좀더 쉽게 블록체인 기술과 영향에 대해 참조할 만한 책이 필요하다고 생각하던 시점에 내가 바라던, 아니 블록체인을 알고 싶어하는 사람들에게 꼭 필요한 내용을 담은 서적이 발간된다는 사실에 매우 기쁜 마음으로 추천하고자 한다.

저자는 '블록체인노믹스' 개념을 4차 산업혁명의 핵심 인프라로서의 역할뿐 아니라, 미래 세상의 근본적인 경제적, 사회적 질서의 틀을 혁신하는 것으로, 즉 블록체인 기술의 본질적인 의미를 내포하는 함축적 의미로 표현하고 있는 것 같다. 다시 말해 블록체인노믹스에 대해서는 그동안 내가 역설했던 블록체인 패러다임과 블록체인 리엔지니어링을 완성하는 더 큰 개념으로 이해할 필요가 있는 듯하다.

무엇보다도 저자는 블록체인 기술의 가치에 대해 많은 고찰을 한 것 같다. 현재 실행되고

있는 다양한 블록체인 서비스를 분석해 블록체인 기술의 가치를 구체적이고 명확하게 제시하고 있다. 저자는 《블록체인노믹스》를 통해 우리에게 블록체인 기술로 탄생할 미래 세상을 구체적으로 펼쳐 보이면서 인류가 추구하는 보편적 가치가 블록체인 기술로 실현될 수 있음을 보여준다.

《블록체인노믹스》는 블록체인 기술로 인해 긍정적으로 변화될 미래 세상을 경제적, 사회적 관점에서 실제 사례를 바탕으로 구체적이고도 논리적으로 설명한 책이다. 무엇보다 실증 사례를 바탕으로 설명함으로써 블록체인의 기술적인 특성뿐만 아니라 그 가치를 쉽게 이해할 수 있게 해준다.

아무쪼록 《블록체인노믹스》를 통해 블록체인 기술에 대한 올바른 이해를 바탕으로 다양한 블록체인 기반 서비스가 창출돼 블록체인 산업육성에 도움이 됐으면 하는 바람이다. 익명의 누군가가 우리 인류에게 가져다준 선물인 블록체인의 본질(탈중앙화된 P2P 기반 신뢰확보 기술)을 우리 모두가 정확히 인지해, 현재 우리나라가 갖고 있는 다양한 경제적, 사회적 문제점들을 해결할 수 있는 구체적인 방안이 마련돼, 우리나라가 블록체인 강국이 됐으면 한다. 그 희망찬 '블록체인 세상'을 위해!

_ 박성준 동국대학교 국제정보보호대학원 블록체인연구센터장 · 암호학 박사

인터넷이 사람들이 정보를 기록, 습득, 전달하는 방식을 혁명적으로 바꿔 놓았다면, 블록체인은 가치를 지닌 모든 것들이 기록되고 전달되고 유통되는 방식을 근본적으로 바꿀 것이다. 이 말은 블록체인을 소개하는 자료에서 흔히 인용되는 문구지만 실제 블록체인이 무엇인지, 어떤 모습으로 그런 변화가 일어난다는 것인지를 전문가가 아닌 사람들이 이해하기란 매우 어렵다. 그러나 30대 이상의 독자라면 누구나 불과 20여 년 전 인터넷의 기능이 간단한 이메일을 주고받고 뉴스 정도를 찾아보는 수준에 지나지 않았음을 쉽게 떠올릴 것이다. 오늘날에는 인터넷을 쓰지 않고 오롯이 하루를 보내는 것조차 몹시 불편하고 어색하게 느껴질 정도로 인터넷은 우리 생활 깊숙이 자리 잡았다. 닷컴 열풍 시기와 모바일의 급속한 보급 시기를 거치는 동안 인터넷의 새로운 활용 영역을 개척한 기업들은 구글, 페이스북, 알리바바처럼 세계 경제의 새로운 주축기업으로 자리 잡았다. 이제 또 다른 기회의 막이 오르고 있다. 많은 IT 전문가들은 블록체인이 앞으로 수년 내에 기업에는 새로운 성장의 기회를, 개인과 사회 전반에는 새로운 편의와 삶의 혁신을 제공할 것이라 예측한다. 블록체인 기술이나 철학이 활용될 수 있는 영역은 인터넷만큼이나 무궁무진하다. 가상화폐, 금융거래, 부동산 등기, 외화송금 및 결제, 농산물 이력관리, 수출입 물류 등 이

미 블록체인 방식이 도입되고 거래 비용을 획기적으로 줄이는 성공사례가 하루가 멀다 하고 소개되고 있다.

이 책은 블록체인이라는 생소한 개념을 매우 쉽게 풀어서 설명하고 있는 훌륭한 입문서이자 실생활 적용을 염두에 두고 있는 분들이 참고할 수 있는 실용적인 참고서다. 명확한 개념 정의를 제시하면서도 실제 산업에서 활용되고 있는 초기 단계의 사례들을 적절하게 소개함으로써 기술을 통해 새로운 미래를 열어갈 꿈을 꾸는 사람들에게 앞선 출발선을 제공한다.

개념을 정의하는 능력, 새로운 언어를 만들어내는 역량이 곧 창의력이고 1등 국가나 기업이 가진 고유 역량임을 고려할 때, 대한민국이 블록체인 기술의 선도국가가 되고 우리가 시도하고 정의하는 방식이 글로벌 표준이 된다면, 블록체인은 IT강국 대한민국을 한 단계 더 도약시키는 원동력이 될 것이다. 이 책이 블록체인이라는, 아직은 미지의 세상으로 항해를 떠나려는 분들에게 유용한 나침반이자 보물섬 지도가 되기를 기대한다.

_ **송기홍** 한국IBM Global Business Service 대표

대한민국은 3차 산업혁명의 최대 수혜자다. 그러나 4차 산업혁명은 아직 준비되지 못했다. 이제는 지금까지의 성공방식인 중앙집권 · 수직 · 획일화된 조직문화를 분권 · 수평 · 자율적 조직문화로 바꿔야 한다. 이 작업을 위한 철학적, 문화적, 기술적 플랫폼이 바로 블록체인이다. 《블록체인노믹스》는 이러한 블록체인이 어떻게 금융혁신을 넘어 정치 · 사회 · 문화 · 보건 · 기술 혁신을 가져오는지를 잘 설명해주고 있다. 블록체인노믹스를 바탕으로 후대에게 자랑스러운 대한민국을 물려주자.

_ **인호** 고려대학교 컴퓨터학과 교수 · 한국블록체인학회장 · 공학박사

비트코인으로 시작된 블록체인에 대한 관심은 이제 전 세계 GDP 10%가 블록체인으로 운영될 것이라는 세계경제포럼의 발표가 무색할 정도로 매우 빠르게 확산되고 있다. 이제는 '블록체인은 무엇인가?'라는 차원에서 '블록체인으로 무엇을 할 수 있을까?'라는 실효성 측면으로 우리의 물음이 옮겨가야 한다. 이 책은 다양한 분야의 사례 연구와 창의적인 비즈니스 가치 창출이라는 측면에서 지금 우리에게 꼭 필요한 블록체인 가이드가 되리라 확신한다.

_ **홍승필** 성신여자대학교 융합보안공학과 교수 · 한국블록체인학회 부회장

공유경제 개념이 확산되면서 렌탈시장도 변화의 소용돌이 한복판에 서 있다. 소유에 대한 인식의 변화가 디지털 기술과 결합함으로써 새로운 소비문화를 만들어낼 것이다. 이 책은 그 같은 시장의 패러다임 전환 요구에 대한 답을 보여주고 있다.

_ **표현명** 롯데렌탈 대표이사 · KMC(한국마케팅클럽) 회장 · 공학박사

《블록체인노믹스》는 기념비적인 저서다. 이 책은 블록체인을 통한 풍부한 디지털 혁신 사례와 방향성을 집약적으로 담고 있다. 블록체인은 비단 금융권만의 프로젝트가 아니다. 한국전기안전공사에서는 SK텔레콤과 함께 세계 최초로 전기 아크 데이터를 블록체인으로 저장하고 관리하는 프로젝트를 진행했다. 민간기업뿐만 아니라 공공기관에서도 이 시대에 맞는 '혁신'을 본격적으로 추진할 때다.

_ **황용현** 한국전기안전공사 안전이사

건설업 고유의 작업환경으로 인해 건설현장은 다른 산업현장에 비해 ICT로 인한 혁신범위가 제한적이었다. 그러나 이 책은 블록체인을 통해 건설 프로젝트에 참여하는 수많은 이해당사자들에게 프로젝트 전체의 빅데이터와 그 흐름을 공유할 수 있는, 그동안 꿈꿔오기만 했던 그 미래가 머지않아 현실이 되리라는 것을 알려준다.

_ **김정철** 현대건설 건축사업본부장(부사장) · 공학박사 · 기술사

엔터테인먼트 산업은 이미 디지털 혁신의 바람에 올라탄 지 오래다. 블록체인 기술은 콘텐츠 비즈니스 사업의 혁신과 창조를 더욱 가속화시킬 것이다. 이 책은 이런 빠른 변화의 시대에 어떻게 대비해야 하는지 그 방향을 제시하고 있다.

_ **이경배** CJ올리브네트웍스 IT사업부문 대표이사

전력과 에너지 산업에서 4차 산업혁명은 빠른 속도로 전개되고 있다. 산업 전반에 혁신적인 영향을 주고 있는 블록체인은 전력과 에너지 산업에서도 새로운 변화를 야기할 것이다. 전력분야의 융 · 복합 기술 선도를 위해 이제 블록체인을 알고 미래를 준비할 때다.

_ **임수경** 한전KDN 사장 · 공학박사

블록체인 기술의 확산으로 기업투자 시장도 변화가 예상된다. 최근 블록체인 기반 ICO라는 금융기법으로 기존의 기업투자 생태계가 영향을 받기 시작했다. ICO는 새로운 방식의 자본조달을 가능하게 함으로써 혁신적인 아이디어를 가진 스타트업들의 등장을 촉진하는 시스템이 될 수 있다. 블록체인의 영향력과 파괴력에 대해 잘 보여주고 있는 이 책이 혁신을 고민하는 이들에게 나침반이 되어줄 것이다.

_ **민현기** 스카이레이크 인베스트먼트 사장 · 공학박사

20여 년 전 인터넷이 세상을 바꿨다. 10여 년 전 스마트폰이 또 다른 세상을 만들었다. 이제 블록체인이 4차 산업의 중심에서 전혀 다른 세상을 만들어내고 있다. 블록체인은 핀테크에 머물지 않는다는 저자의 주장에 공감한다. 그리고 블록체인은 독립적인 기술로서보다는 다른 디지털 기술과 결합됨으로써 그 위력을 발휘할 것이다. 이 책은 디지털 트랜스포메이션을 고민하는 모든 실무자에게 도움이 될 것이다.

_ **유동욱** 신한데이타시스템 대표이사

이 책은 파괴적(Disruptive)이면서 혁신 인프라(Innovation Infra) 기술인 블록체인이 가져올 미래를 분야별로 쉽게 잘 설명하고 있어서 블록체인 기술을 명확히 이해하는 데 큰 도움이 된다. 특히 나와 같은 증권의 중앙집중 예탁결제업무 담당자들이 블록체인 기술의 기회요인과 위협요인을 잘 파악해 대응할 수 있도록 해주는 길잡이가 될 것이다.

_ **정승화** 한국예탁결제원 전략기획본부장

조만간 부동산 산업도 다른 모든 산업분야와 마찬가지로 신기술로 인한 창조적 파괴를 겪을 것이다. 특히 블록체인은 모든 신기술을 담아내는 인프라 기술이며, 이를 기반으로 혁신이 설계될 것이라 한다. 우리의 사회경제 모델에도 영향을 줄 블록체인으로 인해 부동산 산업이 어떠한 모습으로 발전할지 궁금하다. 이 책은 상상력이 필요한 블록체인에 대한 이해에 매우 도움이 되는 책이다.

_ **이강성** 한국자산에셋운용 대표이사

스마트 컨트랙트, 블록체인이라는 새로운 혁신기술이 세상을 변화시키고 있다. 인터넷이 정보독점 문제를 해결했듯이 블록체인은 데이터의 신뢰문제와 비즈니스 방식을 혁신할 것이다. 블록체인 기술을 이해하는 것도 중요하지만 사용자에게 어떤 가치를 담아 전달할 지에 대해서도 충분한 고민을 해야 한다. 이 책이 블록체인이라는 새로운 플랫폼으로 어떻게 비즈니스 방식을 변화시킬 수 있는지, 그 속에서 우리는 무엇을 할 수 있는지를 제시해줌으로써 블록체인 혁명에 동참할 수 있도록 여러분을 도와줄 것이다.

_ **어준선** 코인플러그 대표이사

블록체인은 사회시스템을 비약적으로 변화시키고 결국에는 사람들의 행동방식을 변화시키는 기술이다. 이 책은 블록체인이 무엇인지에 대한 설명을 넘어, 블록체인을 어디에 어떻게 적용해야 하는지에 대한 통찰을 제공하기에 충분한, 이 시점에 꼭 필요한 책이다. 특히 4차 산업혁명의 핵심인 사물인터넷, 인공지능 등 디지털 트랜스포메이션 기술과 블록체인과의 관계를 직관적으로 명시했다. 정부, 금융, 제조, 의료, 법률 등의 분야와 거버넌스, 사회경제에 미칠 영향에 대한 고민도 진하게 묻어난다.

_ **이경준** 데일리인텔리전스 대표이사

저자가 이 책에서 말했듯이 블록체인은 더 이상 4차 산업혁명의 요소기술 정도가 아니다. 1차 산업혁명이 '증기기관' 이라는 범용기술로 세계 역사의 새로운 장을 열었듯이 4차 산업혁명에서의 증기기관은 블록체인 기술임이 분명해졌다. 이 책은 '그러면 이제 우리는 어떤 세상을 준비해야 하고, 무엇을 해야 하는가?' 에 대한 가장 명료한 전망을 담고 있다. 실제 블록체인을 준비해야 하는 기획자 또는 현장에서 블록체인을 추진 중인 실무자들의 필독서가 될 것이다.

_ **김의석** 한국조폐공사 블록체인사업팀장 · Blockchain Economy Frontier Forum 공동설립자 · 공학박사

블록체인이 가져올 거대한 변화

최근, IT에 익숙한 사람들뿐만 아니라, IT에 종사하지 않는 일반인들조차 블록체인, 비트코인, 이더리움, 가상화폐, ICO라는 단어들을 화제에 올리며 이야기하고 있다. 어떤 이들은 투자의 대상으로 생각하기도 하고, 어떤 이들은 블록체인이라는 익숙지 않은 단어가 가져올 미래의 변화를 두려움과 기회로 생각하며 이야기를 나누기도 한다.

블록체인이 사람들 사이에 자주 회자되기 시작한 것은 2016년 하반기부터였던 것 같다. 처음에는 비트코인과 블록체인을 혼동해서 정리된 문서들도 있을 정도로, 비트코인과 블록체인의 개념을 정립하는 데 적지 않은 시간이 걸렸다. 그러다 보니, 비트코인의 한계를 블록체인의 한계로 오해하는 해프닝이 벌어지기도 했다. 비트코인은 블록체인 기술을 활용한 하나의 서비스에 불과하다. 블록체인 기술을 활용해서 만들어진 비트코인이 갖는 한계가 블록체인 원천 기술의 한계는 아닌 것이다. 마치 시멘트와 철근 콘크리트가 발명되면서 기존에 진흙과 나무로 짓던 집의 형태가 2층도 될 수 있지만, 120층의 거대한 마천루가 될 수도 있는 것과 마찬가지다. 초기에 시멘트와 철근으로 2층짜리 집을 지어놓고, 나무로 짓는 2층집과 다르지 않다고 말한다면, 이는 시멘트와 콘크리트의 성질을 잘못 이해한 것이다. 또는 시멘트와 철근으로 2층밖에 짓지 못한다고 한다면, 이것 또한 커다란 오해다. 마찬가지로 비트코인도 블록체인 기술을 활용한 하나의 서비스일 뿐이다. 비트코인의 한계가 블록체인의 한계일 수는 없다.

처음에 비트코인에 적용된 블록체인은 퍼블릭 블록체인이었다. 이는 우리에게 개념적으로 익숙한 P2P 거래와 같이 참여자 모두가 연결돼서 참여자들끼리 거래할 수 있는 구조다. 그동안 비트코인이 가상화폐 거래의 내용을 담을 수 있는 구조였다면, 2015년에 이더리움 플랫폼이 등장하면서 소프트웨어의 구동을 담을 수 있는 플랫폼 개념을 선보였다. 블록체인을 이야기하면서 스마트 컨트랙트라는 단어가 같이 나오게 된 계기이기도 하다. 이로써 가상화폐의 활용에 머물던 블록체인의 응용분야는 금융을 넘어서 유통, 물류, 공공, 의료를 포함한 다양한 분야로 확산되고 있다.

2016년이 되면서 세계 각국에서 블록체인에 대한 관심이 폭발적으로 늘어나게 된다. 미국의 몇몇 주에서는 블록체인 공증문서의 법적효력을 보장하려는 움직임이 있고, 총기 추적관리와 전자투표 관련 법안 논의도 이루어지고 있다. 영국의 고용연금부는 복지수당 운영에 블록체인을 적용하는 방안을 모색 중이다. 두바이에서는 블록체인을 활용해 입국심사를 간소화하는 방안을 연구하고 있다. 국가별로 가상화폐에 대한 인정과 규제 등 다양한 대응이 나오고 있다. 최근에 중국에서의 ICO 전면 규제는 국내 가상화폐 거래소의 성황을 불러왔다. 급기야 국내에서도 2017년 9월의 ICO 규제가 나오고 있는 상황이다.

그러나 산업적으로 보면 한 번 기록된 데이터의 위·변조가 불가능한 블록체인의 특징을 다양한 산업에 적용하고자 하는 논의가 이루어지고 있다. 블록체인 기술을 활용하면 한 번 기록된 문서의 위·변조가 불가능하므로 모든 기록이나 문서 또는 행위를 위·변조 없이 저장할 수 있다. 이러한 블록체인의 특징만으로도 우리는 많은 새로운 기회를 생각할 수 있다. 중고차 매매 시, 중고차의 사고와 운행패턴을 기록하고, 이를 변경할 수 없다면 지금의 중고차 매매시장은 상당히 달라질 것이다. 사려고 하는 자동차의 과거 이력을 알기 어려운 현실에서 단지 보다 신뢰할 수 있을 듯한 업체를 선호하는 경우가 있는데, 만약 기술적으로 많은 중고차매매 경쟁자들이 신뢰할 수 있는 정보를 제공할 수 있다면, 지금의 시장의 강자가 계속 강자로 남아 있을지 궁금해진다.

블록체인으로 인해 원산지 추적뿐만 아니라 원산지부터 구매 고객까지 이르는 전체 물류시스템 추적이 가능해졌다. 현재까지는 인터넷상에서 디지털 문서의 원본 보장이 안 된다는 단점이 존재했다면, 이제는 블록체인 기술로써 원장임을 증명하는 것이 용이해졌다. 이에 따라 종이로 원본임을 증빙해야 했던 많은 분야에 블록체인을 적용할 수 있게 되었다. 즉, 아직도 직인이 찍힌 졸업증명서나 경력증명서 등을 제출해야 하는 많은 경우에 종이 대신 블록체인 디지털 원본을 이해 당사자에게 보낼 수 있게 된 것이다. 이를 더 발전시키면 등기부등본이나 토지대장 등 자산에 대한 원본 증빙도 굳이 종이가 필요 없게 될 것이다. 그렇게 된다면 지금 부동산 매수 이후에 등기부 등록을 하는 절차를 인터넷상에서 블록체인 원장에 기록하는 식으로 진행하는 것이 기술적으로 가능해지는 것이다.

그 수를 헤아릴 수 없을 정도로 다양한 산업분야에 적용할 수 있다. 계약 프로세스의 효율화, 계약이행 관련 분쟁의 방지, 유통흐름의 가시성 확보, 재고와 자산관리의 효율화, 시설관리의 최적화, 서비스의 적시 제공과 부품의 적기 공급, 제품·부품의 라이프

사이클 관리 등에 활용할 수 있다. 헬스케어에서는 안전하고 신뢰할 수 있는 의료정보의 유통을 자기 결정권에 따라 이루어낼 수 있고, 의약품 생산과 유통 과정을 추적해 가짜약 유통을 원천 차단할 수 있다.

위·변조가 불가능한 구조를 통해 신뢰를 제공할 수 있다는 것은 블록체인의 여러 특성 중 하나다. 그러나 이 한 가지 특성 덕분에 우리가 지금까지 그 뿌리부터 익숙해했던 것과는 전혀 다른 사업적 접근이 가능하다. CCTV가 나를 24시간 보고 있다고 가정해보자. 우리의 행동에 어떤 변화가 일어날까? 나의 판단이 언제 어디서든 기록으로 남아서 모든 사람들이 볼 수 있다면 우리의 행동양식은 어떻게 달라질까?

블록체인에 대해 무엇이 궁금한가? 그리고 왜 궁금한가? 블록체인이 지금까지 우리에게 익숙했던 많은 것들을 바꿔놓을 거라 말들을 하는데, 그렇다면 무엇을 어떻게 바꿀지 궁금하지 않은가? 궁극적으로 블록체인이 적용된 세상에서 우리는 무엇을 기대할 수 있는가? 이와 같이 블록체인을 면밀하고도 총체적으로 이해하려면 먼저 블록체인에 대해 무엇이, 왜 궁금한지를 스스로 정의할 필요가 있다.

블록체인이 가져올 변화란 과연 무엇일까? 앞으로 우리에게 다가

올 미래를 예측한다는 것이 어려운 일이기는 하지만, 그래도 시도해봐야 하지 않을까 싶다. 인터넷이 처음 출현해서 이 세상에 끼친 영향만큼, 또는 그 이상의 변화를 블록체인이 가져올 것이라고 하는데, 이해하기가 쉽지는 않다. 블록체인이 지금의 중앙집중적인 모든 구조를 변화시킬 것이라는 예측도 있는데, 이도 선뜻 이해가 가지 않는다. 나의 경우, 블록체인 기술의 이해만 가지고서는 미래를 예측하고, 상상하기가 어려웠다. 오히려 블록체인 기술이 어떤 영역에 어떻게 적용됐는지를 알아가면서 블록체인의 파괴력에 대해 공감하게 되었다.

우리는 1994년 넷스케이프가 나왔을 때를 기억한다. 그때는 예전보다 정보를 이용하는 것이 용이해졌다고 생각했는데, 그로부터 몇 년 뒤 e-커머스와 같은 단어들이 나오기 시작했다. 그러나 초창기에는 e-커머스의 실체가 무엇인지, 무엇을 준비해야 하는지, 기업들이 저마다 활용방안을 고민하던 시절이 있었다. 그저 정보를 쉽게 이용할 수 있게 됐다고만 생각했는데, 실은 지금의 커머스나 지불, 금융거래, 이메일의 일상화를 가져왔다.이 모든 것이 지난 20년간 사업의 패턴과 일하는 방식, 생활하는 방식의 변화를 불러왔다. 생각을 공유하는 방식, 일하는 방식을 포함해 사회적 관계를 맺는 방법에까지 지대한 영향을 미치고 있다.

1990년대 중반 모자이크를 기반으로 하는 넷스케이프가 나오면서

AOL, 야후, 라이코스와 구글을 포함한 다양한 시도들이 그 등장과 함께 몇 년 안에 인수합병을 통해서 사라지기도 하고, 그 중에 몇은 현재 IT 공룡으로 자리매김하고 있다. e-커머스에서도 많은 쇼핑몰 사업 시도가 있었고, 지금은 아마존, 알리바바를 비롯한 몇몇 거대기업이 주를 이루고 있다. 즉, 앞으로 20년간 블록체인을 기반으로 하는 수많은 시도가 있을 것이고, 그 시도들은 합종연횡을 통해 조금씩 발전해나가는 모습을 보여줄 것이다. 시간이 흐르면 그 과정 중에 살아남은 블록체인 응용 사업들이 몇몇 거대기업으로 살아남을 것이다. 또한 독립적인 사업의 형태가 아니더라도 IT에 있어서 구석구석 조금씩 변화를 만들어낼 것이다.

넷스케이프로 출발한 인터넷포털의 지금의 발전은, 하나의 예정된 방향이나 속도가 있었던 것이 아니다. 수많은 참여자들이 넷스케이프를 적용하고, 응용하고, 변형하고, 기존의 방식을 바꾸는 과정에서 지금과 같이 우리에게 익숙한 환경이 된 것이다. 그렇다면 블록체인도 각 개인이, 기업이, 정부가 관심을 가지고 적용하고, 실패하고, 진화하면서 우리의 삶에 거대한 영향을 줄 것으로 판단된다.

블록체인이 23년 전의 넷스케이프의 등장만큼이나 사회 전반에 걸쳐서 파괴력이 클 것이라고 예측한다면, 단지 억측일까? 넷스케이프로 시작된 인터넷이 정보의 사용을 용이하게 함으로써 세상에 영향을 미쳤다면, 블록체인은 정보에 신뢰성을 제공함으로써 지금의 세상에 영향을 미칠 것이다.

블록체인에 대한 이해를 바탕으로, 각자의 자리에서 블록체인이 가져올 주변의 변화를 목도하게 될 미래가 궁금해진다.

블록체인노믹스
/ 차례 /

들어가며
블록체인 신드롬

2부

사회경제 혁신의 인프라, 블록체인

블록체인 신드롬

1장

블록체인은 인더스트리 혁신의
'인에이블러 기술'이다

세계를 먹어치우는 디지털, 디지털을 잠식하는 블록체인

블록체인은 디지털에 대한 새로운 스토리다. 블록체인은 이른바
'디지털에서 시작해서 디지털로 끝나는 기술'이다. 21세기는 디지
털 시대다. 전설적인 벤처캐피털리스트, 마크 안드레센Marc Andreessen
이 "소프트웨어가 세계를 먹어치우고 있다Software is eating the world"[1]라
고 선언한 지 수년이 지난 지금, 디지털 질주는 더욱더 가속화되
고 있다. 소프트웨어가 전통적인 인더스트리의 많은 부분을 빼앗
고 있다는 안드레센의 예견은 정확했다. 기업들의 가치사슬 전체
가 소프트웨어 중심으로 재편되고 있으며, 소프트웨어 경쟁력을
확보하지 못하면 생존조차 힘든 시대가 오고 있다.

아마존, 넷플릭스Netflix, 링크트인LinkedIn, 애플, 구글과 같은 디지털 자이언트Digital Giant들이 글로벌 규모의 비즈니스 모델을 구축하고 영향력을 확대하고 있다. 디지털 세계에서의 라이프스타일이 현실세계를 지배하고 있다. '디지털화Digitalization'는 전통적인 제조기업의 관리 프로세스 자동화에 그치지 않는다. 디지털화는 기업 내부 혁신뿐만 아니라 외부 기업과의 협력 관계를 재설정함으로써 전체 공급가치사슬의 혁신을 지향한다. 기존 수익의 원천에 도전하고 정형화된 비즈니스 모델의 한계를 극복하기 위해 노력한다. 즉, 단순히 기존 비즈니스 강화 차원에 머물지 않고 새로운 미래 전략을 구상하는 데 디지털 기술을 활용하고 있다.

지금 우리는 디지털 혁신의 변곡점에 놓여 있다. 과거 아날로그 관점으로 시장 환경을 바라보는 것은 현재의 상황과 맞지 않는다. 그러나 디지털 기술의 가치를 어떻게 정의하고 그 가치가 만들어지는 영역을 어떻게 규정할 것인지에 대해서는 아직 정답은 없다. 과거에 통용되던 전략과 매니지먼트 기법은 더 이상 유효하지 않고, 새로운 가치 창출과 실행 방법론은 본 모습을 드러내지 않고 있다. 다가오는 디지털 시대를 선도할 혁신 프레임워크에 대한 대안 제시를 이제 본격적으로 시작해야 한다.[2]

디지털 지평을 열어나가는 여러 소프트웨어 기술 중 블록체인이 급부상하게 된 출발점은 바로 비트코인이다. 안드레센은 2014년 〈뉴욕타임즈〉에 기고한 "왜 비트코인이 중요한가"라는 글에서, "1975년이 PC, 1993년이 인터넷의 해였다면, 2014년은 비트코인의 해"[3]라고 말할 정도로 비트코인과 블록체인에 대해 강조한다. 실리콘밸리의 뛰어난 개발자들과 기업가들이 비트코인 주변으로 모여들고 있는 것은 비트코인이 신뢰가 형성되어 있지 않은 당사자 간의 '거래' 문제에 대해 새로운 해결책을 제안하고 있기 때문이다. 비트코인은 또한 전 세계적으로 통용될 수 있는 최초의 암호화폐Crypto-Currency로서, 그 파괴력에 대해서는 누구도 부정할 수 없다.

비트코인의 기반 구조는 블록체인이다. 즉, 비트코인은 블록체인의 열매다. 이때 블록체인은 말 그대로 '체인Chain'으로 구성된 '블록Block'이다. 모든 거래내역은 블록 단위로 저장되고 각각의 블록은 체인으로 서로 연결되어 있다. 최초 블록부터 현재 블록까지 한 번 생성된 블록은 변경되거나 삭제되지 않는다.

또한 블록체인은 '분산원장Distributed Ledger'이라 부른다. '원장Ledger'이란 비즈니스 거래Transaction와 계약Contract에 대한 '기록 체계The System of Record'다. 즉, 원장은 유형, 무형자산의 소유권 이전과 이전을 위한 조건(계약정보)들을 포함하는 정보다. 그렇다면 분산원장이란 무엇인가? 분산원장 시스템이란 원장을 한 기관이 독점적으로 보유하는 것이 아니라, 다자간에 보유하는 방식을 말한다. 모든 원장을 관리하는 중앙서버 없이 각 개인 간에 직접적으로 거래가 이루어진다. 모든 참여자는 모든 거래정보를 똑같이 저장한다. 거래정보가 담긴 블록은 주기적으로 생성되고 합의와 승인 과정을 거쳐 저장된다.

골드만삭스에 따르면 블록체인은 크게 두 가지 특징을 가진다. 첫 번째는 바로 보안성이다. 블록체인은 다른 사용자가 몰래 데이터를 추가, 삭제, 변형하는 것이 불가능한 방식으로 정보를 저장하도록 설계되어 있다. 즉, 블록체인은 데이터가 불법적으로 복제될 수 없고 거래내역이 변조될 수 없게 하며, 완료된 거래가 취소되지 않도록 하는 비가역성을 보장한다.[4]

두 번째는 분산화다. 블록체인은 제3자 보증기관Trusted 3rd Party 또는 중개자에 대한 의존도를 낮추고 거래에 수반되는 시간과 비용을 대폭 절감함으로써 개인과 개인, 공공기관과 개인, 기업과 기업 간에 발생하는 다양한 형태의 거래관계를 혁신하는 기술이다. 즉, 블록체인은 중개자 없이 작동하는 가장 강력한 '신뢰Trust' 인프라다. 중앙화된 서버나 별도의 통제기관 없이 블록체인 네트워크 안의 참여자들만으로 자유로운 거래가 가능하게 된다. 상호 간 신뢰가 형성되어 있지 않은 사람들이 모여 거래에 대한 이상 유무를 합의하고 이에 따라 신뢰할 수 있는 거래가 이루어지는 시스템이 바로 블록체인이다.

기술적으로 데이터 위·변조를 막을 수 없다면 디지털코드가 가치를 갖게 하기란 불가능하다. 즉, 화폐의 디지털화 자체가 성립할 수 없다. 따라서 지금까지는 막대한 비용으로 중앙집중형 보안 시스템을 구축하고 디지털 재화(은행계좌 잔고, 게임 아이템, 포인트 등) 시스템을 운영할 수밖에 없었다. 물론 완벽한 보안 시스템을 구축하는 것은 쉽지 않다. 해킹 사고는 계속되었고 누군가 해당 재화를 직접 조작해 부당하게 이득을 취하는 사기도 종종 발생해왔다. 그러나 블록체인 등장 이후 비로소 중앙의 통제 없이 신뢰성을 확보할 수 있는 시스템이 가능하게 되었다. 과거에는 중앙서버가 해킹당했을 경우 시스템 전체의 보안에 문제가 생길 수 있었던 반면, 분산형 체계인 블록체인은, 모든 참여기관의 시스템들이 동시에 해킹되지 않는 한, 안전한 구조다. 게다가 참여자들이 늘어날수록 그와 동시에 해킹해야 할 시스템이 늘어나는 것이기 때문에 해킹은 더욱더 어려워질 수밖에 없다.

그렇다면, 블록체인은 어떤 단계를 거쳐 이루어지는가? 블록이 형성되는 첫 번째 단계는 이중지불의 위험이 없는 거래 정보나 기록을 모아 유효한 개별 블록을 형성하는 '채굴Mining'이라고 불리는 과정이다. 채굴이란 일정한 해시(Hash: 유일무이한 지문) 알고리즘을 통해 특정한 난이도의 해시값을 생성해내는 작업이다. 이때 해시값이란 데이터를 고유하게 식별하는 고정 길이 숫자값을 말하는데, 채굴을 통해 '목표값Target Hash Value'을 먼저 찾아내는 사람은 블록 생성 권한을 획득하게 된다. 두 번째는 생성된 후보 블록이 전체 네트워크 참여자들에게 전달돼 각 네트워크 참여자들이 전송받은 새로운 블록의 유효성, 해당 블록에 포함된 거래의 유효성을 검증하는 단계다. 50% 이상 참여자들의 동의를 거쳐 유효성이 확인되면 후보 블록은 이전 블록과 체인으로 연결되어 블록체인 원장으로 완성된다.

이와 같이 블록에 거래 기록만을 담는 화폐 성격의 비트코인을 블록체인 1세대라고 한다면, 블록체인 2세대는 블록에 데이터와 프로그래밍 코드를 넣고 실행하는 스마트 컨트랙트Smart Contract 기반 블록체인을 의미한다. 즉, 블록에 자동으로 실행되는 계약을 담을 수 있는 구조다. 대표적인 2세대 블록체인이 바로 이더리움Ethereum 이다. 이더리움은 2015년 캐나다의 천재 해커 비탈릭 부테린Vitalik Buterin에 의해 기획된 차세대 블록체인 플랫폼 기술로서 스위스를 거점으로 하는 '이더리움 재단Ethereum Foundation'에서 개발되고 있는 오픈소스 프로젝트다. 블록체인은 진화를 멈추지 않는다. 집단지 성에 의해 비트코인과 이더리움도 끊임없이 업그레이드되고 있으 며, 3세대 블록체인을 표방하는 새로운 모델들도 지속적으로 시 도되고 있다.

이러한 변화에 힘입어 최근 글로벌 주요 ICT 트렌드 보고서에 는 블록체인에 대한 언급이 빠지지 않고 있으며, 미디어에서는 날 마다 블록체인에 대한 기사를 쏟아내고 있다. 국내외 블록체인 관 련 스타트업에 대한 투자도 본격적으로 이루어지고 있다. 2015년 10월, 〈이코노미스트〉에서는 블록체인을 '신뢰 기계Trust Machine'로 표현하고 향후 글로벌 경제 혁신을 주도할 충분한 잠재력을 보유 하고 있다고 강조했다.[5] 비트코인으로 인해 촉발된 암호화폐의 영 향력은 말할 것도 없고, 비트코인의 기반 기술인 블록체인의 파급 력에 더 주목해야 한다는 목소리가 점차 힘을 얻고 있다.

특히 금융업을 중심으로 블록체인 기술 도입에 대한 연구와 파 일럿 테스트가 활발하다. 골드만삭스, 씨티그룹, JP모건 등 글로벌 대형 금융기관들은 앞다퉈 블록체인 기술을 통합인증, 해외 송금 등 금융 서비스 영역에 접목하려는 '핀테크Fintech' 프로젝트를 추진하고 있다. 비트코인과 같은 암호화폐 발행을 검토하는 금융기관도 점차 늘고 있다. 법과 제도 혁신을 위한 노력 또한 여러 관계기관과의 협력으로 진행 중이다. 금융권뿐만 아니라 비금융권에서도 응용 분야 탐색에 열을 올리고 있다. 블록체인 기술은 단지 기존 금융시스템의 진화적 기술이 아니라, 다양한 인더스트리에 영향을 미칠 수 있는 디지털 기술로 평가됨에 따라 물류, 헬스케어, 에너지, 부동산 등 비금융 시장에서도 크고 작은 시도가 계속 이루어지고 있다. IBM, 마이크로소프트, 오라클, 인텔 등과 같은 글로벌 리딩 IT 기업들이 블록체인 솔루션 사업을 준비하고 시장에 진입하고 있는 것도 이 때문이다.

블록체인은 미래사회를 바꿀 파괴적 기술이다. 그렇다면 블록체인은 무엇을 어떻게 혁신하고 우리 사회경제에 어떤 영향을 미칠 것인가? 그리고 블록체인의 비즈니스 모델은 무엇인가? 기본적으로 블록체인은 '혁신 인프라Innovation Infra' 기술이다. 이 책에서는 두 가지 관점에서 블록체인에 대해 이야기하고자 한다.

먼저 1부에서는 '디지털 트랜스포메이션Digital Transformation'을 이끄는 New ICT 인프라 기술로서 블록체인을 설명한다. 기업의 생산성과 경쟁력 그리고 시장 전체의 효율성 확보를 위해 블록체인 기술이 활용된다. 2016년 1월 다보스에서 열린 세계경제포럼WEF에서는 4차 산업혁명을 견인하는 새로운 7대 혁신기술을 제시한다.

바로 컴퓨팅 능력과 저장 접근, 빅데이터, 디지털 건강, 사물의 디지털화, 사물인터넷Internet of Things; IoT, 블록체인, 웨어러블 인터넷 등 7가지 기술이다. 블록체인은 다른 모든 네트워크 기반 기술에 신뢰를 제공하는 '인프라 기술'이라는 점에서 무엇보다도 중요한 기술로 강조된다.[6] 즉, 블록체인은 기업의 혁신을 이끌고 기업과 시장의 가치사슬을 바꾸는 인프라 기술이다. 따라서 블록체인 기술의 본질적 특징뿐만 아니라 사물인터넷, 인공지능 기술과의 융·복합 모델에 대해서도 설명하고자 한다.

그리고 보험 산업, 에너지 산업, 식품 산업, 물류 산업, 헬스케어 산업, 콘텐츠 산업 등에 대한 사례와 변화 흐름에 대해 이야기하고, 정부 차원에서 추진하고 있는 혁신 모델에 대해 논의하고자 한다. 마지막으로 기업에서 블록체인 기술을 어떻게 받아들여야 할지에 대한 체계적인 블록체인 도입 방법론을 제시하고자 한다.

2부에서는 '거버넌스Governance' 즉, 시장 제도Market Institution에 대한 근본적이고 혁신적인 설계 모델로서 블록체인을 설명하고자 한다. 모든 혁신은 기술혁신에서 시작해 사회문화적으로 정착되어야 비로소 완성된다. 블록체인은 일상적인 경제활동에서부터 사회적 조직화 과정까지 영향을 미치는 커뮤니케이션 기술이자 의사결정 기술이다. 즉, 블록체인은 사회경제 및 정치적 메커니즘에서 새로운 제도와 시스템을 기획하고 운영할 수 있게 하는 인프라 기술로서 이해되어야 한다. 따라서 기업과 인더스트리 혁신 모델에서 더 나아가 사회경제 질서의 재구축 모델로서 논의를 확대할 필요가 있다. 화폐 시스템의 변화에서부터 데이터 경제와 인포메이션 생태계의 변화, 그리고 새로운 경제질서 창출에 대해 다양한 논의를 전개하고자 한다. 특히 플랫폼 독점에 대항한 새로운 분산형·분권형 도전들이 어떻게 가능할지 고민하는 것이 중요하다. 마지막으로 거버넌스와 규제의 상호보완적 균형을 어떻게 만들고 유지할 것인지, 나아가 궁극적인 사회경제 모델에 대한 비전도 함께 나눌 것이다.

4차 산업혁명과 블록체인

4차 산업혁명의 바람이 거세다. 대형 서점에는 4차 산업혁명 코너가 별도로 있을 정도로 대중적 관심이 뜨겁다. 재테크 시장에도 4차 산업혁명 바람이 투자 지형도를 바꾸고 있다. 자산운용사들은 이미 4차 산업혁명을 테마로 하는 펀드까지 출시하고 우수한 수익률 성적표를 자랑하고 있다. 그렇다면 4차 산업혁명이란 무엇이며, 어떤 디지털 기술이 4차 산업혁명을 이끌어갈 것인가? 4차 산업혁명은 인공지능, 데이터, 로보틱스 등 디지털 기술의 융·복합으로 견인되는 차세대 산업혁명이다.

기존 산업혁명에서 말하는 '자동화'는 미리 입력된 프로그램에 따라 정태적으로 작동되는 메커니즘인 데 반해, 4차 산업혁명을 주도하는 '지능화'는 기계가 능동적으로 상황을 파악해 작업하는 방식을 뜻한다. 속도Velocity, 범위Scope, 충격Impact 측면에서 지능화가 이끄는 혁신의 수준은 과거 산업혁명과 차원이 다르다. 인공지능을 중심으로 한 디지털 기술의 광범위한 확산은 파괴적 혁신으로 이어진다. 파괴적 혁신이란 기존 산업의 붕괴와 함께 오는 혁신이며, 따라서 기존 산업의 전면적 재편이 불가피하다. 디지털 기술기반의 새로운 기업과 새로운 시장이 형성되면서 우리 인류가 이제까지 경험해보지 못한 새로운 혁명이 빠르게 전개되고 있는 것이다.

20세기 초 러시아 경제학자 콘트라티에프Kondratieff의 장기순환 이론으로 해석하자면, 4차 산업혁명은 50년 주기로 나타나는 하나의 파동이다. 콘트라티에프 파동과 같은 장기 경기순환의 발생원인은 철도, 운하, 토지개발과 같은 거액의 설비투자와 장기 건설기간을 필요로 하는 자본재의 발생에서 온다.

오스트리아 경제학자 조지프 슘페터Joseph Schumpeter에 따르면, 새로운 경기순환을 촉발하는 것은 자본주의의 위기를 극복하고자 하는 '기술혁신Technology Innovation'이다. 위기는 자본주의 진화 과정에서 필연적으로 나타나며, 위기가 발생하면 낡고 비효율적인 모델의 '창조적 파괴Creative Destruction'가 진행된다. "산업적 돌연변이 과정은 내부로부터 경제 구조를 혁명적으로 꾸준히 변화시키면서, 낡은 것을 파괴하고 새로운 것을 창조한다. 이 창조적 파괴의 과정이 자본주의의 핵심적 사항이다."[7]

기업가Entrepreneur의 기술혁신 활동에 의해 산업의 변화와 발전이 이루어지고, 이러한 새로운 성장동력으로 경기파동의 추진력이 확보된다. 새로운 파동에서는 기존 순환에서와는 다른 '새로운 결합'이 이루어진다. 이 '새로운 결합'이 바로 혁신이며, 이 혁신적인 활동을 실현해가는 것이 경기발전의 핵심이다.[8] 장기순환이 시작되기 전에는 일련의 혁신들이 일어나며, 그 혁신들이 합쳐져 시너지 효과가 생긴다. 새로운 기술은 기업가의 강력한 혁신의지와 결합해 경제발전의 추진력이 되고, 그 결과로서 새로운 규칙과 질서가 탄생한다.[9]

지금이 3차 산업혁명인지, 4차 산업혁명인지 구분하는 것은 후대 역사가 판단할 문제다. 당대의 혁명적 변화 흐름을 산업혁명으로 규정하는 것은 유효하지 않을 수 있으나, 지금 이 순간 4차 산업혁명이라는 용어의 적절성에 대해 소모적인 논쟁을 벌일 필요까지는 없다. 우리가 주목해야 할 것은 새로운 경제 패러다임의 동력으로서 기술혁신을 실천해나가는 방법론이다. 4차 산업혁명으로 정의되는 새시대의 경제 패러다임은 2008년 금융위기로 대표되는 '겨울의 수축기'를 끝내고 디지털 기술이 몰고 올 새로운 경기파동의 출발점이다.

새로운 경기파동의 기반이 되는 기술을 범용기술General Purpose Technology; GPT이라 부르는데, 범용기술은 포괄적인 단일 원천 기술을 기반으로 장기간에 걸쳐 폭넓게 '확산Pervasiveness'되고, 기술적 진화와 '개선Improvement'을 이루어낸다. 또한 범용기술이란 경제 사회의 '혁신을 촉진Innovation Spawning'하는 기술로서, '제품, 프로세스, 조직'에 대한 창조적 변화를 가져온다.[10] 즉, 범용기술은 최종 상품을 만드는 기술의 역할을 하기보다는 일종의 조력자로서 수많은 구성요소들을 지원함으로써 시스템 전반의 성장에 기여한다.

이런 관점에서 볼 때, 블록체인은 지능정보기술과 더불어 다양한 인더스트리에서의 혁신과 생산성을 향상시킬 수 있는 '범용기술'이자 혁신을 촉진하는 '인에이블러 기술Enabler Technology'이다. 즉, 4차 산업혁명 시대를 맞게 된 기업들의 '디지털 트랜스포메이션 Digital Transformation'을 선도하는 혁신 인프라다. 물론 블록체인은 독자적으로 구현되는 기술이 아니다. 블록체인은 사물인터넷, 데이터, 인공지능 등 다양한 디지털 기술 프로토콜들과 융·복합되어야 한다. 디지털 기술들로 기존 레거시Legacy 시스템에 기반을 둔 아날로그적인 업무 프로세스를 변화시키는 '딥 디지털라이제이션Deep Digitalization'의 노력이 있어야 혁신의 효과가 극대화된다.

다가올 미래, 초지능사회의 핵심은 데이터와 기계 학습Machine Learning, 그리고 알고리즘이다. 뛰어난 성능의 기계 학습모델을 만들기 위해서는 수많은 데이터들이 지속적으로 공급되어야 한다. 그러나 데이터 진본성Authenticity과 보안, 프라이버시에 대한 우려로 연결과 공유가 제한되면 기계 학습의 성능도 개선될 수 없다. 블록체인 기술로 투명하고 안전한 데이터 공유 환경을 지원하고 분석, 학습할 수 있는 환경이 갖춰져야 모집단의 확대로 금융, 건강, 리테일 산업에서의 맞춤형 컨시어지 서비스들이 폭발적으로 성장한다. 또한 공공의 안전과 생활 환경에 대한 예측 알고리즘도 훨씬 고도화된다. 블록체인이 탑재된 편리한 제품과 서비스들의 새로운 등장으로 디지털 혁신의 잠재력이 극대화되며 나아가 블록체인과 인공지능이 결합됨으로써 디지털 혁명의 큰 파도가 출현할 것이다.

블록체인 기술은 금융, 에너지와 유틸리티, 제조, 물류, 유통, 헬스케어, 미디어, 공공 서비스, 정부행정 서비스, 스마트 시티 등 다양한 인더스트리에서의 디지털 혁신의 인프라로서 새로운 시장 기회를 창출할 수 있다.

블록체인은 무엇보다도 공급사슬관리Supply Chain Management에 효과적이다. 세계화 시대 공급사슬은 다면적이고 전 지구적인 복합체로 구성된다. 이해관계자들이 반드시 서로를 알고 있는 것도 아니며, 상호 신뢰가 사전에 확보되어 있지도 않다. 공급사슬에서 문제가 발생하면 심각한 분쟁으로 이어질 수도 있다. 이런 환경에서 블록체인 기반의 신뢰 시스템은 전체 공급사슬을 변화시키는 강력한 혁신 인프라가 될 수 있다.

물류산업에서도 마찬가지다. 송화주부터 수화주까지 상품 전달을 위한 복잡한 프로세스와 선하증권, 화물인도지시서 등 다양한 아날로그 계약 서류의 유통은 고비용 구조에서 벗어날 수 없다. 블록체인은 수많은 이해관계자 참여로 업무 단계가 복잡하고 위·변조가 의심되는 거래 환경에서 저비용으로 투명성과 신뢰성을 보장하는 최적의 솔루션이 될 수 있다.

미래 정부 혁신모델로서 블록체인 기술의 영향력도 점차 커지고 있다. 두바이, 에스토니아 등지에서는 이미 국가의 효율성과 투명도를 높이기 위해 국가 차원의 블록체인 전략을 발표하고 행정문서 관리, 물류 인프라 등 개별적인 파일럿 과제를 추진하고 있다. 출생신고, 결혼, 공증, 지적재산권, 등기 관련 대다수의 공공문서를 블록체인으로 담는다. 또한 일정 조건을 만족시키면 거래가 자동으로 실행되는 블록체인의 기능을 활용해 의회민주주의의 한계를 보완할 수 있다.

블록체인 기술의 도입은 비즈니스 모델 혁신의 관점에서 추진하는 것이 필수적이다. 무엇보다도 기업 간 다양한 거래Transaction에 대한 신뢰 보증을 수행하고 있는 기존 중개자(제3자)의 역할을 최소로 축소한 프로세스를 그려야 한다. 복잡한 거래로 인해 발생하던 고비용 구조를 개선함으로써 새로운 경제적 가치를 실현하는 것이 전제되어야 하는 것이다. 그리고 성공적인 블록체인 도입을 위해서는 각 비즈니스 이해관계자의 역할에 대한 정의와 이해관계자 간 프로세스 정의, 그리고 신뢰 메커니즘을 기반으로 수익 분배 모델을 다시 디자인하는 것이 요구된다. 블록체인 기술을 어떤 영역에 먼저 적용함으로써 어떻게 성과를 창출할 것인지, 그리고 어떤 단계로 어떻게 확산해 나갈 것인지 단계별 구축 전략을 수립하고 추진해야 한다.

4차 산업혁명은 단지 프로파간다에 불과하다는 주장에도 불구하고 디지털 기술에 대한 기존의 관점이 뿌리부터 흔들리고 있는 것이 사실이다. 지금까지 당연하게 여겼던 많은 관념들을 버려야 살아남는다. 4차 산업혁명은 개별 기술의 집합이 아니라, 지능기술과 신뢰기술이 만들어가는 새로운 혁신 시스템이다. 그리고 이 기술은 하나의 범용기술로서 소수의 기업과 집단을 위한 특수목적기술이 아니라 인더스트리 가치사슬 전반의 혁신에 기여하는 '사회적 커먼즈Social Commons'로서 지속적으로 진화할 것이다.

2장

블록체인은 사회경제 혁신의 '제도 기술'이다

임베디드 암호화폐, 가치교환의 역사를 새로 쓰다

블록체인은 인더스트리의 디지털 트랜스포메이션을 넘어 사회경제 시스템을 바꾸는 혁신 인프라가 될 수 있는가? 모든 사회, 경제, 정치 시스템은 신뢰의 문제에서 시작해 신뢰의 문제로 끝난다. 신뢰가 구축되지 못한 사회에서는 가치교환 시스템이 작동하지 않고, 가치교환이 이루어지지 않는 국가는 성장하지 않는다. 즉, 신뢰기술인 블록체인은 사회경제의 토대를 재구축하는 혁신 인프라다.

인간사회의 기초는 경제활동이며, 경제활동의 근간은 화폐다. 그러므로 우선 화폐를 이해하는 것에서부터 출발할 필요가 있다.

블록체인은 태생부터 화폐와 떼려야 뗄 수 없는 관계다. 비트코인을 선두 주자로 해 계속되는 일련의 화폐의 디지털화는 새로운 시대를 예고한다. 사회경제 시스템의 근간은 화폐라고 말할 때 화폐의 개념은 무엇인가? 화폐는 기본적으로 가치의 척도, 즉 계산 단위Unit of Account의 성격을 가진다. 그리고 화폐는 교환의 매개 수단이며, 가치의 저장 수단이자, 미래의 지불 수단(이연지급: Deferred Payment)이다.[11] 화폐는 자본주의 사회에서 개인과 기업의 일상적 행위를 구성하는 실천적 토대다. 확대해서 설명하자면 화폐는 그 자체로서 사회적 관계를 의미한다. 화폐란 상품의 생산이나 교환과 독립적으로 존재하는 여러 사회적 관계로 구성되는 '청구권' 또는 '신용'이다. 화폐란 물리적인 형태가 무엇이든 본질적으로 지불에 대한 잠정적인 '약속'이다.[12]

화폐의 교환은 사회적 신용 관계에서 나온다. 즉, 화폐는 사람들끼리 사회적 관계를 구성하는 방식이다. 화폐에 대한 이러한 접근을 신용화폐론, 또는 '청구권 화폐이론Claim Theory of Money'이라 부르는데, 국가와 같은 법적, 제도적 장치에 힘입어 성립되는 하나의 경제 공동체에서 타인에게 행사하는 청구권을 법적으로 표현하는 것이 화폐로 간주된다. 사회경제 공동체 속에서 형성되고 청산되는 채권-채무 관계가 바로 화폐다.

디지털화된 암호화폐Crypto-Currency는 화폐의 속성을 가지고 있음과 동시에 디지털 속성을 지닌다. 그렇다면, '화폐'로서의 암호화폐는 사회경제 시스템에 어떤 영향을 미칠 것인가? 그리고 '디지털'

로서의 암호화폐는 기존 화폐의 한계를 어떻게 극복할 수 있을 것인가?

20세기 초 오스트리아 경제학자 칼 폴라니는 '묻어 들어있음Embeddedness'의 개념으로 경제와 사회 시스템을 설명한다. 우리가 경제 현상이라 부르는 것은 별도의 세계, 별도의 체계로 구성된 것이 아니라 사회적 조직망 내에 흩어진 채 깊이 묻어 들어있다Embeded. 폴라니에 따르면, "인간의 경제는 일반적으로 인간의 사회 관계 속에 깊숙이 잠겨 있다. 인간은 물질적 재화의 소유라는 개인적 이해를 지켜내기 위해 행동하는 것이 아니다. 그가 행동하여 지키려는 것은 그의 사회적 지위, 사회적 권리, 사회적 자산이다."[13]

사회적, 정치적 영역을 초월한 시장경제란 있을 수 없다. 경제학과 인류학과 사회학은 하나가 된다. 인간은 한결같은 사회적 존재이며 사회적 유대를 유지하고 사회적 의무를 다하기 위해 물질적 재화의 재분배를 만들어낸다. 사회에서 시장 또는 경제를 뽑아내는 것은 불가능하다. 화폐도 마찬가지다. 자산의 디지털화, 화폐의 디지털화가 가속화되면서 화폐가 사회적 관계 속으로 침투한다. 즉, 모든 가치교환 행위에 있어서 디지털 화폐가 탑재된다. 거래하고자 하는 자산과 화폐는 더 이상 별개가 아니다. 사회적 상호작용 내 화폐가 묻어 들어있다. 화폐는 추상적이고 보편적인 동시에 구체적으로 사물과 함께 생동한다.

그렇다면 암호화폐가 만드는 가치교환의 새로운 규칙과 질서는 무엇인가? 지금까지 가치교환은 중앙은행이 발급한 통화에 의거,

금융기관을 통한 금융 거래로써 가능했다. 하지만 이제 암호화폐를 통해 금융기관 개입 없는 가치교환이 가능해진다. 블록체인은 원장의 기술이자 데이터를 관리하는 기술이다. 데이터를 단순히 저장하는 게 아니라 분산형 구조로 원장을 관리하고 검증함으로써 이중지불이나 조작을 막을 수 있다. 특히 개인 간Peer to Peer; P2P 거래를 안전하게 지원하기 때문에 교환의 주체나 교환의 대상과 관련 없이 블록체인이 활용될 수 있다. 디지털화될 수 있는 모든 자산은 블록체인을 통해 거래가 이루어지는 것이다.

여기서 더 나아가 암호화폐가 블록체인 거래에 탑재될 경우 기존 지급결제 시장에도 영향을 미친다. 온라인 커머스 사이트에서 물리적 상품을 구매하든, 영화나 음원과 같은 디지털 콘텐츠를 구매하든, 주식 거래를 하든 암호화폐로 거래할 수 있는 환경이 갖춰진다면 기존 중개자의 수수료는 사라지거나 대폭 축소된다. 암호화폐를 통한 디지털 거래 규모가 확대될수록 기존 금융 시스템의 기반은 근본적으로 뒤흔들리고 거래 질서 재편에 대한 압박은 급증한다.

다양한 암호화폐가 등장하는 것도 암호화폐가 새로운 경제를 낳는 거래 인프라가 될 수 있다는 기대감 때문이다. 최근 '신규가상통화공개Initial Coin Offering; ICO'를 통해 등장한 암호화폐들이 주목을 끌고 있다. ICO는 기업공개·주식상장Initial Public Offering; IPO과 유사하다. 암호화폐 발행자는 일부 화폐는 직접 보유하고 나머지는 일반인에게 판매한다. 기본적으로 발행자가 최초 가격을 정하고, 프로젝트의 비전과 화폐의 가격에 동의하는 사람들이 투자함으로써 프로젝트에 자금을 공급되는 구조다. 범용적인 암호화폐뿐만 아니라 부동산 간접투자, 에너지 수요자원 거래, 지역 전통시장 거래 등 특수목적으로 쓰이는 암호화폐가 본격적으로 발행된다는 것은 가치교환 수단의 변동을 예고한다.

지금은 실물자산 담보 없이 암호화폐의 미래가치만으로 투자자의 관심을 끌지만, 향후에는 안전자산이 뒷받침된 암호화폐가 하나둘 시장에 등장할 것이다. 또한 특수목적 암호화폐Special Purpose Crypto-Currency 간 또는 특수목적 화폐와 법정통화 사이 가치교환, 즉 '환전'의 수요도 늘어난다. 비트코인과 같은 암호화폐를 사고 팔 수 있는 코인 거래소의 역할은 지속적으로 확대된다. 기존 증권 거래소보다 사설 코인 거래소에 더 많은 사람이 몰릴수록 규제가 강화되거나 정부 주도의 공공 거래소가 생겨날 가능성이 커진다. 자생적 민간 거래소와 공공 거래소의 본격적인 경쟁 시대가 도래할 수 있다는 의미다.

사회경제 관점에서 신뢰 인프라가 강화될수록 디지털 자산의 연결과 공유가 확대된다. 신뢰는 새로운 거래를 낳고 거래는 데이터를 낳는다. 과거 디지털 자이언트들이 독점하던 데이터 권력이 개인에게 분산되고, 분산은 새로운 참여자들을 끌어들인다. 암호화폐 자체가 이미 디지털화된 데이터다. 암호화폐를 통한 모든 거래는 디지털 자산들의 거래 이력을 포함하기 때문이다. 암호화폐와 거래 데이터는 결합됨으로써 결국 새로운 가치를 만드는 데 기여한다. 암호화폐와 함께 폭발적으로 쏟아져나오는 거래 데이터는 새로운 데이터 생태계의 토대가 된다. 이른바 '크립토-인포메이션Crypto-Information' 생태계가 탄생한다. 과거 데이터 생태계가 광고 또는 마케팅 시장에서의 중개 플랫폼이었다면, 향후 크립토-인포메이션 생태계는 시장 전 영역을 포괄하는 혁신 플랫폼이다.

블록으로 축적된 데이터의 가치는 단순 저장한 데이터의 가치를 능가한다. 해킹, 개인정보 침해 우려를 극복할 수 있는 보안성을 확보함으로써 데이터 자체와 데이터 인텔리전스 교환의 기회도 증가한다. 크립토-인포메이션 생태계에 기반을 둔 거래가 전 지구적 차원으로 확대될수록 디지털을 근간으로 한 새로운 융·복합 비즈니스가 폭발적으로 늘어날 것이다. 지금까지 블록체인의 수익 모델은 코인 거래소 수수료와 ICO를 통한 자금 조달 정도에 그쳤다. 하지만 향후 새로운 블록체인 생태계에서 구상해볼 수 있는 블록체인 비즈니스 모델은 무궁무진하다. 암호화폐를 가지고 그릴 수 있는 미래 세계를 구상해보자. 지난 수십년간 PC와 인터넷이 몰고 온 변화보다 더 큰 충격이 이제 시작되고 있다.

'프로그래머블 경제'를 향하여

2008년 금융위기를 기점으로 '균형이론Equilibrium Theory'에 기반을 둔 경제모델에 대한 도전이 본격화되고 있다. 모든 재화 시장과 생산요소 시장에서 수요와 공급이 일치해 균형상태를 이루게 된다는 19세기 프랑스 경제학자 레옹 발라스Léon Walras의 이론은 현실을 과도하게 단순화한 허구라는 비판이 부상하고 있다. 새로운 대안으로 자연 현상에 대한 물리학적 사고로부터 출발해 비평형 시스템을 추구하는 복잡계 경제학Complexity Economics도 주목을 끌고 있다. 복잡계 경제학에서는 미시와 거시 패턴을 상호작용의 창발적 결과로 이해하는데, 복잡계 현상을 진단하고 해결책을 모색하는 활동과 블록체인 기술이 결합될 수 있다. 즉, 복잡계 경제학의 방법론을 통해 블록체인 노드(Node: 블록체인 네트워크에서 의사결정 참여와 합의의 주체)를 설계하고 시장 시스템 전반에 대한 재구성을 기획하는 것이 가능해진다.

그렇다면 블록체인은 시장 구조 변화에 어떤 영향을 미칠 것인가? 일반적으로 시장에서 신뢰 확보를 위한 거래 검증 비용이 증가하면, 시장의 층은 얇아지고 구매자와 판매자 입장에서는 수익성 있는 거래관계를 창출하기가 어려워진다. 특히 구매자와 판매자 사이의 데이터와 정보의 비대칭성은 시장의 활성화를 저해하게 된다. 기존 시장 설계 솔루션의 대부분은 거래를 보증해줄 제3자 독립기관 또는 플랫폼과 같은 유형의 플레이어를 필요로 하고, 이들이 이해관계자 간 '정보'의 차이를 이용해 부를 확보하는 방식이었다. 그러나 기술의 디지털화는 거래에 대한 검증 비용을 사실상 제로 수준까지 떨어뜨린다. 무엇보다도 블록체인 기술은 역사상 최초로 비용이 거의 들지 않는 검증 모델을 제시하게 된 것이다.

이제 전통적인 통제자와 중개자의 개입 없이 공급자와 구매자 간에 직거래가 가능한 분산형 마켓플레이스가 실현될 수 있다. 시장 참여자들의 전 자산이 완벽하게 디지털화되고 거래 중개자들이 제거된다면 새로운 비즈니스 모델이 생겨날 것이다. 이제 새로운 진입자들이 나타나 최소비용으로 같은 시장에서 경쟁하는 시대가 온다. 큐레이션 서비스처럼 중개자의 부가가치 영역이 일부 남아있을 수 있지만, 새로운 시장 설계자들은 중앙집중형 통제 방식이 아닌 더 분권화된 거래 모델을 지향한다. 그리고 이러한 분권형 플랫폼에서 다양한 스타트업과 혁신 기업들이 출현한다.

블록체인이 가져올 변화의 본질은 한마디로 '정보Information의 민주화Democratization'이자 새로운 '거버넌스Governance'의 탄생이다. 부동산 사기 기록이나, 의약용품 부작용, 농경지 수확량 등 정보의 양은 넘쳐나지만, 대부분 일년에 한 번 정부 통계치를 발표할 뿐 날씨 외에는 실시간으로 전달되는 정보는 거의 없는 것이 현실이다. 그러나 블록체인상에서는 안전한 시스템에 의한 자율적 권한 위임이 가능하므로 승인 권한을 특정 기관이 독점하지 않는다. 거래 승인 또는 기록 등록을 위해 제3의 공인기관이나 중개자의 개입 없이도 믿을 수 있는 직거래가 가능해진다는 의미다.

전통적인 중개자 역할이 '하향감시Surveillance'라고 한다면 블록체인 기술은 일종의 '상향감시Sousveillance'다. 데이터에서 플랫폼 권력이 나오듯이 권력의 분산은 데이터 권력의 분권을 수반하는 새로운 패러다임을 만든다. 어떤 이해관계자들 간에 어떤 데이터를 어떻게 공유해야 하고 어떤 구조로 상호 감시할지에 대한 권력의 균형과 협업 모델을 설계하는 것이 새로운 사회경제적 가치를 만드는 데 가장 중요한 작업이다.

블록체인은 궁극적으로 '프로그래머블 경제Programmable Economy'를 꿈꾼다. 프로그래머블 경제란 무엇인가? 프로그래머블 경제는 디지털 비즈니스의 최종적인 목적지다. 프로그래머블 경제는 사람들이 제품과 서비스의 가치를 정의하고 그 가치교환 방식을 결정하는 것을 지원한다. 프로그래머블 경제는 광범위한 디지털 기술을 기반으로 전통적인 가치교환 개념을 변화시키는 스마트 경제다. 즉, 프로그래머블 경제는 새로운 형태의 가치교환과 새로운 종류의 시장과 새로운 종류의 경제활동을 지원하는 패러다임이다. 자율적 의사결정 능력을 갖춘 플랫폼과 기술의 등장으로 법과 제도의 개선과 금융 인프라의 변화와 새로운 윤리적 기준이 요구된다.[14]

프로그래머블 경제는 미래 화폐 개념을 뛰어넘는, 경제 전반에 대한 근본적이고 포괄적인 트랜스포메이션이다. 프로그래머블 경제는 사물인터넷과 인공지능 기술 그리고 블록체인 기술을 통해 실현된다. 다양한 디지털 기술들이 결합한 APIApplication Programming Interface 기반의 자율형 비즈니스 모델들이 새로운 경제 패러다임의 중심축을 이룬다.

미래 비전에 대한 공감대 없이 미래는 우리의 것으로 다가오지 않는다. 미래사회 변화에 선제적으로 대응하기 위해서는 기업과 정부 차원에서 전략적 마스터플랜을 수립하고 실행체계를 갖춰야 한다. 과거 유효했던 기술 포트폴리오에 대한 재점검 외에도 공급 가치사슬과 운영 조직구조까지 전면적으로 재구성해야 한다. 기업의 비즈니스 모델, 목표 시장, 비즈니스 포트폴리오, 인센티브 메커니즘, 지적 자산 권리, 법적 계약, 회계 및 세금 처리, 사용자 관계를 포함한 다양한 이슈를 고려해야 한다. 정부의 경제정책 또는 복지정책도 프로그래머블 모델로 개선될 수 있다. 정부는 암호화폐 기반의 각종 거래에 대한 실시간 모니터링을 통해 탈세를 원천 차단할 수 있으며, 복지예산 집행도 투명하게 관리할 수 있다. 기존 아날로그 방식에서는 대상자에게 지급되는 복지예산이 목적과 다른 곳에 사용돼도 감지하거나 차단할 수 있는 방법이 거의 없었지만 블록체인 플랫폼상에서의 암호화폐 형태로 복지예산이 지급되면 일련의 집행 과정은 실시간으로 관리되고, 모든 내역은 추적될 수 있다.

또한 과세당국은 블록체인 기반 조세징수 시스템을 통해 경제성장률과 금리, 실업률, 수출입 동향, 환율, 수입지출 내역, 부가세율, 법인세율, 비과세 대상자, 면세 품목 비중 등 다양한 변수들의 파라미터값을 시뮬레이션함으로써 최적의 세율을 찾아내게 된다.

프로그래머블 경제의 부작용에 대해서도 미리 준비해야 한다. 알고리즘에 의한 의사결정과 거래가 확산될수록 알고리즘 간 담

합의 가능성도 높아진다. 알고리즘이 지배하는 디지털 경제에서 '디지털 카르텔Digital Cartel'이 형성될 경우 투명성은 훼손되고 소비자의 후생은 감소한다.[15] 기업과 정부와 사회 간 지속적인 커뮤니케이션으로 이해관계를 조정하고 합의하는 과정을 통해 디지털 시장에 대한 새로운 질서를 찾아나가야 한다.

암호화폐와 결합된 다양한 데이터 서비스, 그리고 막대한 인포메이션 수집과 분석을 자동화함으로써 우리의 인지적 능력의 한계를 극복하는 과정이 바로 신뢰 플랫폼에 기반을 둔 프로그래머블 경제를 만들어나가는 과정이다. 프로그래머블 경제 생태계는 과거에는 상상하지도 못했던 수준의 스케일로 우리의 역량과 아이디어 그리고 투자한 노력에 대해 보답받을 수 있는 경제 시스템이다. 견고한 신뢰 구조를 기반으로 새로운 제도적 거버넌스가 실행되는 프로그래머블 경제를 통해 사람과 사물과 공간이 연결되어가는 초연결, 초지능, 초융합 사회를 열어나갈 수 있기를 기대한다.

인더스트리 혁신 인프라, 블록체인

1부 인더스트리 혁신 인프라
Enabler Technology

인슈어테크
P2P 에너지 거래
콜드체인
글로벌 항만 물류
디지털 헬스케어
디지털 콘텐츠
디지털 정부 (부동산, 탄소배출권, 전자투표, 크립토-시티)

블록체인 블루프린트

2부 사회경제 혁신 인프라
Institutional Technolgy

| 암호화폐
| 복잡계 경제학
| 크립토-인포메이션
| 플랫폼 협동주의
| 커먼즈 경제
| 코인 경제
| 블록체인 거버넌스
| 탈중앙화 자율 조직

디지털
카탈락시

디지털 서비타이제이션(서비스화)

사물인터넷   **빅데이터**   **인공지능**
+
◆ 블록체인 ◆

| 공유원장 | 암호화 | 합의 알고리즘 | 스마트 컨트랙트 |

1장

인더스트리 전반으로 확산되는 블록체인

핀테크를 넘어 '범용기술'로 부상하다

블록체인은 '핀테크Fintech'인가? 아니면 '범용기술General Purpose Technology; GPT'인가? 핀테크Fintech는 금융Financial과 기술Technology을 합친 단어로서, 혁신적인 금융서비스를 제공하기 위한 디지털 기술을 총칭한다. 글로벌 주요 금융기관들은 전통적인 방식에서 벗어나 디지털 트랜스포메이션을 위한 하나의 해법으로 핀테크를 도입하기 시작했고, 국내에서도 2016년을 기점으로 핀테크 춘추전국시대가 시작되고 있다.

소비환경의 변화와 기술혁신에 힘입어 핀테크는 기존 금융 서비스의 효율화와 비용 절감에서부터 신규 서비스 창출로 확대되는 추세다. 신용카드사뿐만 아니라 리테일 사업자, PG Payment Gateway 사, 디지털 플랫폼 기업, 이동통신사, 하이테크 제조사 등이 제공하는 모바일 간편결제 서비스는 이제 생활 곳곳에서 찾아볼 수 있게 되었다. 2017년 케이뱅크와 카카오뱅크와 같은 전문 인터넷은행이 등장해 금융권 전체에 돌풍을 일으키고 있고, '알파고'를 계기로 인공지능에 대한 관심이 높아지면서 '로보어드바이저 Robo-Advisor' 도입도 본격화되기 시작했다. 그 외 중금리 대출 시장을 노린 P2P 금융 서비스도 소비자들에게 점차 인기를 끌고 있다. 핀테크에는 이처럼 모바일 송금 등 지급결제 업무, 예금과 대출 등 은행 업무, 온라인 펀드·보험·증권 서비스, P2P 대출, 소셜 트레이딩 등 자산관리 업무까지 포함된다. 핀테크의 본질은 기술이자 금융이다. 예일대 윌리엄 괴츠만 William H. Goetzmann 교수에 따르면, "금융에 대한 스토리는 곧 기술에 대한 스토리다."[1]

핀테크를 통한 금융 혁신을 이야기할 때 빠짐없이 등장하는 것이 바로 블록체인이다. 초기 블록체인에 대한 이해는 대부분 비트코인, 즉, '암호화폐 Crypto-Currency' 자체에 초점을 맞추고 있었다. 사용자에게는 비트코인 거래에 참여하느냐 참여하지 않느냐 하는 선택의 문제만 존재했다. 하지만 2015년 하반기부터 비트코인 대신 '분산원장 Distributed Ledger'이라는 블록체인 기본 개념이 더 부각되기 시작했다. IBM을 비롯해 인텔, 마이크로소프트 등 글로벌리딩 IT 기업들이 블록체인 기술 개발에 합류하면서 블록체인의 인지도 역시 점점 더 높아지고 있다.

앞서 설명한 대로, 블록체인은 하나의 네트워크를 구성하는 모든 참여자가 공동으로 거래 정보를 검증, 기록, 보관함으로써 '공인된 제3자'가 없어도 거래 기록의 신뢰성을 확보할 수 있는 기술이다. 수많은 사용자들이 참여하는 P2P Peer to Peer 네트워크상에서 데이터 무결성을 보장하는 것이 핵심이다. 모든 비트코인 사용자는 P2P 네트워크에 접속해 동일한 거래원장을 각각 보관한다. 이 거래원장은 10분에 한 번씩 최신 상태로 갱신되고, 몇몇 사람이 원장을 멋대로 조작할 수 없도록 과반수가 인정한 거래내역만 장부에 기록된다. 블록체인은 이때 비트코인 거래 기록이 저장된 거래원장 전체 시스템 구조를 가리킨다.

금융 비즈니스에서 무엇보다도 중요한 것은 거래장부의 안전한 관리다. 나아가 보안성뿐만 아니라 비용 효율성까지 입증된다면 블록체인은 금융의 역사를 새로 쓸 수 있는 파괴적 혁신을 가져올 수 있다. 글로벌 주요 금융기관에서는 외환 송금 서비스부터 개인 인증, 문서 보안 등 다양한 영역에 걸쳐 블록체인 프로젝트를 추진하고 있다. 디지털 기술이 전통 산업의 비즈니스 패러다임을 바꾼 것처럼 핀테크가 지금 금융기관의 변화를 주도하고 있다. 거래 비용의 획기적 절감과 정보의 실시간 공유를 통한 가치 창출, 그리고 데이터 분석을 통한 마케팅과 상품 추천의 개인 맞춤화 서비스가 실현된다.

블록체인은 핀테크의 대표적인 기술로서 주목받기 시작했지만 그 영향력은 여기에 그치지 않는다. 분산원장 개념은 어떤 인더스트리에서도 적용될 수 있기 때문이다. 《Blockchain : Blueprint for a New Economy》의 저자, 멜라니 스완Melanie Swan에 따르면, 블록체인 패러다임은 크게 세 단계로 구분된다. '블록체인 1.0'은 화폐의 성격을 띤 비트코인이 활용되는 단계이며, '블록체인 2.0'은 스마트 컨트랙트를 중심으로 금융산업 전반의 혁신 도구로 블록체인 기술이 활용되는 단계다. 그리고 마지막으로 '블록체인 3.0'은 블록체인이 핀테크를 넘어 다양한 인더스트리 애플리케이션으로 확산되는 단계다.[2]

앞서 설명한 바와 같이, 새로운 경기파동을 이끄는 기반 기술을 '범용기술General Purpose Technology; GPT'이라 부른다. 그렇다면 우리는 블록체인도 범용기술로 볼 수 있을 것인가? 1992년 범용기술 개념을 최초로 제안한 티모시 브레스나한Timothy Bresnahan과 마누엘 트라이텐베르그Manuel Trajtenberg 교수의 연구에 따르면, 범용기술은 세 가지 특징을 가진다. 첫 번째 특징은 '확산성Pervasiveness'이다. 범용기술은 오랜 기간 동안 다양한 영역으로 확장될 수 있어야 한다. 두 번째는 '개선성Improvement'이다. 범용기술은 시간이 지날수록 나아져야 하고 비용을 낮출 수 있어야 한다. 세 번째는 '혁신 촉진성Innovation Spawning'이다. 범용기술은 새로운 상품 및 프로세스 개발을 용이하게 한다.[3] 범용기술은 전기, 정보통신, 교통·수송, 에너지, 반도체 등과 같이 사회경제 인프라를 지원하는 기술이며, 성장에 활력을 불어넣음으로써 급격한 생산성 향상과 더불어 생산방식·산업구조·고용구조 변화 등 경제 전반에서 혁신을 촉진한다.

범용기술은 세계경제 성장에 모태가 된다. 일반 개인의 생활 방식뿐만 아니라 기업의 비즈니스 방식에도 큰 변화를 일으키는 근본적인 기술이다. 또한 범용기술은 잠재적으로 다양한 기술과 접목되어 타 기술과 제품의 혁신 활동을 자극하고 그 기술의 진화를 촉진하는 기술이다. 이와 같이 사회경제 전반에 미치는 파장이 큰 기술을 범용기술이라고 하며, 이것은 산업혁명의 원동력이기도 하다.[4]

지금은 4차 산업혁명 시대다. 산업혁명은 기술에서 시작하고, 문화로 정착되며, 새로운 문화적 기반 위에서 새로운 기술이 진화한다. 또한 산업혁명은 '특수목적기술Specific Purpose Technology'이 아닌 범용기술에 의해 진행된다. 이러한 범용기술은 특정 분야에 국한되지 않고 다양한 분야의 기술혁신을 유발하여 기존 생산양식을 변화시키며, 새로운 기술 패러다임을 이용하는 다양한 보완적 발명과 혁신이 장기간에 걸쳐 연쇄적으로 나타난다.

산업혁명은 일반적으로 범용기술의 출현과 함께 시작되어 당시 산업구조의 혁신적 변화를 일으킨다. 1차 산업혁명은 증기기관이, 2차 산업혁명은 전기기술이, 3차 산업혁명은 인터넷 기술이 주도했으며, 현재 4차 산업혁명의 주도 기술은 지능정보기술로서 인공지능, 사물인터넷, 클라우드, 빅데이터 등 데이터를 기반으로 기계에 인간의 인지·학습·추론 능력을 구현하는 기술군이다. 즉, 지능정보기술은 다양한 분야에 활용될 수 있는 범용기술 특성을 보유해 사회 전반의 혁신을 유발하고, 광범위한 사회경제적 파급력을 갖는 기술로 정의된다.

블록체인 기술은 전형적인 범용기술로서 해석될 수 있다. 블록체인 애플리케이션은 금융산업뿐만 아니라 다양한 산업으로 급속도로 확산되고 있다. 즉, 블록체인은 '확산성'을 가진다. 금융산업에서 암호화폐의 장점을 활용한 유스 케이스가 등장했다면, 스마트 컨트랙트 기술을 활용한 애플리케이션 개발이 다양한 분야에서 시작되고 있다. 두 번째, 블록체인 기술은 기본적으로 오픈소스 소프트웨어다. 블록체인은 사용자들에 의해 지속적으로 업그레이드된다. 블록체인의 기본 구조는 동일하지만, 성능 향상을 위한 기술 개발이 계속되고 있으며, 각 활용 목적에 맞게 변형되고 있다. 즉, 블록체인 기술은 '개선성'을 가지고 있다. 마지막으로 블록체인 기술은 혁신 촉진자로서 '스필오버 효과Spillover Effect'를 만들어내고 있다. 암호화폐 속성은 '신규가상통화공개Initial Coin Offering; ICO와 같은 크라우드 펀딩 모델을 만들어낸다. 블록체인은 또한 각 산업별 디지털 트랜스포메이션Digital Transformation 전략과 결합해 스마트 컨트랙트를 기반으로 한 새로운 비즈니스 모델 개발에도 활용된다. 이와 같이 범용기술로서의 블록체인은 지능정보기술과 더불어 4차 산업혁명의 핵심 기술로 자리 잡을 것으로 예상된다.[5]

4차 산업혁명은 유례없이 빠른 속도로 광범위하게 진행되고 있다. 우리는 진화가 아니라 혁명이라는 관점에서 '과거로부터의 단절'을 실행해야 한다. 개방과 융합이 혁명의 근간을 이룬다. 인더스트리 전반에 걸친 구조적 변화가 일어나고 있다. 산업혁명을 주도하는 범용기술 기반의 파괴적 혁신이 특정 분야에 국한되지 않고 다양한 분야에서 나타나고 있다. 블록체인이 가져오는 기술 패러다임의 변화가 다양한 기술혁신을 유도하고 연쇄적, 다발적으로 확산되면서 새로운 혁명의 시대가 열리고 있다.[6]

New ICT 시대를 선도하는 신뢰 프로토콜

New ICT는 전통적인 ICT와 어떻게 다르며, 블록체인은 New ICT의 어떤 역할을 하게 될 것인가? New ICT는 사물인터넷과 빅데이터, 그리고 인공지능 등 다양한 기술과 서비스가 융합돼 새로운 가치를 창출해내는 전면적 개방 시스템을 의미한다. 자율주행·커넥티드카, 스마트 홈·신재생에너지 관리, 스마트 전력거래 등의 서비스가 시장의 주목을 받으며 산업 전반에 걸친 급진적인 변화를 예고하고 있다. 즉, New ICT가 궁극적으로 지향하는 사회는 초연결, 초지능, 초융합 사회다.

전통적인 ICT가 비즈니스·생활에서 인간을 지원하는 도구 역할을 했다면, New ICT는 인간을 지원할 뿐만 아니라 스스로 작동, 판단해 작업을 수행할 수 있다는 특징을 가진다. 사물인터넷, 로보틱스, 인공지능 기반 인지시스템, 3D프린팅, 나노기술, 유전공학, 양자컴퓨터 등 다양한 지능화 기술이 광범위하게 결합·융합되면서 파괴적 혁신을 주도하게 된다. 드론 배송, 자율주행차

운전, 실시간 번역, 음성·안면인식, 자율로봇 활용 등 인간의 지성을 필요로 하는 작업이 '지능기술Intelligence Technology'에 의해 실현되고, 지능화된 사물의 사고능력이 획기적으로 향상돼 주체적으로 상황을 판단, 제어해서 문제를 해결함으로써 사물·시스템의 무인화를 촉진한다. 지능기술은 인간의 개입 없이 사물 스스로 판단하고 의사결정을 하도록 지원하거나, 사물로 하여금 상황 인지 contextually aware가 가능한 사고능력을 갖도록 지원하는 각종 요소기술 (사물인터넷·빅데이터·AI·로보틱스 등)을 포함한다.

지능을 갖춘 스마트 머신의 보급이 확산되면 생산방식 외에도 시장구조, 생활양식 측면에서도 창조적 파괴가 시작된다. 증기기관과 인쇄기가 최초의 산업혁명을 위한 범용기술 플랫폼을 제공했고, 석유·전기·내연기관·전화가 2차 산업혁명을 위한 기술 플랫폼을 제공했으며, 컴퓨터·인터넷이 3차 산업혁명을 위한 범용기술 플랫폼을 제공한 것처럼, New ICT의 요소기술들이 상호 간 영향을 주고받으면서 4차 산업혁명을 위한 동력으로 작동하게 된다. 그리고 New ICT는 궁극적으로 새로운 '지능 경제Intelligence Economy'를 촉발한다. 지능기술의 부상과 기술의 융·복합은 새로운 경제 패러다임 변곡점을 만들어내고, 세계 경제 시스템과 사회적 구조 변화를 가속화할 것으로 예상된다.[7]

블록체인은 바로 지능정보사회를 향한 New ICT의 근간이다. New ICT가 지향하는 지능경제에서는 연결과 융·복합이 요구되며, 이를 위한 완벽한 신뢰 프로토콜이 필수적이다. 블록체인은 바로 이 신뢰 프로토콜을 구현하는 기술이다. 블록체인은 디지털 환경에서 참여자 간 신뢰 프로세스를 분산구조로 재설계함으로써 신뢰성을 극대화한다. 블록체인은 중앙통제 방식으로 신뢰를 만드는 기술이 아니다. 블록체인이 지향하는 탈중앙화 세계에서는 '중앙 운영'의 개념은 설 자리를 잃는다. 탈중앙형 신뢰 프로토콜이 네트워크 가장자리에서 탈중앙형 운영을 활성화한다. 즉 모든 활동과 가치가 바로 중앙이 아닌 곳에서 만들어진다.[8] 다시 말하자면, 블록체인은 네트워크상 개별 참여자들과 별도의 신뢰 관계를 형성할 필요 없이 완전히 분산된 방식으로 자신의 정보를 보호할 수 있는 새로운 구조의 디지털 신뢰 방식을 설계한다. 사전에 신뢰관계가 형성되지 않은 상대방과도 제3자의 보증 없이 손쉽고 안전한 거래가 이루어진다.

기술·산업 간 융·복합 가속화로 산업 경계가 파괴되고 제품·서비스가 결합되는 시대로 전환되고 있다. 참여자 간 신뢰를 바탕으로 한 수많은 이기종 데이터의 축적과 매시업(Mash-up: 새로운 가치 확보를 위한 융합)과 분석을 통한 인텔리전스의 창출이 바로 지능정보사회의 혁신 원천이다.

지능기술을 통해 디지털 신세계로 탈바꿈하기 위해서는 New ICT의 전후방 산업이 활성화되어야 하고, 이를 위해 참여자들 간의 신뢰를 바탕으로 한 혁신 생태계가 구성되어야 한다. 분권화된 경제 메커니즘으로 비즈니스 거래의 새로운 트렌드를 만들어내는 것이 바로 블록체인의 힘이자 영향력이다.

신뢰 프로토콜로서의 블록체인은 지속적으로 변화를 거듭해가며 New ICT의 인프라로서의 지위를 단단하게 구축하고 있다. 블록체인이 그려내고 있는 새로운 미래는 2세대 블록체인인 '이더리움Ethereum'에 의해 한층 더 진화된다. 이더리움 이전의 블록체인 플랫폼은 기본적으로 비트코인의 구조를 모방했기 때문에 사용자의 목적에 맞는 커스터마이징이 사실상 불가능했고 암호화폐 활용과 무관한 영역에서는 한계가 있었다. 이에 반해, 이더리움은 '튜링완전성Turing-Completeness'을 갖춘 확장용 언어를 갖춰 스마트 컨트랙트를 쉽고 간단하게 프로그래밍할 수 있도록 한다. 튜링완전성이란 수학적 시뮬레이션인 튜링머신의 수준까지 프로그래밍이 가능하다는 뜻이다. 이는 일반 컴퓨터에서 실행할 수 있는 프로그래밍이 모두 가능하도록 설계됐다는 의미로서 문자 그대로 '무한대의 확장성'을 갖는다.

이더리움은 또한 암호화폐 '이더Ether'를 사용한다. 이더는 여러 가지 가상 자산들 간의 효율적인 교환을 가능하게 하는 매개물의 역할을 하며, 거래 수수료Transaction Fee를 지불하기 위한 화폐로 사용된다. 이더리움은 비트코인과 마찬가지로 P2P 네트워크상에서 거래이력을 블록으로 쌓는 한편, 스마트 컨트랙트 코드와 실행 이력에 대해서도 기록한다. 비트코인과 마찬가지로 블록이 생성되면 블록에 저장된 스마트 컨트랙트 또는 이체가 실행된다. 스마트 컨트랙트나 송금 이력은 블록에 저장되므로 그 기록은 정당성을 갖게 된다.[9]

이더리움은 혁신적인 신뢰 네트워크의 지평을 여는 계기가 되고 있다. 프로그래밍 언어를 이용해 계약을 정교하게 설계하면 과거에는 존재하지 않았던 프로그램에 의해 자동적으로 운영되는 신뢰 기반의 비즈니스 모델이 가능해진다. 블록체인이라는 신뢰 인프라Trust Infra를 기반으로 미래지향적인 신뢰 공동체를 구축함으로써 비로소 새로운 비즈니스 모델과 혁신 생태계가 실현된다.

2장

진화하는 블록체인,
강화되는 신뢰 네트워크

왜 '프라이빗 블록체인'인가

비트코인이 유일한 블록체인은 아니다. 그렇다면, 블록체인의 종류에는 어떤 것들이 있으며 어떤 방향으로 진화되어가고 있을까? 블록체인은 크게 '퍼블릭 블록체인Public Blockchain'과 '프라이빗 블록체인Private Blockchain'으로 구분된다. 퍼블릭 블록체인은 비트코인 또는 이더리움과 같이 누구나 네트워크에 참여할 수 있는 블록체인을 의미하며, 프라이빗 블록체인은 하나의 기관에서 독자적으로 사용하는 블록체인을 의미한다.

이외에도 '컨소시엄 블록체인Consortium Blockchain'이 있는데 여러 기관들이 컨소시엄을 구성해 운영하는 블록체인, 즉 허가된 기관만 네트워크에 참여하는 블록체인이다.

블록체인은 애초에 누구나 네트워크에 참여할 수 있는 '퍼블릭 블록체인'으로 시작되었다. 현재 암호화폐 거래소에서 거래되는 상당수의 블록체인은 퍼블릭 블록체인으로서 누구나 블록체인 네트워크에 참여해 모든 내역을 볼 수 있고, 누구나 트랜잭션 내역을 검증할 수 있다. 하지만 비트코인이 증명하듯 공개형 분산원장은 여러 기술적, 실증적 문제를 안고 있다. 불특정 다수가 참여하는 네트워크를 유지·관리하는 데 많은 자원을 투입해야 하고, 이체와 관련된 내부 정보가 투명하게 공개되며, 처리 속도가 느리고, 거래자의 익명성을 보장해주어야 하는 등 여러 가지 단점이 존재한다.

이런 한계를 극복하고 인증된 참여자만을 대상으로 분산 네트워크를 구성하는 프라이빗 블록체인 기술이 부각되고 있다. 프라이빗 블록체인은 비트코인처럼 과도한 컴퓨팅 파워를 소진하며 채굴Mining 경쟁을 할 필요가 없으며 일반적으로 '비잔틴 장애 허용Byzantine Fault Tolerance; BFT'과 같은 멤버십 기반 합의 알고리즘으로 운영된다. 허가형 분산원장이라고도 불리는 프라이빗 블록체인은 기존 퍼블릭 블록체인이 가지고 있던 한계를 극복하면서도 보안성과 안정성은 극대화한다. 프라이빗 블록체인 또는 컨소시엄 블록체인은 참여가 제한된 블록체인이다. 디지털 트랜스포메이션 차원에서 기업들이 도입하는 블록체인 플랫폼 역시 퍼블릭 블록체인이 아닌 프라이빗 또는 컨소시엄 블록체인으로 설계된다.

퍼블릭 블록체인과 프라이빗 블록체인은 서비스와 운영환경이 다르기 때문에 비즈니스 요구사항도 다르다. 퍼블릭 블록체인은 읽기, 트랜잭션 생성을 누구나 할 수 있다. 모든 사용자들이 모든 데이터를 확인할 수 있다. 그러니 기관 간 블록체인의 경우 개인의 금융 정보나 기업의 영업 기밀에 준하는 내역이 담긴 데이터도 주고받을 수 있기 때문에 모두에게 데이터가 공개되면 안 된다. 모든 참여자가 함께 이체 내역을 처리하고 검증하면 이체 내역의 무결성 확보에는 효과적이나, 프라이버시 측면에서는 치명적이다. 또한 법적으로 책임질 수 있는 기관만 트랜잭션을 생성해야지 누구나 트랜잭션을 생성할 수 있다면 금융사고가 일어났을 때 책임 주체가 불분명해질 수 있다.

또한 트랜잭션 검증 요구사항에도 차이가 있다. 퍼블릭 블록체인의 경우 트랜잭션 내역이 모두에게 공개되며 네트워크에 참여한 모든 노드가 트랜잭션을 검증한다. 그러나 프라이빗 블록체인에서 이해관계자가 아닌 모든 노드가 트랜잭션을 검증하는 것은 문제가 있을 수 있다. 또한 노드별로 권한을 다르게 설정하는 것은 퍼블릭 블록체인에서는 불가능하다. 감독 기관은 모든 데이터를 검증해야 한다거나, 그 나머지 기관들은 자신과 관련된 데이터를 검증하는 등의 역할 구분이 불가능하다는 것이다.

퍼블릭 블록체인은 참여가 자유롭다는 것은, 사실상 퍼블릭 블록체인의 한계를 의미한다. 인증되지 않은 참여자나 악의적인 목적을 가진 해커도 퍼블릭 블록체인에 접근할 수 있기 때문이다.

이 같은 상황에서 악의적인 네트워크 참여자의 공격을 방어하면서 세계 각지에 있는 모든 노드들이 같은 데이터를 공유해야 한다. 퍼블릭 블록체인은 이런 요구사항을 만족시켜야 하기 때문에 성능 면에서 많은 것을 포기할 수밖에 없었다.

퍼블릭 블록체인은 기본적으로 누구나 블록 후보를 만들어 제출하고, 분산합의를 통해 하나의 블록을 선정해 신뢰할 수 있는 블록으로 인정받는 구조다. 따라서 인터넷상에서 블록을 공유해야 하는 시간이 있고, 너무 많은 블록이 동시에 만들어지면 하나의 블록을 선택하기가 어렵기 때문에 블록 생성시간에 제한을 두고 있다. 비트코인의 경우 약 10분마다 하나의 블록을 생성하게 되고, 이더리움의 경우 약 12초마다 하나의 블록을 생성한다. 네트워크에 공유되는 시간을 고려했을 때 이더리움에서 내가 보낸 트랜잭션 결과를 확인하려면 약 1~2분 기다려야 한다. 즉각적인 처리가 필요한 금융권 서비스에 그대로 적용하기에는 불가능한 수준이다.

또한 퍼블릭 블록체인에서 채택하고 있는 합의 알고리즘으로 '작업 증명Proof of Work; PoW'이나 '지분 증명Proof of Stake; PoS'을 사용하려면 내부 암호화폐가 필요하다. 퍼블릭 블록체인에서는 거래내역을 검증해 신뢰할 수 있는 블록을 만들기 위한 노드 간 경쟁이 치열하게 전개되고 경쟁 인센티브로 비트코인과 같은 암호화폐가 주어진다. 채굴은 바로 이러한 과정이다.

퍼블릭 블록체인에서 사용하는 알고리즘은 나중에 블록 생성

후 블록이 확정되기 때문에 허용되는 시간 내에 네트워크 분기Fork 가 생길 수 있어 항상 확실한 데이터를 보장해야 하는 금융권에는 사용하기가 어렵다. 따라서 프라이빗 블록체인들은 '비잔틴 장애 허용Byzantine Fault Tolerance' 계열의 분산합의 알고리즘을 사용해 네트워크 분기를 차단한다.[10]

또한 퍼블릭 블록체인은 멀티 프로세싱에 최적화돼 있지 않다. 퍼블릭 블록체인은 고가용성보다는 안정적으로 실행되는 것이 목적이고 애초에 정책적으로 7~12 TPS(Transaction Per Second: 초당 처리 건수) 정도밖에 허용하지 않는다. 실제 금융권 애플리케이션에서 요구하는 고가용성을 확보하려면 퍼블릭 블록체인은 근본적으로 불가능한 셈이다.

따라서 금융권에서는 퍼블릭 블록체인은 고려하지 않는다. 오히려 금융 거래의 검증과 외부 시스템 연계 그리고 규제 준수 등을 위해 블록체인 기본 프레임워크를 기존 금융 프로세스에 맞게 커스터마이징할 수 있는 프라이빗 블록체인 기술을 적용하는 파일럿을 진행하고 있다.

프라이빗 블록체인은 '허가형 원장Permissioned Ledger'으로도 불린다. 읽기, 쓰기, 합의 과정에 참여할 수 있는 참여자가 미리 지정되어 있으며, 필요에 따라 특정 주체가 새로 추가되거나 제거될 수 있다. 대부분의 프라이빗 블록체인은 하나가 아닌 다수의 업체가 파트너십이나 컨소시엄을 통해서 구축한다. 컨소시엄 참여사들의 상호 승인과 허락을 통해서만 블록체인 네트워크에 가입할 수 있는데, 이렇게 함으로써 퍼블릭 블록체인과 같이 불특정 다수가 사용하는 네트워크에서 발생하는 리스크를 줄일 수 있다.

또한 설계 목적에 따라 여러 가지 버전으로 프라이빗 블록체인을 구현할 수 있다. 따라서 모두가 자료를 조회할 수는 있으나 자료의 기록은 특정 주체만 가능한 경우, 또는 읽기와 쓰기 모두 특정 주체만이 가능한 경우 등 다양한 적용이 가능하다. 금융업무의 경우, 읽기 권한은 거래 당사자(예: 은행)와 거래를 감독할 의무가 있는 금융감독기구 및 중앙은행에 주어지고, 쓰기 권한과 합의 알고리즘을 통한 검증권한은 모두 거래 당사자에게 주어질 수 있다. 이처럼 프라이빗 블록체인에서는 접근권한 설정이 맞춤형으로 설계될 수 있다.

프라이빗 블록체인은 비트코인처럼 채굴을 위해 해시 경쟁에 의존할 필요가 없다. 오히려 프로토콜을 변경하거나 업데이트하는 것이 간편하다. 컨소시엄 참여사들끼리 합의하면 되기 때문이다.

또한 프라이빗 블록체인은 중개기관을 거칠 필요 없이 서로 다른 노드가 자신의 데이터를 온전히 신뢰할 수 있게 된다면 데이터 오차 수정, 불일치 내역 조정, 커뮤니케이션을 위한 메시징 시간 절감 등 여러 가지 혁신적인 변화를 기대할 수 있다. 특히 금융기관의 경우, 이러한 데이터 처리 속도 증가는 곧 지급 및 결제 속도의 증가로 이어지며, 관련 비용은 물론 거래 상대방 리스크와 유동성 리스크를 획기적으로 줄일 수 있도록 한다.

여기서 한 가지 문제가 있다. 퍼블릭 블록체인은 전 세계 수많은 사용자들이 수천, 수만 개의 노드를 구성하며 사용하고 있는 것이기 때문에 데이터 조작이 사실상 불가능하다. 그러나 프라이빗 블록체인의 경우 해커의 공격과 같은 다양한 상황에서 그 내용이 위·변조될 수 있는 가능성도 존재한다. 수십 개의 노드로 구성된 프라이빗 블록체인의 경우 해커가 장악한 노드의 수에 따라서 블록체인의 데이터를 처음부터 다시 만들어낼 수도 있기 때문이다. 이와 같이 프라이빗 블록체인의 데이터가 변경되었을 때 탐지하기 위한 해결 방법은 무엇일까? 바로 '앵커링Anchoring'이다. 즉, 프라이빗 블록체인의 거래 데이터 또는 블록 데이터의 해시값을 주기적으로 비트코인 등 퍼블릭 블록체인의 거래 안에 포함시키는 방식이다. 프라이빗 블록체인의 거래 데이터 해시값과 퍼블릭 블록체인상의 거래 안에 포함된 해시값을 비교해 프라이빗 블록체인의 데이터 위·변조 여부를 확인할 수 있다. 나아가 프라이빗 블록체인 간 상호 앵커링하는 것도 고려할 수 있다. 예를 들면, 세 곳의 프라이빗 블록체인 간 상호 앵커링을 시도할 경우 총 여섯 번(3×2)의 조합이 가능하다. 프라이빗 블록체인들의 연결은 일종의 퍼블릭 블록체인의 기능을 수행하는 것과 유사하게 된다.

현재 국내외 금융기관 및 주요 대기업에서 이미 내부적으로 블록체인 기술 검증을 진행하고 있으며, 프라이빗 블록체인 도입을 통한 가치 혁신 방안을 적극 검토하고 있다. 이와 같이 블록체인 시장은 '암호화폐 거래 중심의 퍼블릭 블록체인'과 '제도권 시스템에 활용되는 프라이빗 블록체인'이라는 두 개의 축으로 발전하고 있다.

합의 알고리즘은 블록체인 플랫폼의 경쟁력이다

블록체인 '합의Consensus 알고리즘'이란 무엇인가? 중앙집중형 시스템에서는 하나의 중앙 데이터베이스와 관리자가 거래 입증에 관련된 모든 권한을 통제한다. 반면 블록체인 합의 알고리즘은 탈중앙형 합의 방식이다. 블록체인은 기본적으로 분산 시스템이다. 분산형 합의 방식은 분산 시스템의 신뢰도를 보장하기 위해 나온 개념이다. 블록체인은 각 노드에서 만든 블록의 정당성을 검토하고 네트워크 전체에서 공유하는 블록체인에 반영하기 위해 이 합의 알고리즘을 사용한다. 합의 알고리즘은 블록체인의 중추 기능으로서 거래를 수행하는 방법 또는 프로토콜을 말한다. 블록체인은 신뢰가 절대적으로 보장돼야 하기 때문에 합의 알고리즘이 매우 중요하다.[11]

P2P 네트워크에서는 정보의 지연과 미도달이라는 사태를 피할 수는 없다. 따라서 데이터를 변조할 의도가 없다 해도 이중 송신에 따른 중복 처리나 잘못된 정보에 의한 오작동 등의 위험이 있기 때문에 정보에 대한 합의 메커니즘은 우선적으로 해결해야 할 문제다. 즉, 분산 시스템에서의 오류와 무결성을 보장하기 위해 합의 알고리즘은 필수적이다.

이러한 분산 네트워크 문제를 해결하기 위해 먼저 '비잔틴 장군 문제Byzantine General Problem'에 대한 이해가 중요하다. 비잔틴 장군 문제는 분산 컴퓨팅의 아버지 레슬리 램포트Leslie Lamport가 논문을 통해 처음으로 악의적인 노드가 분산 시스템에 참여한 상황을 모델링한 것이다. 비잔틴 장군 문제를 해결한 시스템은 악의적인 노드가 분산 시스템에 참여한 상황에서도 전체 시스템은 신뢰도 있는 서비스를 세공할 수 있다는 것을 보장해야 한다. 비잔틴 장군 문제는 흩어져 있는 비잔틴의 장군들이 동시에 특정 성을 공격하려 할 때 내부에 첩자가 있음에도 불구하고 성공하기 위해서 어떻게 해야하는가에 대한 문제다.[12]

비잔틴 장군 문제를 해결하기 위해서는 전쟁에서 승리를 거두기 위해 공격 작전을 거짓으로 알리는 소수의 비윤리적인 장군들의 행위를 막아야 한다. 비트코인이 내놓은 해결책은 메시지를 만들기 위해 투입한 작업을 기반으로 메시지의 진위를 검증하는 프로세스를 두고, 그 메시지들의 유효성을 보장하기 위한 검증 시간에 제한을 두는 것이었다. 네트워크 안의 그 누구도 믿을 수 없고 주변의 공격의 위험이 도사리고 있음에도 불구하고 신뢰 네트워크를 통한 거래는 여전히 무사히 그리고 안전하게 성사될 수 있어야 한다.[13]

즉, 비잔틴 장군 문제를 해결하는 분산 시스템은 특정 노드가 해킹이나 오작동이 발생해 문제가 생겨도 네트워크는 여전히 신뢰도 있는 서비스를 제공하도록 해야 한다. 블록체인의 경우 하나의 주체가 네트워크를 구성하는 것이 아니라, 사전 신뢰관계가 형성되지 않은 여러 노드들이 모여서 네트워크를 구성하는 방식이다. 각각의 노드들은 네트워크를 조작해 부당이득을 취할 수 있기 때문에 네트워크에 악의적인 노드가 존재하더라도 신뢰도 있는 시스템 제공을 보장하는 합의 알고리즘이 무엇보다도 중요하다.

'작업 증명Proof of Work; PoW' 합의 알고리즘은 비트코인의 창시자인 나카모토 사토시Satoshi Nakamoto가 작성한 〈Bitcoin: A Peer-to-Peer Electronic Cash System〉이라는 논문에서 최초로 제안되었는데, 2009년 비트코인 운영이 시작된 이후 여러 가지 논란이 일고 있다. PoW는 불특정 다수가 참여할 수 있는 환경에서 유효한 알고리즘이다. 하지만 허가받은 참여자들이 컨소시엄을 만들어 운영하는 비즈니스 케이스에서는 적합하지 않은 알고리즘이다.

PoW는 비트코인을 비롯한 주요 퍼블릭 블록체인에서 채택하고 있는 합의 알고리즘이다. 블록을 만들어 배포한 후 많은 참가자가 사용하는 것을 올바른 블록으로 정의하기 때문에 참가자의 수에 영향을 받지 않고 얼마든지 참가자를 늘릴 수 있다. 반면 네트워크 상태에 따라 일부분에 불일치가 생긴 경우 '파이널리티(Finality: 블록체인이 분기되었을 때 최종적으로 하나의 유효한 블록체인으로 확정되는 것)'가 불확실하거나 확률에 의존할 수밖에 없다는 단점이 있다. 또한 PoW 방식은 속도가 느리다는 한계점이 있고 에너지 소모 역시 심각한 문제다.

'지분 증명Proof of Stake; PoS' 방식은 이더리움이 채택할 예정인 알고리즘이다. 화폐량을 더 많이 소유하고 있는 승인자가 우선적으로 블록을 생성할 수 있는 특징이 있다. 이것은 '대량 통화를 소유하고 있는 참가자는 그 통화 가치를 지키기 위해 시스템 신뢰성을 손상시키지 않을 것'이라는 전제를 바탕으로 한다. PoS 방식은 컴퓨팅 자원 소모가 아닌 자신이 가진 지분Stake을 통해 블록을 생성한다. 즉, 자신이 가지고 있는 지분과 지분이 생성된 날짜에 의해 결정된다. 한 번 블록 생성을 위해 사용된 지분의 날짜는 초기화된다. 기본적인 구조는 PoW와 다르지 않지만, 화폐량에 따라 해시 계산의 난도가 낮아지기 때문에 PoW와 비교해 자원 소모가 적다는 장점이 있다.

'프랙티컬 비잔틴 장애 허용Practical Byzantine Fault Tolerance; PBFT'은 PoW와 PoS의 단점인 파이널리티 불확실성과 성능 문제를 해결하는 합의 알고리즘이다. 대표적인 프라이빗 블록체인 오픈 소스 플랫폼 중 하나인 '하이퍼레저 패브릭Hyperledger Fabric'에서는 바로 이 PBFT 방식을 채택한다. PBFT 방식은 네트워크의 모든 참가자를 미리 알고 있어야 한다. 참가자 중 한 명이 프라이머리가 되고 자신을 포함한 모든 참가자에게 요청을 보낸다. 그 요청에 대한 결과를 집계한 뒤 다수의 값을 사용해 블록을 확정한다. PBFT 방식은 언제나 참가자 전원과 커뮤니케이션해야 하기 때문에 참가자가 늘어나면 통신량이 증가하고 처리량이 저하된다. PoW나 PoS는 수천, 수만 개의 노드를 만들 수 있지만 PBFT는 수십 개의 노드가 한계다. 물론 상황에 맞는 최적의 합의 알고리즘을 선택하기 위해 더 많은 유스 케이스 발굴과 시범 서비스를 통한 검증이 필요하다.[14]

탈중앙형 합의 알고리즘은 기존의 중앙집중형 합의 패러다임을 무너뜨린다. 블록체인 프로토콜을 기반으로 하는 탈중앙형 시스템은 탈중앙화된 가상 네트워크에 신뢰 및 권한을 이전시켜, 네트워크의 노드들에 발생한 거래내역을 지속적, 순차적으로 공개된 '블록'에 기록한다. 이를 통해 유일무이한 '체인', 즉 블록체인이 생성된다. 연속되는 각 블록은 이전 코드의 '해시'를 담고 있어, 해시코드를 이용한 암호화를 통해 거래 출처의 진위를 가려낼 수 있다.[15]

합의 알고리즘은 탈중앙형 아키텍처인 블록체인 플랫폼의 기초적인 토대를 이루며 블록체인 운영 시스템을 관통하는 프로토콜의 핵심이자 경쟁력이다. 블록체인 플랫폼이 진화함에 따라 합의 알고리즘 역시 지속적으로 개선되고 있다. 거래증명 소요시간, 외부 공격에 대한 방어 형태, 참가자 간의 사회·제도적 협력 장치 등 애플리케이션 성격에 부합하는 최적의 합의 방식이 요구됨에 따라 새로운 합의 알고리즘에 대한 제안과 시도는 계속될 것이다.

스마트 컨트랙트, 프로그래밍이 법의 효력을 가질 수 있는가

블록체인이 디지털 거래의 완결성을 보장하는 것은 바로 스마트 컨트랙트Smart Contract를 통해서다. 스마트 컨트랙트의 본질은 무엇이며 왜 중요한가? 스마트 컨트랙트는 말 그대로 '똑똑한 계약'이다. 스마트 컨트랙트는 계약 자체가 컴퓨터 코드로 프로그래밍되어 있어 지정된 조건이 완료되면 제3자의 개입 없이 지정된 대로 이행되는 '자동화된 거래 규약'을 의미한다. 스마트 컨트랙트 개념은 1994년 컴퓨터 사이언스 전문가 닉 재보Nick Szabo가 최초 제안했으나 블록체인 등장과 함께 최근 급부상한 '오래된 미래'에 가깝다. 일반적인 계약서는 서면으로 되어 있어 계약 조건을 이행하려면 사람이 실제로 계약서에 따라 수행해야 한다. 반면 디지털 명령어로 계약을 프로그래밍하면 사전에 정의한 조건에 따라 계약 내용을 자동으로 실행할 수 있다. 즉, 디지털 계약서는 사전 조건에 따라 계약 내용을 즉각 이행할 수 있고, 계약 결과 또한 명확하다는 특징을 가지고 있으며, 계약 이행의 복잡한 프로세스를 간소화할 수 있다. 하지만 1994년 당시 제안한 스마트 컨트랙트는 기술적 장벽으로 인해 개념상으로만 존재하고 실질적인 서비스에 이용될 수는 없었다. 이후 20여 년 만에 스마트 컨트랙트 구현 가능성이 본격적으로 수면 위로 떠오르게 된 것은 바로 블록체인 덕분이다.

최초의 블록체인 스마트 컨트랙트는 비트코인 스크립트Script다. 비트코인 거래Transaction에 원시 언어인 'OPCODE'로 스크립트를 작성해서 보내면 조건에 따라 자동으로 거래를 수행하는 방식이다. 스크립트가 정상이면(기존에 보유한 비트코인의 잔액이 정확하고 거래를 보낸 사람의 서명이 정확한지 확인) 거래를 정상으로 간주한다는 계약 개념이 있으므로 '컨트랙트 코드Contract Code'로 불리기도 한다. 비트코인의 스크립트는 매우 획기적인 방식이며 신뢰할 수 없는 환경에서 신뢰 기반의 중요한 거래가 가능하도록 하는 핵심적인 요소로서 작동할 수 있다. 하지만 비트코인은 낮은 수준의 스마트 컨트랙트밖에 구현할 수 없다. 비트코인 스크립트는 상태값State을 저장할 수 없고, 반복문을 사용할 수 없으며, 비트코인 잔고 외의 다른 정보를 관리할 수 없다는 근본적인 한계가 있기 때문이다.

비트코인의 컨트랙트 코드 개념은 이더리움 플랫폼에서 본격적으로 확장된다. 이더리움은 엄밀한 의미에서의 탈중앙화된 컴퓨팅 환경, 플랫폼의 플랫폼이자 더 나아가 월드 컴퓨터World Computer 구현을 지향한다. 이더리움은 비트코인 스크립트에 비해 고도로 진화된 스마트 컨트랙트를 지원한다. 스마트 컨트랙트라는 용어도 사실상 이더리움에서 본격적으로 확산되기 시작했다.

이더리움은 비트코인 스크립팅 시스템의 한계인 다양한 상태 저장과 반복문을 허용한 스마트 컨트랙트를 지원한다. 각 명령문을 수행할 때마다 수수료(이더리움에서는 수수료를 가스Gas로 지칭)를 발생시키고 네트워크상에 '수수료 한계Gas Limit'를 설정해 무한 루프를 차단한다. 무한히 반복되는 조건을 만들어 스마트 컨트랙트를 실행시키면 도중에 수수료 한계점에 도달하고 바로 중단된다.

이더리움은 함수를 컴파일된 코드 형태로 거래에 포함해 블록체인을 통해 동기화한다. 이때 거래에 포함된 정보를 함수로 입력해 코드로 표현된 함수를 실행한 후 그 결과를 별도의 상태로 보관하는 방식으로 스마트 컨트랙트를 구현했다.

이더리움의 암호화폐인 '이더Ether' 외에도 다른 디지털 객체의 상태를 저장하는 방식을 허용해 다양한 재화를 이더리움 네트워크상에 만들고 거래할 수 있다. 이더리움 스마트 컨트랙트 시스템의 가장 큰 특징은 가장 뛰어난 자유도를 제공한다는 것이다. 그리고 이를 가능하게 하는 것은 비트코인에는 없는 어카운트 개념과 튜링이 완전한 스크립팅 언어 지원이다. 이는 블록체인 기술의 적용 가능 분야를 무한히 확장할 수 있는 엄청난 변화다. 복잡한 금융 파생상품부터 지능형 머신, 사물인터넷 디바이스의 자율적 협업, 슈퍼컴퓨터에 준하는 강력한 월드 컴퓨팅 환경까지 가능하게 하는 중요한 키가 바로 스마트 컨트랙트라고 할 수 있다.

즉, 스마트 컨트랙트는 소프트웨어이자 프로그래밍 가능한 디지털 계약서다. 스마트 컨트랙트는 단순히 거래 기록을 보관하는 방식에서 더 나아가 다수의 참여자들의 합의에 따른 계약 실행을 자동화시킨다. 스마트 컨트랙트는 계약의 규정에 따른 일련의 행동을 수행하기 위해 상호 합의된 규약을 이용하는 컴퓨터 네트워크를 통해 실행된다. 프로그래밍만 잘 구성되어 있다면 전혀 모르는 사람과 익명으로 거래하는 것도 가능하다. 법적 강제력을 지닌 공권력 없이도 코드에 대한 신뢰로 모든 거래가 이루어진다. 그 결과 모든 참여자가 계약 조건에 동의할 수 있고, 자동적으로 실행될 것을 신뢰할 수 있으며, 오류나 조작의 위험이 줄어든 계약실행이 가능하다. 스마트 컨트랙트 기술로 계약이 자동 실행되고, 모든 참여자들이 즉시 그 실행 결과를 검증할 수 있게 된 것이다. 블록체인은 보안성 높은 단일한 정보 원천을 제공하는 공유된 데이터베이스로 기능하고, 스마트 계약은 승인, 계산 절차가 복잡하고 지연 및 오류 가능성이 큰 기타 거래 관련 활동을 자동화한다.

이더리움은 '분산 애플리케이션Decentralized Application; Dapp'이라는 개념을 스마트 컨트랙트를 중심으로 구현하고 있으며, 이는 디도스 DDoS 공격 대응 취약, 보안성 취약, 인터페이스 표준 이슈 등 기존의 중앙집중형 시스템의 단점을 극복할 수 있는 탈중앙화된 애플리케이션 아키텍처를 실현하는 기술이다. 전통적인 P2P 방식으로는 풀 수 없었던 '신뢰할 수 없는 환경에서의 신뢰성 있는 서비스 운영'을 가능하게 하는 핵심적인 기술인 셈이다.

그렇다면, 어떤 경우에 스마트 컨트랙트가 유용할 것인가? 스마트 컨트랙트는 다수의 관계자 간에 빈번하게 거래가 이루어지고, 계약 당사자들이 각각의 거래에 대해 수작업 또는 중복된 작업을 수행해야 할 때 편리하게 적용될 수 있다. 특히 적용하기 수월한 분야는 계약의 범위가 좁고, 객관적이며, 기계적이고, 계약 실행의 조건과 산출물이 명확하게 정의될 수 있는 분야다.

또한 블록체인 기반의 스마트 컨트랙트는 다양한 장점을 제공할 수 있다. 첫째, 속도가 빠르며 실시간 업데이트가 가능하다. 스마트 컨트랙트는 일반적으로 수작업을 통해 수행되는 작업들을 소프트웨어 코드를 사용해 자동화할 수 있으므로 다양한 비즈니스 프로세스의 속도를 높일 수 있다.

둘째, 정확성 확보다. 자동화된 거래는 신속할 뿐 아니라, 수작업으로 인한 오류에도 덜 취약하다.

셋째, 계약 실행의 위험도가 낮다. 계약 실행이 개별 관계자가 아닌 네트워크를 통해 자동으로 관리되기 때문에 분산화된 실행 절차는 조작, 불이행, 오류의 위험을 사실상 제거한다.

넷째, 중개인 제거다. 스마트 컨트랙트는 제3자 예탁과 같은 '신뢰' 서비스를 제공하는 제3의 중개인에 대한 의존도를 낮추거나 제거한다.

다섯째, 비용 절감이 가능하다. 스마트 컨트랙트로 가능해지는 새로운 프로세스는 사람의 개입과 중개인의 필요성이 적기 때문에 결과적으로 비용이 절감된다.

여섯째, 새로운 비즈니스 모델을 지원한다. 스마트 컨트랙트는 합의에 따른 안정적인 계약의 이행을 보장해주는 저렴한 수단을 제공하기 때문에 P2P 방식의 신재생 에너지 거래에서부터 차량 공유경제 서비스, 전기차 충전 서비스 등을 위한 자동화된 접근권 부여까지 새로운 종류의 비즈니스가 구현된다. 스마트 컨트랙트의 확산은 기존 중개자 또는 제3자 보증기관들의 개입이 요구되는 많은 영역에서의 리스크 헤지Hedge 계약이나 에스크로Escrow 등의 보증 서비스들을 불필요하게 만든다.

스마트 컨트랙트는 '법적 구속력Legal Enforceability'을 가질 수 있는가? 법적 구속력이란 거래 과정에서 문제가 발생했을 경우 법적으로 해결할 수 있고, 체결된 거래가 법적으로 인정될 수 있음을 의미한다. 민법상 계약이란 당사자 간의 '의사표시의 합치'로 이루어지는 법률행위다. 수개의 의사표시가 내용적으로 일치하는 것이 객관적 합치인데, 이때 프로그래밍 코드 내용을 통일적으로 해석할 수 있는지가 관건이다. 따라서 코드의 의미를 분명하게 하기 위해 코드의 규칙과 상응하는 자연어로 된 계약서가 요구된다.

아직까지는 모든 계약서를 완벽하게 코드로 구현하기란 어렵다. 글로벌 주요 금융기관들의 컨소시엄인 R3CEV에서는 이더리움 진영 개발자들이 주장하는 "코드가 법이다Code is law"라는 주장에 동의하지 않는다. R3CEV의 블록체인 플랫폼인 '코다Corda'에서는 "코드=법"이 아니라 "코드+법" 방식을 구현한다. 코다는 1990년대 금융 암호학자 이안 그리그Ian Grigg의 리카르디안 컨트랙트Ricardian Contract 개념을 다시 가져온다. 즉, 금융 계약은 '법률 언어Legal Prose', '변수Parameters', 그리고 '컴퓨터 코드Computer Code'로 구성된다. 계약의 상태State of Agreement에는 두 개의 레퍼런스(컴퓨터 코드와 법률 문서)를 가진다. '자연어'로 작성된 법률 문서는 계약으로서의 법적 구속력을, 컴퓨터 코드는 계약의 실행을 담당하는 방식이다.[16]

스마트 컨트랙트 기술은 아직 초기 단계에 있다. 아직 확장성 측면에서도 제한적이다. 따라서 지금 스마트 컨트랙트는 본 계약서를 대체한다기보다는 본 계약서에 의거한 부속 계약의 체결과 계약에 따른 자동화된 실행을 구현하는 데 적합하다. 앞으로 계약 체결과 갱신에 대한 다양한 시나리오를 반영하고 시간 지연 이슈를 해결할 수 있다면, 프로그래밍을 통한 계약서 대체는 단계별로 확대될 수 있다. 특히 비즈니스 유형별로 표준화된 스마트 컨트랙트 템플릿이 정의되면 생산성과 효과성은 크게 향상된다. 비즈니스 각 영역에서 표준화된 템플릿을 적용하고 계약 주체들과 법무법인의 참여를 통해 계약의 법적 효력을 검증하고 상호 합의하는 절차가 구현된다면 실제 업무에 바로 적용될 수 있을 것이다.

향후 우리가 특정 계약에서 사용하는 법률적 계약문들이 'If-Then-Else' 문으로 완벽하게 구현될 수 있다면, 스마트 컨트랙트의 응용 범위는 광범위하게 확장될 것이다. 거의 대부분의 비즈니스는 계약으로 시작해서 계약으로 종결된다. 계약 없는 기업 활동은 찾아보기 어렵다. 지금까지 아날로그 방식으로 이루어지던 계약 체결과 이행 프로세스가 블록체인의 스마트 컨트랙트 기술을 통해 디지털로 구현된다면 그 파괴력은 지금의 상상을 초월할 것이다.

디지털 아이덴티티 기술, 블록체인은 공인인증서를 대체할 것인가

'디지털 아이덴티티Digital Identity'는 왜 중요하며, 블록체인은 디지털 아이덴티티를 위한 최적의 솔루션이 될 수 있는가? 금융 거래에 있어서 신원확인은 필수적이다. 공공 서비스, 전자상거래 서비스에서도 마찬가지다. 신원확인 없는 거래는 안전하지 않다. 디지털 경제에서는 물리적인 한 개인이 수많은 디지털 클론을 만들어낼 수도 있다. 따라서 디지털화가 가속화될수록 온라인상에서의 안전한 아이덴티티 시스템을 어떻게 구현하느냐가 무엇보다 중요한 문제가 된다.

신원확인을 필요로 하는 거래가 늘어날수록 디지털 아이덴티티 기술의 중요성도 확대된다. 표준화하기 어려운 복잡한 거래 유형도 증가하고, 옴니 채널Omni-Channel 서비스의 확산으로 편리한 인증 서비스에 대한 소비자의 기대도 확대되고 있다. 규제 당국에서는 거래의 투명성과 신뢰성을 보장하는 더 철저한 시스템을 요구하고 있고 기업 입장에서도 평판 손상을 우려해 신원확인의 안전성을 강화하고 있다.

디지털 아이덴티티 시스템은 아이덴티티 데이터 저장Storage 기술, 데이터 이전Transfer 기술, 인증Authentication 기술 세 가지로 구성된다. 물론 이 중에서 인증 기술이 무엇보다도 중요하다. 이 기술들을 활용해 디지털 아이덴티티를 구현하는 여러 모형이 존재하는데, 내부 아이덴티티 관리Internal Identity Management 모형, 외부 인증External Authentication 모형, 중앙집중형 아이덴티티Centralised Identity 모형, 연합 인증Federated Authentication 모형, 분산형 아이덴티티Distributed Identity 모형 등 크게 다섯 가지가 있다. 이 중에서 대표적으로는 중앙집중형 아이덴티티 모델(예: 공인인증서)과 분산형 아이덴티티 모델(예: 블록체인) 두 가지가 다양한 아이덴티티 문제를 해결하는 데 가장 적합한 기술로 활용될 수 있다.[17]

우선 중앙집중형 아이덴티티 모델인 '공인인증서'에 대해 알아보자. 공인인증서는 공개키 기반구조Public Key Infrastructure; PKI로 이뤄진 전자서명 기술이다. 전자서명 용도로 사용 가능한 것은 현재로선 공인인증서가 유일하다. 공인인증서는 PKI 기술 기반의 전자서명 기술로 개인키와 공개키를 사용하는 비대칭형 암호화 기술이다. 공인인증서는 전자서명이 원래 목적이며, 본인확인은 부차적이다. 전자서명은 자필서명 방식 대신 이용하는 방식이며, 전자서명의 핵심은 바로 사용자가 누구인지 검증하는 '인증'이다. 인증은 단순 본인확인을 의미하는 것이 아니라, 디지털상에서 내가 '나'라는 효력을 발생시킬 수 있는 '자격'을 뜻한다.

공인인증서의 존재 이유는 신원확인이 있고, 또 부인방지의 기능이 있다. 부인방지는 내가 어떤 행위을 했을 경우 그 사실 자체를 반박하지 못하게 하는, 즉 내가 한 행위에 대해서 공증을 하는 기능이다. 즉, 공인인증서로 전자서명을 하거나 인증을 한 후에 어떤 문제가 생기면 그 문제가 나로 인해 생겼다는 것을 반박하지 못하게 하는 역할을 담당하는 것이 바로 공인인증서다. 내가 서명한 것은 내가 책임을 진다는 의미다.

2015년 3월, 공인인증서 의무 사용이 폐지된 이후, 블록체인 기반 인증, 생체 인증 등이 주목을 끌고 있다. 그러나 이 인증기술들도 모두 공인인증서에서 활용하는 공개키 기반구조PKI 기술과 연계해 발전하고 있다. 지문, 홍채 등 생체인식은 스마트폰의 비밀번호를 대체할 수 있다. 하지만 생체인증이 적용됐다 하더라도 인터넷을 통해 송수신되는 금융거래 정보의 위·변조 방지, 의사표

시 기능은 PKI 기술 기반 전자서명으로 구현된다.

신뢰 네트워크는 신원확인에서 시작한다. 블록체인은 신뢰 네트워크 구축을 통해 디지털 아이덴티티에 대한 해결책을 제시한다. 하지만 블록체인 그 자체로 자연인 개인을 식별·인증할 수 있는 기능을 가지고 있지는 않다. 블록체인은 모든 정보가 분산 저장되는 기술의 특성상 나에 대한 자격을 검증할 수 없기 때문에 블록체인 기술만으로 인증의 모든 프로세스를 다 구현할 수는 없다. 그럼에도 불구하고 블록체인은 현재 공인인증서의 불편함을 상당 부분 해결할 수 있다. 로그인 또는 단순 본인확인 등의 영역은 우선적으로 블록체인으로 대체되고 있다. 즉, 인증에 사용되는 데이터, 예를 들어 공개키 유효성을 조회하거나 무결성을 검증하고 자격증명 발급이력을 기록하고 조회하는 데 블록체인을 활용할 수 있다.

블록체인은 신뢰 네트워크로서 몇 가지 중요한 인증 기능을 제공하는데 첫째, 블록체인은 분산형 공유 원장으로서 모든 신원 데이터의 무결성과 거래의 유효성을 보장한다. 둘째, 탈중앙화된 시스템이기 때문에 모든 사용자는 신원 데이터에 대해 동일한 허가권을 갖는다. 셋째, 스마트 컨트랙트를 통해 인증 과정을 안전하게 실시간으로 진행할 수 있다. 넷째, 신원을 증명하기 위한 신원 데이터를 통제하고 관리할 수 있다.

KB국민카드는 2016년 12월 간편인증 서비스에 블록체인 기반 비밀번호 개인인증 서비스를 출시했는데, 공인인증서 없이 비밀번호 6자리를 입력하는 것만으로도 본인인증이 이루어진다. 기존 공인인증서와 달리 매년 번거롭게 재발급받을 필요도 없다. 설정한 비밀번호도 쉽게 변경할 수 있다. 블록체인 기술만 가지고 있다면 데이터를 필요로 하는 곳에 블록체인 기술을 붙일 수 있기 때문에 신용카드 서비스 전반으로 확대 가능하다. 스마트 컨트랙트를 통해 사람이 개입하지 않아도 블록체인을 접목한 프로그램이 스스로 구동될 수 있는 서비스로도 확대될 수 있다.

다른 카드사에서도 블록체인 도입에 적극적이다. 롯데카드는 2016년 11월 블록체인과 지문인증 기술을 결합한 서비스를 제공했다. 앱카드로 결제하거나 앱에 로그인할 때 공인인증서 대신 지문을 갖다 대는 것만으로 본인인증이 가능하게 하는 구조다.

삼성카드도 블록체인 기술을 활용한 로그인 서비스를 운영하고 있다. 삼성카드는 회원 인증을 통해 간편하게 제휴사 애플리케이션에 회원 가입과 로그인을 대신할 수 있는 '삼성카드 간편 로그인' 서비스를 출시했는데 블록체인 기술을 채택해 보안성을 높였으며 로그인 절차도 간소화했다. 블록체인 기반의 간편 로그인 서비스는 버거킹, 중고나라, 아이파킹 등 모바일 애플리케이션에 적용됨으로써, 가입자는 해당 서비스에 별도로 가입하지 않고 삼성 앱카드 인증을 통해 가입하거나 로그인할 수도 있다.

SK㈜ C&C와 삼성SDS 등 주요 IT서비스 기업에서는 다양한 산업에서 적용할 수 있는 블록체인 기반 디지털 아이덴티티 서비스를 준비 중이다. SK㈜ C&C의 '모바일 디지털 ID 인증 서비스

IDentity-as-a-service; IDaaS'는 별도 사용자 가입을 받거나 서비스 간 ID 통합 절차 없이 다양한 산업과 서비스에서 바로 활용할 수 있는 '원 아이디One ID' 콘셉트의 서비스다. 특정 통신사의 디지털 ID를 보유한 고객은 해당 통신사와 제휴를 맺고 있는 쇼핑몰, 금융기관, 영화관, 편의점 등 모든 곳에서 간단한 개인식별 숫자, 즉 PINPersonal Identity Number 코드만 입력하면 모든 서비스를 이용할 수 있게 된다. 삼성SDS도 2017년 4월, 자체 개발한 넥스레저Nexledger 플랫폼을 기반으로 한 '디지털 아이덴티티(ID)' 서비스를 공개했다. 디지털 아이덴티티는 일종의 디지털 신분증이다. 개인이나 법인에 대한 정보를 디지털화해 이해당사자들이 편리하면서 안전하게 활용할 수 있게 한 서비스다.

금융투자협회 소속 증권사들은 2017년 10월 세계 최초로 블록체인 기반 공동인증 서비스인 '체인 아이디CHAIN ID' 서비스를 개시했다. 기관별, 접속장치별로 인증서를 이동 복사해야하는 번거로움을 없애고, 중장기적으로 은행용과 증권용 인증서의 칸막이를 제거한 '공동인증서'를 제공한다. 개인인증 수단으로 블록체인이 도입되면 고객들은 단 한 번의 본인인증 절차를 거친 뒤 블록체인 인증체계를 도입한 모든 증권사에서 비밀번호 입력만으로 간편하게 거래할 수 있다. 기존에는 원래 거래하던 증권사 외에 다른 증권사에서 거래하려면 타 증권사 공인인증서를 등록하는 절차를 거쳐야 했다. 하지만 이제는 최초 1회 인증만으로 공동인증망에 가입한 증권사에서도 간편한 인증이 가능하다. 이 공동인증서에는 블록체인 기술과 함께 공인인증서 기반 기술인 PKI 기술을 적용하고 있다.

전국은행연합회에서도 은행권 블록체인 컨소시엄을 구성하고 블록체인 기반 인증서를 공유하는 시범서비스를 시작한다. 이 서비스를 통해 은행에서 받은 공인인증서를 별도의 등록절차 없이 타 은행에서도 바로 사용할 수 있다.

블록체인 기반의 디지털 아이덴티티 기술은 금융거래 이외의 다양한 영역으로 확대될 수 있다. 티켓 판매에 블록체인 인증기술이 활용된 사례도 있다. 영국의 서비스업체인 씨티즌 티켓Citizen Ticket은 최근 블록체인 기술을 활용한 티켓 판매 사이트인 비트티켓BitTicket을 개설하고 서비스를 운영하고 있다. 블록체인 기술을 채택함으로써 무엇보다 정직하고 투명한 티켓 판매 프로세스가 가능하다. 행사 주최자들은 비트티켓 스마트 컨트랙트를 활용해 다양한 판매 원칙을 정할 수 있다. 예를 들어 한 사람이 구매할 수 있는 티켓의 수량은 최대 2장으로 제한할 수도 있고, 조기 등록 할인도 기간을 정할 수 있다. 또한 한 번 정한 원칙은 누구도 이를 위·변조하지 못한다. 조작이나 좌석 수 이상의 판매 등도 불가능하다. 예약 후 예약자의 변심에 따른 티켓 재판매나 거래는 시스템상에서만 진행된다. 티켓을 다량 구매한 후 재판매해서 부당한 차익을 얻는 것 자체를 원천적으로 막는 것이다. 무엇보다 소비자 입장에서는 다른 곳과 마찬가지로 쉽게 티켓을 구입할 수 있고, 이벤트 당일에는 자신의 아이디와 티켓을 출력하거나 QR코드를

스마트폰으로 보여주면 행사장에 입장할 수 있다.[18]

블록체인은 궁극적으로 개인의 디지털 라이프스타일도 변화시킨다. 블록체인 기술과 생체인증 기술을 결합함으로써 훨씬 더 편리한 개인용 서비스가 가능해진다. 아이디와 패스워드를 기억할 필요 없이 지문 또는 홍채 인식을 통해 사용자 인증과 결제, 이체 등의 서비스를 이용할 수 있다. 생체인증을 통해 신원 확인이 되고 블록체인으로 아이덴티티 데이터가 관리된다. 중간에 누군가 신분증 위·변조를 시도할 경우, 이후의 모든 내역이 담긴 블록을 현재 만들어가고 있는 블록보다 더 빨리 만들어야 하기 때문에 위·변조는 사실상 불가능하다.

디지털 아이덴티티 시스템이 확장되면서 사람뿐만 아니라 법인체, 그리고 사물 자산에까지 적용될 수 있다. 모든 것이 사물인터넷으로 연결되는 초연결 시대에 사물은 일종의 '디지털 여권'을 보유하게 된다. 각 사물 고유의 아이덴티티는 블록체인으로 저장되고 인증 과정에서는 블록체인과 PKI 기술이 적용된다. 최초 디바이스 검증을 통해 모든 사물은 태생부터 블록체인으로 관리되고, 특정 서비스에 적용된 이후 각종 평판 데이터까지 위·변조 없이 기록된다. 사람과 사물이 인터넷으로 연결될수록 디지털 서비스에 대한 수요는 확대되고, 더 안전하고 편리한 디지털 아이덴티티 시스템에 대한 요구는 커진다. 블록체인은 기존 기술과 상호 연계됨으로써 강력한 후보 기술이 될 것이며, 블록체인 인증시장은 폭발적으로 성장할 것이다.

3장

기술의 융·복합으로
디지털 혁신을 디자인하라

'사물체인', 사물인터넷의 한계를 넘어서라

디지털 시대, 블록체인은 어떤 방향으로 디지털라이제이션 Digitalization을 가속화할 것인가? 블록체인 기술의 파괴력은 다른 디지털 기술과 결합할 때 강해진다. 블록체인은 순수하게 독립적으로 존재하지 않는다. 블록체인의 혁신성은 디지털 트랜스포메이션을 선도하는 다른 디지털 기술과 융·복합될 때 두드러진다. 특히 블록체인과의 상호보완성을 고려할 때 사물인터넷Internet of Things; IoT 기술을 빼놓을 수 없다.

그렇다면 사물인터넷 기술은 무엇이며, 우리 생활공간에 어떻게 적용되고 있는가? 그리고 블록체인과 사물인터넷 기술이 결합되면 어떤 서비스들이 가능해질까? 사물인터넷은 인터넷을 기반으로 모든 사물을 연결해 사람과 사물, 사물과 사물 간의 정보를 상호소통하는 지능형 기술과 서비스다. 여기서 더 나아가면 다양한 디지털 접점에서 축적된 데이터를 기반으로 하는 지능형 의사결정 지원 시스템을 의미한다. 사람과 사람의 연결을 넘어 사람과 사물, 사물과 사물이 인터넷으로 연결되고 지능적으로 판단할 수 있는 시대다. 공기청정기, 냉장고 등 가정 내 생활가전에서부터 스마트 공장의 고가 제조설비까지 인터넷 연결을 통해 데이터를 수집할 필요가 있는 모든 곳에는 이 사물인터넷 기술이 적용된다. 즉 사물인터넷은 사물들을 연결시켜 새로운 융합 가치를 창출하며 비즈니스 혁신을 만들어낼 수 있는 기반 기술이다. 사물인터넷의 핵심 기술은 크게, 센싱Sensing 기술, 커넥티비티Connnectivity 기술, 플랫폼Platform 기술로 구분된다.

첫째, 센싱 기술은 다양한 센서를 활용해 현실세계의 정보를 디지털 세계로 옮기는 기술이다. 온습도, 열, 가스, 조도, 초음파 등의 센서에서부터 적외선 동작 감지, 영상 감지, 생체인식 등 유형의 사물과 주위 환경으로부터 정보를 얻을 수 있는 물리적 센서를 포함한다. 아직도 특수 목적의 다양한 저가형 센서들이 주류를 이루고 있지만, 표준화된 인터페이스와 정보처리 능력을 내장한 스마트 센서가 점차 등장하고 있다.

둘째, 커넥티비티 기술은 연결을 지원하는 모든 유무선 네트워크 기술을 의미한다. 이러한 네트워크는 근거리 통신과 광대역 통신 기술로 나뉜다. 근거리 통신에는 주로 블루투스Bluetooth, 지그비Zigbee 또는 지웨이브Z-Wave 기술이 적용된다. 반면 장거리 지역을 저전력으로 커버할 수 있는 네트워크도 요구된다. 공공 시설물 관리, 환경 모니터링, 공장 위험물질 관리 등 다양한 옥외 환경의 사물인터넷 서비스 니즈가 증가함에 따라 저전력 장거리 통신망Low Power Wide Area Network; LPWAN에 대한 수요도 확대된다.

셋째, 플랫폼 기술이다. 수많은 이기종 센서 단말들과 애플리케이션을 손쉽게 개발, 연동하고 이를 통해 대량의 센서 데이터를 수집, 통합하고 분석하는 역량이 중요해짐에 따라 신속한 개발 지원과 안정적인 인증·보안 및 운용 효율성을 보장하는 플랫폼이 필수적이다. 사물인터넷 플랫폼은 센서·디바이스의 안전한 연결, 간편한 애플리케이션 개발, 다양한 데이터 저장과 처리, 지능형 룰엔진을 포함한 서비스 인프라를 의미한다. 특히 플랫폼에서는 해킹 또는 정보 유출을 방지하기 위한 보안 기술이 필수적이다.

이처럼 각종 기술이 결합해 작동되는 사물인터넷 서비스가 확산될수록 보안과 개인정보 보호 이슈 역시 더욱더 부각된다. 따라서 분산원장 기술로서의 블록체인은 무엇보다도 사물인터넷의 보안성 강화에 기여할 것으로 예상된다. 수많은 이해관계자가 참여하고 있고 복잡한 인터넷 네트워크 환경 속에서도 수많은 제품들이 어떻게 이동하고 유지되는지 파악할 수 있고, 부정 조작이 불가능하다는 것이 블록체인 기술의 큰 강점이기 때문이다.

무엇보다도 근거리 통신의 보안성을 개선하기 위해 블록체인 기반의 '메시 네트워크Mesh Network'가 활용될 수 있다. 스마트팜 또는 스마트 팩토리에서 지금보다 안전한 서비스 환경을 구성할 수 있다. 스마트홈에서도 효과적으로 활용된다. 홈캠과 같이 보안성이 중요한 디바이스 인증을 위한 정보나 지문 등 생체인식 정보를 블록체인에 보관할 수 있다. 이때 반드시 디바이스의 물리적 특성을 고려한 디지털 아이덴티티를 보호하고 하나의 서비스로 패키징해야 한다.

또한 블록체인은 분산 방식으로 디바이스를 관리하기 때문에 저가 디바이스 확산에도 핵심적인 역할을 한다. 블록체인을 활용해 비즈니스 상호작용에 대한 근본적인 재구성이 이루어진다. 데이터에 대한 보안성 강화뿐만 아니라 여러 이해관계자 간 견고한 신뢰를 보장함으로써 새로운 공유 기반 서비스 개발과 확산에 기여한다.

사물인터넷 비즈니스에서도 불필요하거나 중복적인 중개자 역할을 제거함으로써 운영 비용이 절감된다. 수많은 규칙들을 스마트 컨트랙트로 구현하면 비즈니스 아키텍처상의 운영 모델의 복잡성을 제거할 수 있다.

마지막으로, 스마트 머신Machine 간 안전한 자율 거래를 지원한다. 스마트 세탁기에서 세제가 떨어질 경우 세제를 자동주문한다거나, 스마트 커피머신에서 캡슐을 자동주문하는 것들이 스마트 컨트랙트를 기반으로 암호화폐를 통해 거래가 이루어진다. 공장의 생산 로봇들은 공정의 최적화를 위해 상호 간 커뮤니케이션을 통해 문제점을 찾고 개선할 수 있다. 블록체인으로 연결된 머신들끼리 직접 서로를 검색, 발견하고, 활용하고, 상호작용하게 된다. 거래가 많아질수록 더 많은 데이터를 축적할 수 있게 되고, 방대한 데이터를 처리할 수 있는 연산 능력과 알고리즘을 통해 새로운 서비스 모델이 등장한다.

이와 같은 블록체인과 사물인터넷의 조합을 '사물체인Chain of Things'이라 부른다. 즉, 이른바 사물체인 시장이 본격적으로 형성된다. 과거에는 접근할 수 없었던 자산에 접근하고, 실시간으로 가격을 결정하면서 리스크를 줄일 수 있다. 진입 장벽이 낮아질수록 더 많은 사업자들이 참여하게 되고 초저비용으로 운영될 수 있다. 사물 간, 시스템 간 상호 협력을 위한 커뮤니케이션도 기하급수적으로 확대된다. 자율주행 차량은 지능형 도로 인프라와 상호작용할 수 있고, 자율주행 차량끼리 직접 통신하게 된다. 자율주행 차량은 사고 정보 또는 위험 정보를 실시간으로 감지해 도로를 안전하게 다닐 것이며, 지능형 도로 인프라와 실시간으로 소통하면서 더 빠른 도로를 찾아 이동하게 되고, 모든 통행료는 이동 구간별로 암호화폐를 통해 자동으로 이루어진다. 차량 정체의 원인이 되는 톨게이트 자체는 아예 사라진다.

출입 통제, 영상 감시, 사고 감지 및 예방을 목적으로 하는 보안·안전 산업에서도 사물체인을 통해 신뢰성이 강화된다. 전기화재의 주요 원인이 되는 전기 아크Arc 데이터를 수집, 분석함으로써 전기화재를 예측하고 모니터링하며 과학적인 디지털 감정·감식을 수행할 수 있다. 기존에는 건물의 전기화재 발생 시 발화 지점을 파악하기 위해 사진, 도면, 탐문 등에 의존해 발화 지점과 원인을 조사했지만, 대부분의 증거가 화재로 소멸돼 감식에 어려움이 많았다. 이처럼 명확한 원인 규명이 어려워 손해보험사, 건물 소유자, 임차인 간에 책임 소재를 가리는 법적 분쟁 등 사회적 비용이 지속적으로 증가하는 상황을 극복하기 위해, 전기 아크 데이터를 건물주, 손해보험사, 소방방재청, 한국전기안전공사 등 이해관계자들의 블록체인 노드에 분산 저장해 관리할 수 있다. 법적 분쟁 발생 시 '디지털 포렌식(Digital Forensic: 법적 증거 데이터를 수집, 분석, 판단하는 작업)' 증거로 활용될 수 있도록 위·변조가 불가능한 블록체인에 저장, 관리해 디지털 데이터를 기반으로 화재 원인을 명확히 밝혀내 건물 소유자 또는 보험사의 분쟁을 최소화한다. 나아가 블록으로 축적된 데이터를 분석함으로써 향후 전기화재 예측을 위한 알고리즘을 고도화하는 데 기여한다.

또한 블록체인이 '산업인터넷Industrial Internet'과 결합되면 파괴적 혁신을 가져온다. 제조업의 공급가치사슬 내에서 다양한 거래관계를 효율적으로 개선한다. 기존 복잡한 계약 관계들이 스마트 컨트랙트로 구현되고 애플리케이션 간 시스템 연동에 소요되는 시간과 비용이 단축되면 스피드 경영이 실현된다. 원·부자재와 최종 완성품의 출처와 각 경로를 추적할 수 있으므로 유지·보수를 투명하게 할 수 있으며, 문제 발생 시 책임 소재를 가릴 수 있다.

또한 실시간으로 판매 데이터를 공유해 제조기업과 유통기업이 공동으로 수요를 예측하고 각 가치사슬별로 적시 주문을 통해 재고관리를 하게 된다면 재고회전율을 대폭 개선할 수 있다. 현재 최종 제품을 생산하는 제조사, 원자재·부품 공급업체, 운송사, 유통기입 등 여러 거래 참여자들이 사용하는 원장은 각각 독립적이다. 하지만 미리 설정한 조건에 따라 거래가 체결되는 스마트 컨트랙트를 활용한다면 종이 계약서와 수작업으로 진행되던 서류작업을 블록체인으로 대체할 수 있다. 그렇게 되면 작업 효율이 증가하고 기업의 현금 흐름이 쉽게 관리된다. 상호 신뢰관계가 취약한 글로벌 공급가치사슬에서는 그 효과가 더 가시적으로 드러난다. 국가 간 차이가 나는 법률 이슈를 고려한 스마트 컨트랙트 생성 시 특정 사안별로 법적 이슈에 신경 쓸 필요 없이 계약 조건에 근거해 전체 공급가치사슬을 관리할 수 있기 때문이다.

블록체인 기술을 활용한 새로운 금융 상품도 등장하고 있다. 블록체인과 사물인터넷 기술로 변화하는 재고 수량을 실시간으로 추적하고 최대 금액이 아닌 실제 재고량에 따라 보험료를 산출할 수 있다. 공급가치사슬 내 참여 기업들의 각종 보험 계약뿐만 아니라 운전자본 지원과 지급결제 수단으로 블록체인을 활용할 수 있다. 블록체인을 통해 모든 지불 방법과 거래가 더욱 투명해지고 관리하기 쉬워지며, 쉽게 증명될 수 있으며, 참여자들은 효율적으로 자금을 쓸 수 있게 된다. 생산된 제품이 적시에 최종 소비자에게 전달될 수 있도록 제반 프로세스의 최적화가 실현된다.

블록체인은 사물인터넷이 적용되는 다양한 산업에서 디지털 혁신의 인프라로서 새로운 시장 기회를 만들 것이다. 적은 투자비로도 안전한 거래 환경을 구현할 수 있기 때문에 블록체인의 잠재력에 대한 긍정적 공감대가 확산되고 있으며, 무엇보다도 사물체인으로 물리적 사물의 디지털 아이덴티티를 확보하는 노력이 일차적으로 진행될 것이다. 암호화폐로 안전한 거래를 지원하는 솔루션으로 해킹, 데이터 유출 등 디지털 경제를 괴롭히는 수많은 문제에 대응할 수 있다. 블록체인이 모든 문제를 해결하는 만병통치약은 아니지만, 강력한 신뢰성과 투명성을 통해 부정행위의 시도를 무력화할 수 있다. 사물체인이 혁신의 인프라로서 다양한 인더스트리로 확대되는 것은 이제 시간문제다.

빅데이터 리인벤팅

블록체인은 빅데이터Big Data의 한계를 어떻게 극복하고 시장 활성화에 어떻게 기여할 수 있을 것인가? 최근 사물인터넷의 확산에 힘입어 다양한 영역에서 데이터 축적이 급격히 이루어지고 있다. '빅데이터'가 디지털 경제를 대표하는 핵심 요소로 부각됨에 따라 데이터를 분석하고 활용하기 위한 업계의 노력도 날로 더해가고 있다. 빅데이터란 인터넷, 모바일기기, 센서 등에서 수집된 방대한 양의 데이터를 분석해 새로운 가치를 찾아내는 디지털 기술이다. '링크드 데이터Linked Data', '개방형 데이터Open Data' 등과 같은 개념과 기술이 쏟아져 나오고 있으며, 데이터는 21세기 '새로운 오일New Oil'로 표현되기도 한다. '데이터 경제'라는 말로 데이터 기반의 새로운 사회 질서를 제시하면서, 데이터가 가져올 수 있는 경제적인 파급효과와 일상생활에 미칠 영향 등에 관한 광범위한 논의가 이루어지고 있다.

다량의 데이터를 수집, 분석함으로써 차별적인 통찰력으로 새로운 경제적 가치를 창출하는 빅데이터는 사물인터넷, 클라우드와 함께 이미 4차 산업혁명의 핵심 기반 기술로서 논의되고 있으며, 주요 기업에서는 데이터를 전문적으로 분석하는 '데이터 사이언스Data Science' 조직을 신설하고 본격적인 데이터 인프라 투자를 진행하고 있다. 그럼에도 아직까지는 산재한 규제들과 폐쇄적 문화로 인해 데이터를 가공하고 활용하기 위한 노력들이 고전을 면치 못하고 있다.

무엇보다 개인정보 보호 이슈가 크다. 빈번한 개인정보 유출사고로 인해 관련 법에서는 개인정보 활용을 엄격하게 제한하고 있다. 현행 개인정보보호법에서는 목적에 필요한 정보만 최소한으로 수집할 수 있는 '최소 수집의 원칙', 수집된 목적과 다른 용도로 이용되는 것을 금지하는 '목적 제한의 원칙', 개인정보를 수집·이용·제공할 경우 정보주체의 사전 동의를 요구하는 '사전 동의의 원칙'을 따르도록 하고 있다. 반면 빅데이터 분석은 많은 정보가 집적될수록 그 가치가 커지고 수집된 데이터의 특성에 따라 활용 목적이 구체화되는데 현행법의 개인정보보호 원칙은 이 같은 산업의 특성과는 배치되는 것이다.

반면에 미국은 허용되지 않는 몇 가지를 열거하고, 자유롭게 혁신이 일어날 수 있도록 사후에 허가를 받는 네거티브 규제(원칙적 허용, 예외적 금지) 방식이다. 미국에서는 정부가 주도적으로 빅데이터를 제공하기도 한다. 2015년 초 오바마 전 대통령은 '정밀의료계획Precision Medicine Initiative'을 발표하고 비식별 조치를 거친 환자 100만여 명의 유전자, 식습관, 운동량, 진료기록 데이터를 의료계에 연구 목적으로 사용할 수 있도록 제공했다.

국내에서는 2016년 6월 미래부, 방통위, 국무조정실 등 관계부처 합동으로 제정된 개인정보 비식별 조치 가이드라인이 발표되었다. 이를 통해 개인정보 비식별 조치 기준을 제시하고 데이터를 활용할 수 있도록 했으나, 이 가이드라인은 법적인 근거가 모호한 데다 비식별화인 K-익명화는 다양한 데이터 유형에 적용하기 어렵고, 산업군별로 각기 다른 데이터의 특성이나 형태에 따라 다양한 요구를 만족시키기가 어려워 데이터 활용의 실효성이 떨어진다. 비식별조치의 기준이 높아지면 데이터의 가치가 떨어지고, 비식별조치의 기준이 낮아지면 개인정보 침해가 더욱 우려되는 딜레마에 빠진다.

그렇다면, 우리는 이 같은 비식별화의 딜레마를 어떻게 극복하고, 새로운 가치창출에 기여할 수 있을까? 대안은 바로 블록체인에 있다. 블록을 통해 데이터를 안전하게 신뢰할 수 있도록 저장, 관리하는 블록체인 기술은 비식별화의 딜레마를 극복할 수 있는 유력한 기술이다. 현재 일반적인 데이터 관리는 중앙집중화돼 있어 투명성을 보장할 수 없고 이로 인해 다양한 문제가 발생할 수 있다. 이에 반해 블록체인은 데이터 위·변조가 어려우며, 투명하고 신뢰성 있는 공유가 가능하다는 점에서 많은 기업들의 주목을 끌고 있다.

블록체인 네트워크 참여 기관들은 각자 동일한 원장을 관리하게 되며, 거래 결과도 각 참여기관 간에 합의 과정을 거쳐 원장에 기록한다. 블록체인 네트워크 참여자들은 자신과 관련이 있는 거래내역만 조회할 수 있다. 데이터의 무결성을 보장하기 위해 해시 알고리즘으로 암호화하고 디지털 서명을 사용한다. 자산거래 정보를 담는 원장은 소유권 이전 정보와 소유권 이전을 위한 조건을 포함하므로 위·변조가 사실상 불가능하다. 블록체인 환경에서는 합의 모델을 사용해 모든 참여자가 합의한 정보가 시간 순서대로 기록된다. 블록체인에 저장된 거래 기록은 블록체인 참여자의 모든 노드에서 합의 알고리즘을 거친 거래만 저장한다.

블록체인은 여러 가지 효과를 낳는데, 우선 거래참여자들이 동일한 데이터에 공통으로 접근하도록 보장해준다. 이는 데이터 획득과 공유, 데이터 품질, 데이터 거버넌스, 궁극적으로 데이터 분석의 속도까지 높여줄 수 있다. 또한 블록체인에는 거래 단계별 세부 기록이 저장되어 있으므로, 시작할 때부터 완료될 때까지 전체 거래 과정에 대한 완전한 '대시보드(Dashboard: 다양한 데이터를 동시에 비교하고 모니터링할 수 있도록 한 화면에 디스플레이한 정보 체계)'

를 제공할 수 있다. 또한 제3의 중재자 또는 중앙저장소 없이 자신의 개인 데이터를 직접 관리하고 통제할 수 있도록 해준다. 즉, 블록체인은 중개자를 제거함으로써 데이터 자체와 분석 결과를 공유하고 수익 발생 시 균등하게 분배할 수 있게 한다.

그렇다면, 여기서 더 나아가 블록체인은 데이터 수익화Monetization에 어떻게 기여할 수 있을까? 블록체인을 통해 기업과 개인은 물론 스마트 머신(자동차, 빌딩, 시설물 등)이 센서 데이터를 서로 직접 공유, 교환, 거래할 수 있는 시장이 형성될 수 있을 것인가?

개별 기업들이 독자적으로 데이터를 수집, 분석, 활용하고자 한다면 우선 가치 있는 데이터를 확보해야 하는데 그렇게 하기 위해서는 많은 시간이 필요하다. 이에 반해 사물인터넷을 통해 확보한 데이터를 공유할 수 있다면 데이터 수집 시간은 대폭 단축된다. 차량 기반의 사물인터넷 서비스를 예로 들면 자동차 OEM 벤더가 확보한 차량 정보와 운행 기록, 공공기관이 보유한 교통 정보와 날씨 정보, 헬스케어 서비스 사업자가 보유하고 있는 운전자 생체 정보 등 여러 참여자가 확보하고 있는 데이터를 매시업할 경우 사용 패턴 기반의 보험 상품을 설계할 수 있다. 숙박 예약 서비스, 레저상품 서비스, 차량 판매를 위한 맞춤형 마케팅 등 다양한 연계 서비스들이 실현된다. 나의 데이터를 오픈한 만큼 다른 데이터를 활용할 수 있고, 다양한 데이터들이 융·복합되면서 새로운 가치가 창출된다.

특히 금융업에서 데이터는 금융자산보다 중요한 자원이 된다.

웨어러블 디바이스와 다양한 사물인터넷 서비스를 통해 수집된 고객의 라이프스타일에 대한 데이터로 기존 신용평가의 한계를 극복할 수 있다. 금융기관 입장에서는 투자 리스크가 낮아지고, 신규고객을 쉽게 발굴할 수 있다. 그리고 소비자 입장에서는 신용 기록이 없거나 담보가 부족해도 자금 대출을 받을 수 있다. 생명보험사, 손해보험사, 은행, 자동차 제조사, 통신기업, 대학병원, 사물인터넷 서비스 기업들이 안전하고 투명하게 고객의 데이터와 분석 인사이트를 공유하면서 새로 창출된 가치를 다시 고객에게 환원하는 시대가 현실화된다.

소비재 시장도 마찬가지다. 소매업자가 각 개인의 소비패턴 데이터에 접근하게 되면 주요 비즈니스 프로세스를 최적화하고 새로운 수익화 기회를 발굴할 수 있다. 각 데이터에 대한 접근권은 각 데이터의 오너십을 확보한 개인이 직접 선택할 수 있는 구조가 가능해진다. 궁극적으로 개인에게는 더 매력적인 소비자 경험을 창출할 수 있는 기회가 폭발적으로 늘어난다.

스마트시티에서도 데이터 거래 시장이 등장한다. 각종 차량, 신호 체계, 스마트 도로 등에 설치된 센서에서 수집한 데이터와 기상 데이터, 특정한 이벤트 데이터 등을 고려해 교통 시스템을 제어할 수 있고, 그 결과 교통 흐름이 원활해진다. 농업에서는 토양 상태, 기후변화, 작물품종과 특성, 농업 장비, 배수 시설, 대기오염 상태, 저장 공간 등에 대한 데이터 분석과 공유로 생산성을 획기적으로 개선할 수 있는 기반이 갖춰진다. 개별 기업 각자가 필요한 데이터를 독자적으로 확보하고 활용하는 것이 아니라, 데이터 공유와 협력을 통해 시장 환경을 만들어가기 때문에 훨씬 경제적이다. 블록체인으로 데이터의 무결성과 개인정보 보호를 강화함으로써 융·복합 데이터 시장을 만들어가는 것이 곧 데이터 경제 활성화의 지름길이 된다.

블록체인과 인공지능이 만날 때

블록체인과 인공지능Artificial Intelligence이 만나면 우리의 일상은 어떻게 바뀔 것인가? 먼저 인공지능, 머신러닝Machine Learning, 딥러닝Deep Learning의 기본 개념을 이해해야 한다. 인공지능은 어려운 개념임에도 2016년 3월, 전 세계를 뒤흔든 알파고-이세돌 9단의 게임으로 인해 대중의 뇌리에 깊이 각인되었다. 인공지능이란 기계가 알고리즘을 통해 인간처럼 사고, 학습, 판단할 수 있게 하는 인공적인 지능을 뜻한다. 1955년 미국 다트머스 대학의 존 매카시가 인공지능이란 단어를 최초로 사용한 이래, 수많은 논쟁과 실험을 거쳐오다가 최근 들어 본격적으로 부각되고 있다. 그 이유는 하드웨어 기술의 발전에 힘입어 인공지능이 필요로 하는 빅데이터의 수집과 저장이 가능해졌고, 이를 분석하는 컴퓨터 능력과 기술이 정교해지고 빨라졌기 때문이다. 특히 저장장치와 연산장치 등 컴퓨터 사이언스의 발전으로 인간 수준으로 사물을 인식하고 이해할 수 있는 머신러닝 알고리즘이 등장하고 있다.

머신러닝은 기본적으로 데이터를 기반으로 기계를 학습시켜 이를 기반으로 판단하고 예측하게 만드는 기법이다. 머신러닝은 추측통계학의 한 분야이며, 기존 데이터 세트의 규칙이나 절차를 통계적 프로세스를 활용해 분석한 뒤 미래 데이터를 예측, 설명하는 것이 목적이다. 대량의 데이터와 알고리즘을 통해 컴퓨터 자체를 '학습'시켜 작업 수행방법을 익힐 수 있기 때문에 인간이 가르쳐주지 않아도 스스로 학습해 작동 원리를 깨우쳐갈 수 있다.

머신러닝 기법 중 하나인 딥러닝은 '심층 신경망Deep Neural Network' 으로서 인간의 뉴런을 모방해 노드, 입력, 출력, 가중치를 구성하고, 인공 뉴런의 여러 개를 병렬로 묶고 층을 이루어 망을 형성해 학습하는 방식이다. 즉, 딥러닝은 인간의 뇌 모양이 여러 개의 뉴런이 모여서 이루어진 것처럼 머신러닝의 학습모델을 두뇌의 모양과 같이 여러 개의 계산 노드를 여러 층으로 연결해서 만들어낸 모델이다. 병렬 연산에 최적화된 GPU(Graphics Processing Unit, 그래픽처리장치)의 진화로 인공 신경망의 연산처리 성능을 획기적으로 끌어올림으로써 딥러닝 기반의 인공지능이 급부상하고 있다. 인공지능이 지속적으로 개선된다면 언젠가는 정보를 수집하고 단순 처리하는 수준에서 학습한 내용을 기반으로 스스로의 통찰력을 키워나가는 수준까지 진화할 수도 있다는 주장도 있다.

그렇다면, 인공지능과 블록체인은 어떤 관점에서 결합될 수 있으며, 둘의 결합이 어떻게 혁신을 낳을 수 있을까? 인공지능은 데이터를 먹고 자란다. 다양한 유형의 더 많은 데이터가 주어질수록 인공지능의 가치는 풍부해진다. 블록체인은 가장 안전하고 효율적인 데이터 저장소 역할을 한다. 무엇보다도 블록체인의 장점은 '집중'이 아닌 '분산'에 있기 때문이다. 블록체인은 기존의 중앙 집중형 시스템의 완고함과 비효율성에서 벗어나 분산의 이점을 극대화한다. 정보보안과 정보보호 관점에서 블록체인의 분산 구조는 개인이 자신의 데이터를 소유하고 거래하고 활용할 수 있는 최적의 플랫폼이자, 데이터를 가장 신뢰성 있게 제공하는 기술이다. 인공지능은 블록체인이 만든 가치 있는 정보를 다시 활용하는 주체가 되며, 지속적으로 증강된Augmented 정보를 생산한다.

인공지능에 영향을 미치는 블록체인의 효과는 크게 네 가지로 구분할 수 있다. 첫째, 블록체인은 데이터 공유가 손쉽고 안전하게 실행될 수 있도록 지원함으로써 더 많은 데이터를 확보하는 데 기여한다. 이를 통해 더 뛰어난 인공지능 모델을 만들 수 있다. 단일한 데이터만으로는 성능 좋은 모델을 만들 수 없다. 따라서 좋은 모델을 만들기 위해서는 데이터를 양적으로 축적하는 한편, 융·복합을 통해 다양성을 확보해야 한다. 기업 내부에서도 데이터 공유가 원활하게 이루어질 수 있고, 에코시스템 내, 더 나아가 이기종 에코시스템 간 데이터 공유를 통해 더 뛰어난 모델이 등장할 수 있다.

둘째, 블록체인은 질적으로 새로운 데이터를 확보함으로써 질적으로 새로운 모델의 등장을 촉진한다. 이를 통해 새로운 통찰력을 얻고, 새로운 비즈니스 애플리케이션을 만들 수 있다.

셋째,블록체인은 인풋Input 데이터의 감사Audit 역할을 통해 예측력이 뛰어난 모델을 만드는 데 기여한다. 쓰레기 데이터로부터는 쓰레기 모델이 나올 뿐이다. 좋은 알고리즘을 개발하려면 신뢰할 수 있는 데이트 세트가 필요하다. 그러려면 먼저 모델 개발에 필요한 훈련 데이터와 테스트 데이터의 신뢰성을 보장할 수 있어야 한다.

넷째, 블록체인은 데이터와 모델을 지적 자산으로서 교환하고 거래할 수 있도록 한다. 고품질의 데이터와 모델은 뛰어난 지적 자산으로서 가치가 있다. 지적재산권을 주장할 수 있는 데이터 및 알고리즘의 경우 다른 사람에게 라이선싱할 수 있는 비즈니스 모델도 가능하다. 판매자와 소비자는 중개인 없이 온라인상에서 데이터와 알고리즘을 안전하게 공유할 수 있다. 소비자들은 온라인상에서 스마트 컨트랙트를 통해 계약을 이행하고 안전하게 비용을 지불한다. 그리고 모든 데이터와 모델은 철저한 암호화를 보장한다.[19]

다른 한편으로 인공지능 기술을 통해 블록체인의 한계를 극복하고자 하는 접근도 이루어질 수 있다. 블록체인 도입을 검토하는 기업 입장에서는 해당 도메인에서 사용하는 서비스 애플리케이션 내 스마트 컨트랙트 기술을 어떻게 활용할 수 있느냐가 무엇보다도 중요하다. 그러나 현재 스마트 컨트랙트는 IF-Then 조건문 방식으로 실행되는 프로그래밍 구조를 가지고 있어서 조건 자체에 대해서는 사람의 개입과 계약 당사자 간의 사전 합의도 필요하다. 그러나 현실세계에서는 시장환경 변화에 따라 계약 조건을 재설정하거나 최적화해야할 상황이 발생한다. 따라서 현재 스마트 컨트랙트의 정적인Static 구조가 동적인Dynamic 구조로 바뀌어야 활용 가능성이 높아진다.

이때 인공지능의 '강화학습Reinforcement Learning' 기법으로 스마트 컨트랙트를 적응형Adaptive 모델로 바꿀 수 있다. 여기서 강화학습이란 특정 상황에 있는 에이전트가 일련의 행동을 통해서 최고의 보상을 얻을 수 있는 방안을 스스로 학습하게 하는 방법이다. 마치 사람이 게임에서 높은 점수를 얻기 위해 모든 방법을 시도하는 것과 유사하다. 계약의 외부환경 변화 시 강화학습을 통해 스마트 컨트랙트의 IF-Then 조건문 자체가 최적화되고, 계약 참여자에게 공유되고, 피드백을 받는 구조가 이루어진다.

인공지능이 학습할 수 있는 고품질의 데이터를 제공하는 것이 블록체인이며, 블록체인을 더 똑똑한 구조로 지능화하는 것이 바로 인공지능이다. 그리고 두 가지 기술의 결합이 새로운 비즈니스 기회를 만든다. 지능형 머신과 부품이 블록체인 네트워크로 연결되고 다양한 부품으로 구성된 머신이 지능적으로 머신에 대한 유지·보수 또는 부품 교체 등의 의사결정을 내린다. 암호화폐 결제 솔루션과 연계되어 각 머신 간, 부품 간 거래를 통해 머신 자체적으로 화폐를 축적할 수 있는 인공지능 경제로의 전환도 현실화될 것이다.

차량을 예로 들어보자. 차량 데이터는 제조사, 운행 관리자, 서비스 센터 등 이해당사자의 금전적 가치에까지 영향을 미친다. 블록체인 기술은 필요한 정보를 특정 서버에 보관하지 않고 P2P 기반으로 모든 사용자에게 저상한 뒤, 서래 때마다 블록 대조를 통해 위·변조를 검증하는 상호 감시형 시스템으로, 기업이 요구하는 보안성을 충족시키면서도 관리자가 필요 없는 안전한 공유 환경을 조성할 수 있다. 블록체인에서 거래기록을 바꾸게 되면 블록의 해시코드가 바뀌기 때문에 거래를 조작하는 것이 실질적으로 불가능하므로 보안에 효과적이다.

자율주행차량의 경우 보안이 더욱 중요하기 때문에 블록체인은 강력한 솔루션을 제공할 수 있다. 블록체인과 인공지능의 결합으로 주행기록계의 조작을 막고 차량의 시스템 펌웨어 업데이트의 보안성을 강화하고 외부 불법 침입을 차단한다. 특히 주행기록계를 조작하는 중고차 사기 판매는 시장에 대한 엄청난 불신을 낳고 막대한 사회적 피해로 이어진다. 그러나 '차량 자가 진단장치On Board Diagnostics; OBD'로부터 확보한 주행 기록을 블록체인으로 관리하면, 중고차 거래 시 정확한 자동차 마일리지를 확인해주는 인증서 비즈니스도 가능해진다. 해당 인증서는 차량 판매 온라인 플랫폼 등 인터넷상에서도 공유할 수 있다. 또한 미래 자율주행 차량의 경우 면허 유형에 따른 주행속도 관리가 필수적이므로 반드시 주행기록을 안전하게 보관해야 한다.

자율주행차량의 인공지능 시스템 운영 버전과 이상 유무 데이터를 주기적으로 블록체인에 저장함으로써 오작동이나 침입 시 바로 감지해 운전자와 이해관계자에게 전달할 수 있는 스마트 컨트랙트도 구현 가능하다. 이때 다양한 사건사고 발생 상황을 학습하도록 해 비정상 상태에 대한 알고리즘은 개선되고 스마트 컨트랙트 조건에 동적으로 반영된다.

자율주행차량이 최적의 경로를 학습하고 연비 성능을 개선하며, 이 학습된 지식을 다른 자율주행차량에게 수수료를 받고 판매하는 모델도 가능해진다. 머신과 머신의 거래는 블록체인과 암호화폐를 통해 실현된다.

또한 자율주행차량을 서비스센터와 연결하는 것도 블록체인의 몫이다. 자율주행차량의 측정 부분이 예외적으로 외부 충격 사고로 파손되었을 경우 인공지능 센서가 감지해 이를 인근 서비스센터로 전달하고 서비스센터에서는 차량 수리에 필요한 사전 준비를 한다. 차량의 감가상각 또는 기후와 상태 변화에 따른 부품 교체도 마찬가지다. 지능화된 물류 인프라에서는 해당 차량의 교체 부품을 서비스센터로 바로 전달한다. 최소한의 대기 시간으로 차량 정비는 마무리되고, 보험사에 자동으로 청구된 비용은 즉시 서비스센터에 지불된다.

블록체인과 인공지능의 결합은 아직 먼 미래로 여겨질 수도 있고, 4차 산업혁명을 이끌 핵심 기반기술이라고 부르기에는 아직 넘어야 할 산이 많다. 하지만 블록체인과 인공지능은 서로의 한계를 보완할 수 있는 한 쌍의 구조다. 블록체인은 분산 방식으로 고품질의 데이터를 유입할 수 있도록 해주고, 인공지능은 데이터를 축적하고 분석해 고도의 통찰력을 만들어낸다. 다시 블록체인은 안전한 공유를 통해 고품질의 모델과 통찰력 확산에 기여하는 선순환 구조를 가진다. 두 기술의 융합은 초연결, 초지능, 초융합 사회로 귀결될 New ICT 사회에서 가장 큰 역할을 하게 될 것이다.

'디지털 서비타이제이션'으로 비상하다

초연결, 초지능, 초융합의 New ICT 시대를 선도할 '디지털 서비타이제이션 Digital Servitization'이란 무엇인가? 일반적으로 서비타이제이션(서비스화)이란 '통합된 제품 및 서비스'를 번들 방식으로 제공하고, 한 번 판매하고 끝나는 '판매 중심'이 아니라, 제품·서비스를 사용하면서 고객이 체험하는 가치에 초점을 둔 '지속가능한 서비스 중심'의 오퍼링을 의미한다. 그리고 '디지털 서비타이제이션'이란 서비타이제이션에 있어서 디지털 기술로 새로운 혁신과 가치 창출을 추가하는 것을 포함한다.

대부분의 제조기업이 생산한 제품은 대형 유통매장을 통해 일회성으로 판매된다. 기업들은 그 제품을 사용하는 고객이 누구인지 알 수가 없다. 새로운 부가수익도 미비하다. 이처럼 일회성 판매에 의존하는 사업 구조이기 때문에 제조기업들은 또 다른 제품을 개발하거나 기존 소비자의 교체 수요에 의존해야 하는데 치열한 경쟁으로 반복 구매도 제한적일 수밖에 없다. 이에 반해 서비 타이제이션은 제품 판매와 연계해 비즈니스의 흐름에 필수적인 서비스를 내재화함으로써 부가적인 가치를 지속적으로 창출하자는 개념이다. 제조기업의 수익의 원천이 제품 '판매 중심'에서 '제품과 서비스의 통합 패키지 중심'으로 이동하는 것이다. 여기서 통합 패키지는 제품 자체와 기술 지원, 현장 필드 서비스, '서비스 수준 협약Service Level Agreement; SLA', 부품 정비 및 교환 등이 모두 포함된 오퍼링이다.

1980년대 런던대학교 산드라 반더메위Sandra Vandermerwe 교수가 서비타이제이션을 처음 제안한 이후, 제품–서비스 융합은 제품 구매 후 추가되는 부가 서비스 개념에서 제품의 핵심 부가가치 서비스 개념으로 전환되었다. 전통 산업의 가치사슬의 확장으로 제조업과 서비스업의 경계가 모호해짐에 따라 서비타이제이션은 이제 '제품의 서비스화 Product Servitization'와 '서비스의 제품화 Service Productization' 둘 다 포함하는 의미로 확대된다. 그리고 최근 사물인터넷, 빅데이터, 인공지능과 같은 디지털 기술이 산업 전 영역에서 본격적으로 활용되면서 서비타이제이션 역시 지능화된 모델로 변화되고 있다. 제조업의 핵심 역량도 이제는 소프트웨어 역량이다. 즉, 소프트웨어 경쟁력을 기반으로 서비스 모델을 재구성해야 한다. 소프트웨어 기반의 서비스에서 사물인터넷으로 새로운 데이터를 수집, 분석하고 인공지능 서비스를 붙여야 서비타이제이션이 완성된다.

이제 제조업은 서비타이제이션을 통해서 생산 판매라는 일회성 단방향의 비즈니스 모델을 넘어설 수 있다. 판매 제품의 '애프터 마켓After Market' 창출을 위한 운영 모델을 기획하고 나아가 제품의 사용 최적화를 위한 지능적 지동화로 고객과의 관계를 지속적으로 강화하게 된다. 최고 수준의 제품·부품을 구입하는 것보다 더 중요한 것은 제품의 전체 생명주기 동안의 효율적인 유지·보수 및 지원 서비스다. 공급자가 고정 가격을 청구하던 방식의 계약에서 구입 제품이 전체 생명주기 동안 제대로 동작하는가에 초점을 둔 계약 방식으로 변화된다. 전처럼 개별 부품 구입 및 개별 장비 수리 작업 중심이 아니라 성과 중심이며, 제품·부품 자체의 구입이 아니라, 해당 제품·부품을 통한 가용성을 구입한다. 제품의 생명주기 동안 '가용성'에 공급 기업의 수익을 연계시킴으로써 제품의 가용성은 높이고, 총소유비용Total Cost of Ownership; TCO을 절감해 제품의 사용가치는 높인다.

그렇다면 서비타이제이션은 우리에게 어떤 가치를 제공하는가? 그리고 왜 서비타이제이션은 더욱 중요해지고 있는가? 소비자 입장에서는 서비타이제이션은 일회적 제품 구매 후에도 서비스 비용에 대해 지속적으로 지불해야 한다는 부담이 있다. 그럼에도 서비타이제이션이 확산되고 있다는 사실은 개별적인 제품 구매와 서비스 발생 시 비용 지불보다 뛰어난 가치를 얻을 수 있음을 방증한다.

또한 제품의 '범용화Commoditization'로 인해 기술적 격차와 차별성이 사라짐에 따라 경쟁은 더욱 치열해지고 있다. 고객은 이제 왕이 아니라 신의 경지에 오른다. 또한 소유의 시대가 아닌 연결의 시대, 공유의 시대로 접어들면서, 제품 그 자체보다는 제품이 제공하는 가치를 구입하는 시대로 접어들고 있다. 이에 점점 더 제품과 서비스 간의 경계가 흐려지고 있으며, 기업들도 이에 따라 사업 모델을 바꾸는 준비를 해야 한다.

사실, 아직도 많은 기업들이 혁신이라는 개념을 현행 비즈니스 구조에 대한 부분적 '개선'으로 받아들이는 현실을 볼 때, 서비타이제이션은 관행적 비즈니스 모델을 전면적으로 혁신하는 새로운 도전이다. 하지만 일단 서비타이제이션을 성공적으로 구현한 기업은 기존 고객을 유지하면서 차별화 수준을 더 높이게 된다.

네덜란드의 세계적인 기업인 필립스는 '사용량 기반 지불Pay-As-You-Go'라는 서비타이제이션 모델을 추진하고 있으며, 실제로 암스테르담의 스키폴 공항에 서비타이제이션 개념하에 '조명 서비스 Light-as-a-Service'를 제공하고 있다. 필립스는 공항에 설치된 모든 조명 기기를 설치, 운영하며, 스키폴 공항 측은 조명 사용량에 대해 비용을 지불한다. 필립스는 스키폴 공항을 위해 특별히 개발된 에너지 효율이 높은 LED 램프를 사용함으로써 기존 조명 시스템에 비해 전력 소비를 50% 줄였다. 즉, 필립스는 전구라는 제품이 아니라 조명Lighting 서비스를 판매한다.[20]

그렇다면, 어떤 디지털 기술이 서비타이제이션에 활용될 수 있을까? 최근 등장한 사물인터넷, 인공지능, 빅데이터, 클라우드 컴퓨팅, 그리고 블록체인에 이르기까지 디지털 기술의 발전은 서비 타이제이션에 새로운 기회를 제공한다. 디지털 기술의 발달로 업무 공간과 생활 공간, 나아가 자동차와 같은 이동 수단에까지 더욱 다양한 기기들이 적용됨에 따라, 기술의 영향력은 향후 수년 내 대폭 확장될 것이다.

특히 저부가가치형 서비스 산업은 다양한 스마트 기술과 결합해 새로운 융·복합형 서비스 형태로 진화하며 하이브리드 가치를 창출한다. 이 과정을 통해 과거와는 비교할 수 없을 정도로 산업 전반의 경쟁력과 성장을 위한 기반이 구축된다. 새로운 서비스 비즈니스 모델이 등장하면서 기존에 존재하지 않았던 다양한 형태의 일자리가 만들어진다. 이러한 새로운 일자리는 개인과 기업의 소득을 늘려주고, 늘어난 소득은 소비를 진작시켜 우리 경제에 내수시장 활성화를 유도한다. 이와 같은 선순환 경제구조가 정착될 경우 서비스 부문뿐만 아니라 경제 전반의 역동성 향상에도 기여한다.

대표적인 사례가 바로 GE이다. 수년 전만 하더라도 GE는 산업 설비, 가전제품 제조사라고 불렸지만, 지금은 전 세계가 인정하는 디지털 서비스 기업이다. 그 변화의 중심에는 무엇이 있는가. 바로 소프트웨어 도입을 통한 가치 창출이다. 기존 제조업이 중요하게 여기던 생산성 제고보다 디지털 기술을 통한 새로운 가치 창출을 추구한 것이다. GE는 비행기 엔진만 판매하는 것이 아니라 사물인터넷 센서를 부착한 제트 엔진 운영 서비스를 제공한다. 센서를 통해 이상 징후를 감지하고 사전에 정비할 수 있는 서비스를 제공하는 것이다. 항공사 입장에서는 잘 만들어진 비행기 엔진도 중요하지만, 센서를 통해 안전 진단이 꾸준히 이뤄지고 있는 엔진은 더욱 유용한 서비스가 된다. GE는 자사에서 판매하는 엔진에 대한 서비타이제이션 경험을 바탕으로 소프트웨어 솔루션인 프레딕스Predix 플랫폼을 개발하고 본격적으로 서비타이제이션 솔루션 시장에 진입하고 있다.

디지털 서비타이제이션이 본격적으로 확산되기 위해서는 서비스 운영에 대한 성과 목표를 정의하고 합의할 수 있는 '서비스 수준 협약Service Level Agreement; SLA' 체결이 필수적이다. SLA는 사용자와 서비스 공급자 간의 합의와 협조로 수행되어야 하며, 이점이 계약서와 다르다. 즉, 측정지표의 선정, 목표수준의 선정, 평가와 보고체계 등 기존의 서비스 수준을 바탕으로 상호 합의하에 적용한다.

SLA는 업무의 기술 목표 및 사업 목표와 일치되어야 한다. 목표에 어긋나게 작성되면 계약 가격 책정과 서비스 제공 품질, 고객 경험 등에 부정적인 영향을 미칠 수 있기 때문이다.

SLA는 일반적으로 서비스 분야와 관리 분야로 구성된다. 서비스 분야에 포함될 내용은 제공 서비스의 상세 내용, 서비스 가용성 조건, 각 서비스 수준에 대한 기준, 각 이해관계자의 책임, 단계적 문제해결 절차, 비용·서비스 절충 내용 등이다. 관리 분야에 포함될 내용은 측정 표준 및 방식 정의, 보고 절차, 내용과 빈도, 분쟁 해결 절차, 서비스 수준 위반으로 인한 제3자 소송으로부터 고객을 보호하는 배상 조항 등이며 협약서 업데이트 방법도 포함된다. 이때 모니터링해야 할 측정 지표는 시스템으로 수집 가능해야 하고, 감시 방법은 이해관계자로 하여금 과도하게 비용을 지출하게 하거나 오해를 일으키지 않도록 해야 한다.

최근 산업 가치사슬의 융·복합 현상이 확대됨에 따라 운영모델 역시 다자간 계약을 통해 이루어진다. 여기서 스마트 컨트랙트가 활용된다. 다수의 공급자들이 공동으로 특정 결과물을 책임지는 복잡한 멀티-벤더 아웃소싱 계약과 같은 다자간 비즈니스 거래 시 서비스 운영 이슈에 대한 불분명한 책임 논란은 종종 법적 책임 공방으로 이어진다. 이해관계자 간에 분쟁을 해소하는 데 지나치게 많은 비용이 발생하면 산업 생태계 전반에 나쁜 영향이 미친다. 이때 SLA의 각 조건을 디지털화하고 스마트 컨트랙트로 구성하면 '블록체인 기반의 서비스 수준 협약 관리Blockchain-enabled SLA management'가 효율성과 속도, 정확도를 높여준다.

즉, 블록체인의 위력은 멀티 파티 시스템에서 두드러진다. 기본 원리상 한 번 공급자가 SLA가 수행하는 방식에 대한 자체 데이터를 입력하면 모든 이해관계자는 그 기록을 공유한다. 모두 동일한 데이터 세트로 작업하고, 모두 어디에 있는지 확인할 수 있다.

결과적으로 블록체인은 SLA를 한층 더 똑똑하게 재구성한다. 블록체인은 디지털 거래의 완결성을 보장할 수 있는 안전한 분산형 원장이다. 스마트 컨트랙트는 블록체인 내 특정 상황이 충족됐을 경우에만 실행되는 코드다. 이를 통해 블록체인은 지불결제 등 특정 작업이 완료됐을 때, 또는 설정된 지불 비율이 충족됐을 때 자동 활성화된다. 각종 조건을 스마트 컨트랙트의 코드로 변환함으로써 어떤 상황이 계약 위반에 해당하는지, 누가 누구에게 얼마만큼의 보상금을 지불할지 판단할 수 있는 기준이 확보된다. 사람의 아날로그 방식의 커뮤니케이션이 SLA 과정에서 완전히 배제되는 일은 없겠지만, 스마트 컨트랙트에 기초한 자동화는 계약의 모호성을 줄여 분쟁 발생 가능성을 대폭 낮춰줄 것이다.

또한 과거 SLA와 분쟁을 통해 논의·검증된 조항들에 대한 라이브러리를 저장, 관리함으로써 과거 판례에 근거한 스마트 컨트랙트 실행도 가능해진다. 즉, 과거부터 누적된 히스토리에 기반을 둔 최적화 모델을 탐색하게 됨에 따라, 스마트 컨트랙트는 궁극적으로 머신러닝에 근거한 계약 업데이트를 통해 더 효과적으로 운영될 수 있다.

디지털 서비타이제이션의 대표적인 유형인 '예지정비Predictive Maintenance; PdM' 서비스에 대해 살펴보자. 제조기업은 일반적으로 수많은 기계 설비를 운영한다. 이때 설비 및 장비가 고장 나기 전에 고장을 예측해 유지·보수함으로써 비용을 절감하고 운영 효율성을 극대화하는 것을 예지정비라 한다. 예지정비는 기계 설비에서 발생한 머신 데이터를 수집, 분석해 기계의 잔존 수명을 산정하고 적시 정비를 제안해 공장 유휴 시간을 최소화함으로써 공장 설비의 생산성과 효율성을 극대화하는 것을 목표로 한다. 앞서 언급한 GE의 프레딕스가 대표적인 사례다. 예지정비 솔루션은 설비·장비 운용업체에는 설비·장비 생산성 증가와 설비·장비의 가용성 개선, 그리고 유지·보수 비용감소 효과가 있다. 그리고 설비·장비 제조업체는 서비스 모델로의 혁신을 가져올 수 있고, 고객 만족도와 유지·보수 서비스 효율성이 증대된다.

그렇다면, 블록체인 기술을 어떻게 예지정비 서비스에 적용할 수 있을까? 멀티 벤더로부터 기계설비를 구매하고 운영 서비스를 받고 있는 경우 설비 상호 간에 영향을 미칠 수 있고, 이것이 부품 손상 또는 고장으로 이어질 경우 귀책사유 규명을 위한 원인 분석이 필수적이다. 이때 스마트 컨트랙트에 근거한 판단이 가능하다. 이기종 기계설비와 공장 내 수많은 센서를 통해 수집한 데이터를 가치사슬 내 예지정비 서비스 참여자 간에 공유하게 되고, 이로부터 각종 위험에 대해서도 최적의 모니터링과 정비, 서비스 계획 수립이 가능해진다. 특정 부품의 마모 또는 손상이 예상될 경우, 스마트 컨트랙트를 통해 프로그래밍된 조건에 따라 해당 부품 벤더에게 자동으로 부품 발주가 나가고 특정 기간 내에 배송됨으로써 최적의 시점에 부품 교체가 이루어진다. 블록체인 기반의 서비타이제이션을 통해 온라인과 오프라인, 그리고 제조와 물류와 유통과 애프터마켓 서비스는 이제 하나가 된다.

생산설비 상태뿐만 아니라 공장 내외부의 온습도, 생활가스, 환경 오염물질 등 모든 정보가 통합적으로 관리된다. 특정 시간대 공장 안의 온도가 임계치 이상으로 높아져 설비가 오작동할 수 있는 가능성이 감지되면 스마트 컨트랙트에 따라 즉각 공정 흐름 속도가 제어된다. 사물인터넷과 블록체인 그리고 인공지능 기술이 결합됨으로써 쉴 새 없이 쏟아지는 데이터를 다차원적으로 분석하고, 이상 징후 여부를 참여자들과 공유하고, 모든 조치를 자동으로 실행함으로써 최적의 생산 상태를 유지한다. 서비타이제이션은 일회적으로 구축하고 완료되는 프로젝트가 아니다. 블록체인 기반의 가치사슬 통합과 혁신으로 '여정Journey으로서의 서비타이제이션'이 시작되고 있다.

4장

블록체인으로 '디지털 트랜스포메이션'을 리딩하라

'인슈어테크'의 정점을 달리다

보험업계에 부는 디지털 바람이 심상치 않다. 지난 100여 년 동안 보험산업에서 눈에 띄는 변화는 없었지만 최근 몇 년 사이 디지털 기술로 획기적인 비즈니스 모델이 시도되는 새로운 변화의 씨앗들이 자라나고 있다. 보험과 기술을 결합한 '인슈어테크(InsurTech: Insurance+Technology)'가 바로 이 변화의 주역이자 새로운 성장의 모멘텀으로 주목받고 있다.

인슈어테크로 인한 보험 서비스의 변화는 신상품 개발에 머물지 않고 소비자를 중심으로 한 서비스 플랫폼의 혁신적 변화를 가져오고 있다. 이러한 변화를 이끄는 인슈어테크의 주역은 사물인터넷, 인공지능, 빅데이터, 그리고 블록체인이다. 보험 상품도 이제는 공급자 주도가 아닌 소비자 중심의 시장이 형성될 것으로 전망된다. 웨어러블 디바이스, 스마트홈, 스마트카 등 사물인터넷 서비스를 통해 보험계약자의 라이프스타일 패턴에 대한 데이터 수집이 가능해지고, 이를 분석함으로써 소비자 개인별로 차등화된 위험 평가와 보험료 산정이 이루어진다.

먼저 가치사슬 관점에서 살펴보자. 상품개발 프로세스 차원에서는 빅데이터 분석을 통해 위험요율 산출기법이 정교해지고 내외부 데이터를 활용한 고객 맞춤형 상품개발이 이루어진다. 유통 채널도 달라지고 있다. 온라인에서 오프라인으로 이어지는 O2OOnline to Offline 채널을 통한 신규고객 확보가 확대되고 있다. 보험 서비스 가치사슬의 핵심인 '보험계약 인수심사Underwriting' 프로세스도 지능화되고 있다. 인공지능 기반의 자동화된 심사시스템이 도입되고 있고, 보험 가입자의 데이터와 다른 외부 데이터와 융합한 리스크 예측도 고려 중이다. 보험금 청구와 지급관리 프로세스도 간소화되고, 보험사기 방지를 위한 절차는 알고리즘으로 구현된다. 마케팅 및 고객관리 프로세스도 인슈어테크로 탈바꿈된다. 소셜미디어, 블로그 등 외부 데이터를 활용해 잠재 보험 소비자를 찾아내고 고객의 행동 패턴을 고려한 마케팅 커뮤니케이션을 수행하게 되고, 계약유지율 예측시스템을 통해 기존 고객을 대상으로 계약 갱신을 유도한다.

인슈어테크를 활용해 기존 보험산업의 가치사슬을 파괴하고 소비자의 가치를 중심으로 새로운 질서를 만들어가는 보험 스타트업의 등장으로 기존 보험 업계는 적지 않은 영향을 받고 있다. 자본 조달과 자산 운용의 경쟁력은 더 이상 경쟁력의 요소가 아니다. 자본집약형 산업에서 서비스 산업으로의 선환이 급신선되면 디지털 경쟁력을 갖춘 플랫폼 사업자도 새로운 경쟁의 축을 형성하게 된다. 디지털 시대, 보험업계의 왕좌는 인슈어테크로 무장하고 디지털 역량을 기반으로 연관 산업과의 서비스 융·복합을 만들어내는 혁신기업의 몫이 될 가능성이 크다.

우리나라의 보험시장은 313조 원(2015년 말 수입보험료 기준) 규모로서, 공영보험을 제외한 민영보험(생명보험 7위, 손해보험 8위)의 시장 규모는 세계 8위다. 그럼에도 불구하고 글로벌 인슈어테크 규모에 비하면 국내 보험업계는 여전히 인슈어테크에 적극 뛰어들고 있지는 못하다. 지난 5년간 미국, 독일, 영국, 일본 등 선진 보험기업의 인슈어테크 글로벌 투자는 7배 가까이 성장했지만 국내 투자 규모는 미미하다. 보험상품의 특성상 일반 은행이나 증권처럼 단기 상품이 아닌 장기성 상품이 많고, 계약 전환 비용이 높아 인슈어테크를 완벽하게 구현하기까지는 상당한 시간이 걸릴 것으로 예상된다. 하지만 아직까지 대면거래 방식을 고집하고 있는 국내 보험업계가 시대의 흐름에 맞게 변화하지 못한다면 메이저 보험사들조차도 급격히 몰락할 수 있다는 경고의 목소리도 나온다.

반면 글로벌 선진 보험사들은 상품 개발에서 보험 심사, 마케팅에 이르기까지 보험업 전 과정에서 인슈어테크를 선제적으로 활용하고 있다. 국제신용평가기관 에스앤피S&P에 따르면 2015년 전 세계의 인슈어테크 투자 규모는 25억 달러 규모이며, 이 중 중국의 인슈어테크 비중은 10억 달러로 집계된다.[21]

미국의 자동차 보험사 프로그레시브Progressive는 자동차 운행 정보를 기록하는 장치를 통해 이용자의 보험료를 산정한다. '차량 자가 진단장치On Board Diagnostics; OBD'로부터 주행거리와 평균속도 및 최고속도, 월간 주행시간, 야간 운전 횟수, 급제동·급가속 횟수 등 다양한 데이터를 수집해 적정 보험료를 산출하고 있다. 보험 고객은 '운전 패턴 연계 보험Usage Based Insurance; UBI'으로 안전운전을 할수록 보험금이 저렴해진다. 영국의 자동차보험 전문기업 인슈어더박스InsuretheBox 역시 동일한 서비스를 제공하고 있다.

일본 후코쿠 생명은 인공지능을 이용해 보험금을 지급하고 있다. 후코쿠 생명은 보험금 청구 직원을 대신해 병원 기록 등 정보를 분석해 보험금 지급 실수를 줄인다.

보험 심사 과정에 빅데이터 분석도 활용된다. AIG 그룹은 데이터사이언스팀을 운영해 보험 가입자와 관련한 정보를 다각도로 분석해 비용과 리스크 관리를 최적화하는 데 활용하고 있다. 이때 수집하는 정보는 연령, 성별, 직업 등 가입자의 기본적인 개인 데이터부터 거주지의 날씨 변화, 인근 의료기관 정보, 소셜미디어 이용 성향, 자동차 완충장치 유무 등에 이른다.

ING생명은 자사 변액보험 펀드 상품에 '로보어드바이저Robo-Advisor'를 적용했다. 로보어드바이저는 인공지능이 인간의 감정적

판단을 최소화하고 알고리즘에 의해 고객의 재무상태, 포트폴리오, 투자성향을 분석함으로써 자산 배분을 자문하는 서비스다.

인슈어테크의 또 다른 주역은 블록체인이다. 다른 인슈어테크가 연결과 분석, 예측으로 부분 효율화를 지원했다면, 블록체인 기술은 신뢰를 기반으로 전체 가치사슬의 재구성을 지원한다.

블록체인은 특히 청구 자동화, 사기 방지 로직 구현 등 이벤트에 따라 자동 실행되는 스마트 컨트랙트 구현, 휴먼 에러 최소화 및 데이터 중복 방지를 통한 백엔드 시스템의 효율성 제고, 자동화된 아이덴티티 인증을 통한 중개 역할 제거, 실시간 개인 맞춤형 보험료 산정, 새로운 보험 모델의 기반을 제공한다. 블록체인 기술이 다른 디지털 기술과 연계되고 신상품 개발, 기록 보관, 보험금 지급 등의 분야에까지 확대적용됨으로써 혁신을 견인할 것으로 예상된다.

글로벌 보험업계에서는 2016년 5개 글로벌 재보험사(일반 보험사가 보험계약의 위험을 분산하기 위해 드는 재보험을 담당하는 보험사)와 보험사들이 손잡고 '블록체인 보험산업 이니셔티브Blockchain Insurance Industry Initiative; B3i' 컨소시엄을 설립한 바 있다. 블록체인 기술을 통해 재보험사와 보험사 간 거래의 효율성을 향상시키기 위한 목적으로 이후 일본 동경해상을 포함한 10개 보험사가 추가로 참여하고 있다. 인슈어테크 시장이 폭발적으로 성장하고 있는 중국 보험업계에서도 본격적으로 블록체인 사업을 추진한다. 상하이 보험거래소는 2016년 중국 9개 보험회사와 함께 블록체인을 이용한 보험회사 간 신용거래 시범 프로젝트를 성공적으로 완료했다. 보험금 산정과 지급 등 거래 빈도가 높은 영업활동에 블록체인 기술을 도입하고, 국제 재보험 플랫폼에 사용되는 수동조정 시스템을 자동조정 시스템으로 전환해 거래의 효율성을 높이는 프로젝트도 진행 중이다.

중국의 양광보험은 중국 최초로 블록체인 기술을 이용한 항공사고보험 상품화에 나섰다. 고객이 위챗(WeChat: 중국 최대 메시징앱)에서 피보험자와 항공정보를 입력하면 사고 즉시 보험 혜택을 받을 수 있다. 보험 확인 과정이 1분도 걸리지 않으며 위챗을 통해 보험 양도가 가능해 지인에게 선물로도 제공할 수 있다. 또한 고객은 블록체인으로 '양광패(陽光貝)' 포인트를 적립 후 이를 현금화하고 송금할 수 있다.[22]

국내 블록체인 기술 도입에 가장 발 빠른 모습을 보이고 있는 교보생명은 블록체인을 기반으로 보험금을 지급하는 보험금 자동지급 서비스 프로젝트를 진행하고 있다. 현재는 보험금을 수령하려면 진료 후 병원비를 수납하고 각종 증빙서류를 발급받아 온라인 또는 오프라인으로 보험사를 방문해 청구서류를 제출하고, 보험사는 심사를 진행한 뒤 지급하는 등 절차가 복잡하다. 하지만 블록체인 자동지급 서비스는 고객이 병원비를 지급함과 동시에 병원에서 바로 청구에 필요한 서류가 보험사로 전송되고 보험사가 해당 고객에게 보험금을 자동으로 송금하는 방식이다. 과거처럼 보험금을 받기 위해 진료 후 병원 증빙서류를 발급받아 보험사에 청구하는 번거로움은 사라진다.

보험업계는 블록체인 기술이 보험 각 분야에 확대될 경우 비용을 크게 절감할 수 있을 뿐만 아니라 보험사기 예방에도 혁신을 가져올 것으로 전망하고 있다. 보험사와 병원, 환자 간 블록체인 거래를 공유하면 환자 의료기록을 보호하면서 의료비 산출과 청구 과정을 실시간으로 점검할 수 있다. 기존에는 보험금 지급 시 은행과 같이 공인된 제3자의 플랫폼을 이용해야 하지만, 블록체인은 데이터를 기반으로 보험료를 자동으로 산정하고 지급하기 때문에 운영 효율성을 개선하고 비용을 획기적으로 절감할 수 있다.

거래 시작 단계부터 투명성이 확보되기 때문에 사기예방이 강화된다. 다이아몬드 등 고가품을 대상으로 한 도난·사기보험은 다이아몬드 생산부터 인증, 추적되는 과정을 블록체인으로 모두 기록하게 된다. 다이아몬드의 사기수법은 주로 다이아몬드 보증서를 위조하는 것이지만 블록체인은 장부 조작이나 증명서 위·변조를 원천적으로 막을 수 있다.

소비자 개개인의 다양한 수요를 만족시키는 맞춤형 상품을 제공하는 P2P 보험도 등장했다. P2P 보험은 친구, 가족, 지인들 중에서 동일한 위험을 보장받는 가입자들끼리 그룹을 형성한 후, 동일 그룹에 있는 가입자들의 보험사고 실적에 따라 무사고 보너스를 받을 수 있도록 설계된 보험으로서 공동구매 방식의 보험보다 훨씬 더 소비자 친화적이다. 기존 보험에선 보험 상품 개발은 보험사 주도의 소품종 대량생산 방식이었지만, P2P 보험은 네트워

크에 참여하는 소비자 스스로 상품 개발과 판매에 주도적 역할을 하는 혁신적인 방식이다.[23]

블록체인은 검증과 심사 프로세스를 단순화한다. 블록체인은 보험계약자가 원하는 항목만 선택해 손쉽게 가입할 수 있는 '마이크로 보험(Micro-Insurance: 맞춤형 보험)' 상품 개발의 촉매제가 된다. 또한 보험사의 보험금 지급 거부로 인한 분쟁도 스마트 컨트랙트를 통해 해소할 수 있다. 보험사와 보험 계약자 모두 분쟁 없이 스마트 컨트랙트에 프로그래밍된 조건을 그대로 이행하면 된다. 모두가 신뢰할 수 있고 투명한 방식으로 계약 심사부터 계약 체결, 보험료 청구, 보험료 지불까지 자동으로 이루어진다.

스마트 컨트랙트를 활용한 보험회사 간 협력이 강화될 수 있다. 보험회사 간 공동의 블록체인 플랫폼을 구축하면 본인인증 간소화뿐만 아니라 자동차보험, 실손의료보험과 같이 표준화된 보험 계약의 손해사정과 보험금 지급시스템을 효율적으로 개선할 수 있다. 보험회사 간 정보 공유가 확대되면 보험금 중복청구, 과다진료, 보험사기 관련 징후를 조기에 적발하는 것이 수월해진다.

2017년 3월, 도쿄마린의 손해보험 자회사인 일본의 도쿄마린&니치도 화재 보험Tokyo Marine & Nichido Fire Insurance은 NTT DATA와 함께 외항 화물 해상보험의 보험증권에 대한 파일럿을 수행했다. 도쿄마린에서는 선하증권과 신용장, 상업송장 데이터화를 진행하고 이를 기반으로 화주가 보험증서를 작성할 수 있도록 했다. 도쿄마린은 '개념증명Proof of Concept; PoC' 프로젝트 결과 화주가 보험증서를 받기 위해 필요한 데이터 입력 시간이 기존 웹 기반 보험증서 발행 시스템에 비해 85% 감소했고, 보험증권 및 기타 서류가 관련 당사자 간에 공유되기 때문에 인적 비용이 줄어들고 업무 효율성과 투명성이 높아졌다고 밝히고 있다. 물론 효과성을 극대화하려면 향후 보험증권뿐만 아니라 무역 업무 전체에 블록체인 기술을 활용해야 할 것이다.

세계 최초의 블록체인 기반 보험 마켓플레이스 플랫폼 인슈어X InsureX도 주목을 끌고 있다. 인슈어X는 이더리움 플랫폼 기반으로 개발된 보험상품 전용 거래 플랫폼이다. 인슈어X는 보험상품 거래뿐만 아니라 향후 기밀문서 및 데이터를 안전하게 관리·교환할 수 있는 플랫폼을 '서비스로서의 소프트웨어 Software as a Service; SaaS' 기반으로 제공할 예정이다.[24]

2017년 미국 최대 보험사인 AIG가 IBM과 협력, 영국의 스탠다드차타드 은행와 함께 복잡한 보험 정책을 단순화하는 블록체인 파일럿 프로젝트를 완성했다. AIG는 상업 보험 마스터 정책 Master Policy 관리 시스템을 하이퍼레저 패브릭 Hyperledger Fabric 플랫폼을 기반으로 개발, 영국에서 작성된 상업 보험 마스터 정책을 미국, 싱가포르, 케냐 세 국가의 로컬 정책에 실시간으로 반영하게 된다. 각국에서는 개별적으로 정책에 대한 기록을 보유하는 것이 아니라, 스마트 컨트랙트를 통해 정책에 대한 데이터 및 보험 커버리지를 실시간으로 확인하게 된다. 시행착오를 거쳐 서비스 상용화가 완료되면 다국적 보험의 리스크 관리가 대폭 개선될 것으로 예상된다.[25]

향후 보험사의 핵심 경쟁력은 데이터에 달려 있다. 기존 상품의 리스크 관리도 중요하지만 데이터를 기반으로 새로운 보험상품을 만들 수 있는 미개척 영역은 무궁무진하다. 즉, 상품 개발역량 자체가 데이터로부터 출발한다. 중국의 중안보험과 같이 인터넷 전문 보험회사에서는 보험상품 자체의 수익성은 취약하더라도 소비자 데이터 확보 차원에서 상품을 기획하고 출시하기도 한다.

블록체인은 데이터를 수집, 공유, 분석하기 위한 기본 동인과 최적의 운영 환경을 제공한다. 보험업계에서는 인슈어테크를 단순히 여러 기술 중 하나로 접근해선 안 된다. 초연결, 초지능, 초융합 사회를 대비할 수 있는 새로운 보험 서비스 기업으로의 대전환이 요구된다. 대형 보험사든 신규 스타트업이든, 생존을 위해서든 성장을 위해서든 블록체인은 이제 채택하지 않으면 안 될 필수품이 되어가고 있다.

P2P로 거래하는 에너지 프로슈머가 몰려온다

에너지 없이는 단 하루도 살아갈 수 없는 시대다. 모든 재화의 거래 중에서 에너지 거래는 적지 않은 비중을 차지한다. 에너지 공급 시장이 민간 영역으로까지 확대됨에 따라 새로운 비즈니스 모델에 대한 시도도 확산되고 있다. 그렇다면 앞으로 에너지 거래 시장은 어떻게 바뀌며, 그 혁신은 어떻게 실현될 것인가?

먼저 에너지 산업의 변화를 견인하고 있는 '스마트 그리드Smart Grid'와 '마이크로 그리드Micro Grid'에 대해 알아보자. 기존 에너지 전력망과 정보통신기술의 결합을 통해 구성된 차세대 지능형 전력망인 스마트 그리드는 전력 생산에서 소비에 이르기까지 전체를 포함하는 시스템으로, 다양한 융·복합 비즈니스 모델 창출이 가능해 에너지 신산업의 핵심으로 부각된 지 오래다. 스마트 그리드는 공급자와 소비자가 전력의 생산과 소비 정보를 실시간으로 교환하는 시스템으로 수요관리, 신재생 에너지 연계, 전기차 충전 등 에너지 효율을 최적화한다는 장점을 가진다.

반면 마이크로 그리드는 전력망에 정보통신기술이 접목돼 발전량 조절 제어 및 발전·소비량 예측 등의 기능을 가진다는 점에서 스마트 그리드와 유사하지만, '전력의 자급자족'을 목적으로 하며 적용 규모가 상대적으로 작고 발전원과 수용가(전력소비 주체)의 위치가 가깝기 때문에 송전 설비가 필요하지 않다는 점에서 차이가 있다.

즉, 마이크로 그리드는 수용가와 풍력, 태양광 등의 '분산 에너지 자원Distributed Energy Resource; DER'을 연결하고 '에너지 저장장치Energy Storage System; ESS'를 결합해 전력회사로부터의 공급 의존을 줄이고, 자체 전력망 내에서 전력을 충당하는 시스템이다. 마이크로 그리드는 전체 전력 계통과 '독립적off-grid'으로 동작해 전력의 자급자족이 가능하고, 필요에 따라 계통과 연계on-grid되어 작동한다.

마이크로 그리드의 가장 큰 장점으로 효율성을 꼽을 수 있다.

마이크로 그리드는 발전소에서 생산한 전기를 각 가정에 보내는 일방향 송배전 시스템에서 벗어나 다수의 프로슈머가 전력 생산과 소비를 동시에 할 수 있도록 한다. 전원이 분산되기 때문에 전력 공급의 리스크도 분산되며 에너지를 효율적으로 사용할 수 있다. 또한 마이크로 그리드는 규모가 작을수록 높은 효율성을 나타내기 때문에 전력망 시설을 갖추기 어려운 지역에서 주로 추진되는데 오지, 사막, 도서島嶼, 산간 군부대 지역처럼 전력회사로부터 전력을 공급받기 어려우며 가구 수가 적은 지역에 적합하다. 국내에서는 특히 도서 지역을 중심으로 에너지 자립섬을 정책적으로 추진 중이다.

마이크로 그리드에서는 신재생 에너지를 주로 사용한다. 신재생 에너지는 새로운 에너지원으로 떠오르고 있지만 전력 생산량이 고르지 않다는 단점이 있는데, 이는 마이크로 그리드를 통해 극복할 수 있다. 풍력이나 태양광 발전은 기후변화에 따라 에너지 생산량이 변화하는데, 마이크로 그리드 시스템은 이러한 변화를 감지하고 예측함으로써, 전력이 과잉 생산될 때 저장해두었다가 전력이 적게 생산될 때 이를 공급해 전력난을 예방할 수 있다.[26]

신재생 에너지 공급 자원과 마이크로 그리드 확산에 따라 전력 시장은 점차 소비자 중심의 시장으로 변화하고 있다. 소비자 입장에서는 실시간으로 전기요금을 확인할 수 있고 최적의 요금 시간대를 찾아 에너지를 사용할 수 있다. 향후 전력 소비자가 본격적으로 직접 전력을 생산하고 판매할 수 있게 된다면, 전력 공급 시장에도 변화가 생기며 이러한 변화에 부합하는 새로운 요금 체계가 등장할 것이다.

마이크로 그리드를 효율적으로 운영하려면 데이터의 신뢰성, 예측 정확성, 데이터 가시성 등 세 가지 요소가 갖춰져야 하는데, 데이터의 신뢰성과 투명성을 보장하는 블록체인은 전력 생산자와 전력 소비자를 연결시키는 거래 플랫폼의 기반 기술로서 활용될 것으로 기대된다.

GE의 스마트 그리드 전략 리더인 로랑 슈미트Laurent Schmitt는 블록체인의 가능성에 대해 언급하며 블록체인으로 인한 에너지 산업의 미래를 밝게 전망한다.[27]

GE는 프랑스 남부 카로Carros의 새로운 형태의 에너지 커뮤니티를 지원하고 있다. 이 마을 주민들은 모두 전력 생산자인 동시에 소비자이기도 한 이른바 프로슈머라고 할 수 있는 사람들이다. 이 마을에서는 모든 주택에서 에너지 발전이 이루어진다. 주민들은 자신들이 사용할 전력을 집에서 생산한다. 집에서 생산한 전력은 직접 사용하거나 판매할 수 있다. 이를 통해 전력의 흐름은 '골디락스 존(Goldilocks zone: 너무 많지도 적지도 않은 범위)'을 유지한다.

이것이 가능한 것은 카로에 있는 세계 최초의 스마트 태양광 발전 송전망 덕분이다. 카로는 재생가능한 에너지를 전력망에 통합하는 대규모 프로젝트의 일환이다. GE는 프랑스 송전망 운영사인 에네디스Enedis와 공동으로 가정과 상업용 빌딩 지붕에 태양광 패널을 설치하고, '수요 반응Demand Response' 기술을 도입해 전력망 전체에 전기를 저장·관리하는 설비를 설치하고 있다. 또한 전력망에서 발생하는 수요를 예측하고 일기예보를 소비 정보와 결합해 GE의 '분산에너지 자원 관리Distributed Energy Resource Management; DERM' 소프트웨어로 분석한다.

이 시스템을 통해 카로는 프로슈머들이 필요에 따라 전력을 즉시 사고 팔 수 있는 마이크로 그리드 단지로 변화 중이다. 낮에 집이 비어있을 경우 주택 소유자는 전력 수요가 많은 상업시설 또는 기업을 대상으로 집에서 생산한 전력을 판매할 수 있다. 귀가 후에는 인근의 축전지나 전기 자동차, 또는 에너지 가격 변화에 유연하게 대응할 수 있는 기업으로부터 전력을 구매할 수 있다.

미국의 에너지 스타트업 'LO3에너지LO3 Energy'와 이더리움 기술 전문기업 '컨센시스ConsenSys'의 합작법인인 '트랜스액티브 그리드TransActive Grid'는 지역 에너지 생산량을 실시간으로 측정하는 비즈니스 로직을 개발해 지역 주민들이 신재생 에너지를 거래할 수 있는 전력거래 시장을 구축했다. 2016년 4월 뉴욕 브루클린의 프레지던트 스트리트 인근 가구에서 첫 거래가 시작됐는데, 이후 수십여 가구에서 지붕에 태양광 패널을 장착해 시범 운행 중이다. 태양광 패널을 설치한 가정에서 만들어진 에너지는 브루클린 마이크로 그리드 미터를 거쳐 동네별로 설치된 블록체인으로 이동되고, 이 마이크로 그리드 미터는 사용하고 남은 에너지를 내보낼 때 기록해두는 출납계 역할을 한다. 전력 생산과 공급을 기존 전력회사에 의존하지 않기 때문에 대규모 블랙아웃이 발생해도 피해를 입지 않을 수 있으며 지역 에너지 네트워크이자 P2P 에너지 거래 시장인 '브루클린 마이크로 그리드Brooklyn Micro Grid; BMG'를 통해 참여자들은 은행이나 신용카드사를 거치지 않고 수수료 없이 안전하게 에너지를 주고받을 수 있다.[28]

호주에서도 유사한 프로젝트가 진행되고 있다. 호주의 스타트업 랭킹 1위를 달리고 있는 에너지 기업 '파워 레저Power Ledger'에서는 2016년 블록체인으로 개인 간 전력 판매를 지원하는 파일럿 프로젝트를 착수했다. 파워 레저는 분산 에너지 자원 관리Distributed Energy Resource Management; DERM 솔루션을 통해 총 전력량이 실제 송전 용량을 초과하지 않도록 전체적인 신재생 에너지 흐름을 관리한다. 이 기업은 태양광 에너지 P2P 거래 플랫폼을 통해 거래하는 판매자와 구매자로부터 거둬들이는 수수료 모델을 시작으로 수익 모델을 점차 확장하고 있다.

이와 같이 블록체인 기술이 마이크로 그리드에 본격적으로 적용된다면 분명 현재 에너지 거래 시장을 새로운 수준으로 높일 수 있다. P2P 에너지 거래 플랫폼은 댁내 스마트홈의 '홈 에너지 관리 시스템Home Energy Management System; HEMS'과 연동되고, 더 나아가 댁내 신재생 발전뿐만 아니라 '에너지 하베스팅Energy Harvesting' 기술을 통해 생산된 모든 에너지는 '에너지 코인' 형태로 전환된다. 이를 통해 전력을 판매하고 원하는 만큼 전력을 공급받을 수 있다. 스마트 그리드와 블록체인 기술이 완벽하게 결합되면, 친환경 신재생 에너지를 송전망에서 주택으로, 다시 주택에서 송전망으로 안전하고 투명하게 전송함으로써 에너지 수급을 최적화하고 에너지 자립을 실현하는 생활 환경이 구현될 것이다.

블록체인 기술은 오히려 전력 인프라가 제대로 갖춰져 있지 않은 경제신흥국에서 먼저 시도될 수 있다. 경제신흥국에서는 마이크로 그리드를 구축하는 것이 과거와 같은 중앙집중형 에너지 인프라 투자를 하는 것보다 훨씬 효율적이기 때문이다. 지역 주민들 각자 지붕형 태양광으로 에너지를 생산하고 스마트폰으로 손쉽게 사고 팔 수 있는 블록체인 기반 에너지 네트워크 환경이 구현되면, 부족하거나 버려지는 발전 전력 없이 편리한 에너지 생활을 영위할 수 있다.

블록체인은 에너지 사물인터넷과 데이터 분석·인공지능 기술과 결합된다. 발전 설비에 설치된 센서 디바이스를 통해 발전 데이터를 수집하고 분석함으로써 정확한 발전량을 예측할 수 있으며 사전 대응을 위한 거래 시스템을 가동할 수 있다.

캐나다 토론토증권거래소Toronto Stock Exchange; TSX를 운영하는 TMX 그룹은 블록체인 전문기업 누코Nuco와 파트너십을 맺고 북미 최대의 에너지 거래소인 천연가스거래소Natural Gas Exchange; NGX를 위한 블록체인 프로토타입 프로젝트를 추진한다.[29]

TMX 그룹은 스마트 컨트랙트를 통해 공급망 사슬 내 모든 레벨에서의 천연가스 운송 흐름을 투명하게 추적할 수 있도록 하고, 참여자들이 정확하게 자신들의 위치를 보고할 수 있도록 함으로써 천연가스거래소의 정산 프로세스 최적화를 목표로 한다. 향후 유통과 결제 프로세스를 개선하고 고객들에게 천연가스의 이동에 관한 가치 있는 분석을 제공할 예정이다.

전기자동차Electronic Vehicle; EV 충선 인프라는 블록체인 기술을 적용함으로써 효과를 극대화할 수 있는 대표적인 활용 사례다. 독일의 대표적인 에너지 기업 RWE의 자회사 '이노기Innogy'에서는 2017년 4월 이더리움 블록체인 기반의 수백 개의 EV 충전소를 론칭한 후 본격적으로 P2P 충전 서비스를 운영하고 있다.[30] 각 EV 충전소들은 전용 모듈을 통해 인터넷으로 블록체인 서버와 연결되어 있고, 운전자는 '공유와 충전Share&Charge' 애플리케이션을 통해 인증 후 원하는 만큼 전기차 충전 서비스를 받고, 전용 암호화폐인 '모빌리티 토큰Mobility Token'을 통해 즉시 결제를 할 수 있다. 이더리움 플랫폼에서는 거래 당사자의 모든 기록을 관리하며 스마트 컨트랙트를 통해 자동 결제 기능을 지원한다.

국내 한국전력공사에서도 블록체인 기술을 적용한 EV 충전소 사업을 기획하고 있다. 기존 EV 충전의 불편함을 개선하고 충전 인프라 관리 운영, 보안 강화를 위해 블록체인을 충전소 운영 플랫폼으로 활용하는 프로젝트다.[31] 한전의 블록체인 서비스 플랫폼 기반 구축 계획에 따르면, 사용자 인증, 충전소 데이터 관리, 충전 서비스 대외 업무 처리, 충전 이용 고객 지원 서비스 등 전 분야에 걸친 블록체인 적용을 고려한다. 충전소와 충전기, 충전인프라 정보, 충전회원 등록자 정보, 충전사업자별 요금 정보를 분산원장으로 관리하고, 충전 관련 거래 데이터의 공유·분석까지 블록체인 기술을 활용할 수 있다.

에너지 거래 시장의 변화는 이제 시작이다. 마이크로 그리드에서부터 EV 충전에 이르기까지 블록체인을 활용한 P2P 에너지 거래 시장은 본격적으로 성장할 것이며, 이 거래를 통해 축적된 데이터의 가치는 폭발적으로 확장될 것이다.

콜드체인, 신뢰의 날개를 달다

가공류보다 신선식품을 선호하는 방향으로 식생활이 변해감에 따라 전보다 과일, 육류, 생선 등 농수축산 식품의 수요가 확대되고 있다. 또한 기후변화로 여름철도 길어지고 폭염 일수도 늘어나고 있어 신선식품 유통 과정에서의 안전성 보장을 위한 온도관리가 중요해지고 있다.

'콜드체인Cold Chain'이란 농산품을 비롯한 신선식품과 의약품 등 온도 민감성 제품의 생산, 저장, 운수, 판매, 소비에 이르기까지 유통 전 과정에 걸친 철저한 저온 관리로 제품의 품질과 안전을 보장하는 저온 유통 시스템을 의미한다.

신선식품 산업에서는 식품 원산지 위·변조 및 유통사기, 불법적인 농수축산물 양식, 식품 부패로 인한 질병 유발, 수요 예측 실패로 인한 초과 재고 또는 재고 부족과 같은 문제들이 끊이지 않는다. 콜드체인은 이러한 신선식품 산업의 고질적인 문제들의 해결책으로 등장했다. 즉, 콜드체인은 유통 과정에서 발생할 수 있는 식품의 부패, 변질 등 제품 손상을 줄여 기업의 경쟁력을 높이고 소비자에게 산지 그대로의 신선한 제품을 제공해 소비자 만족을 증대시키는 것이 목적이다.

콜드체인은 '콜드체인 물류Cold Chain Logistics'로도 불린다. 콜드체인은 '산지에서 식탁까지Farm to Table'를 지향하며 원재료 획득 및 냉각 → 냉장보관 → 냉장가공 → 냉장운송 → 냉장판매의 과정으로 수행된다. 콜드체인은 일반적인 공급사슬과 달리 취급 물품의 특성이 고려돼 '시효성', '복잡성' 및 '고원가성'이라는 특징을 가진다. 시효성은 부패하기 쉬운 물품은 저장성이 낮기 때문에 콜드체인에서는 유효기간 관리가 필요하다는 것을 의미한다. 복잡성이 중요한 것은 콜드체인의 전 과정에서 제냉기술, 보온기술, 품질 모니터링을 위한 다양한 기반 기술이 필요하기 때문이다. 즉, 취급물품에 따라 온도제한과 저장시간 등 요구사항이 다르기 때문에 콜드체인 관리는 복잡하다. 마지막으로 고원가성은 콜드체인 설비 부분에서 냉장 창고의 건설과 냉장차량의 구입에 대규모 투자가 필요하고, 운영할 때에도 지속적으로 전기 등의 에너지를 활용해야 하기 때문에 운영 원가 또한 상온 물류보다 높다는 의미다.

미국 시장조사 기관 '마켓앤마켓Marketsandmarkets'에 의하면, 전 세계 콜드체인 시장은 2017년 이후 매년 연평균 7% 성장하면서

2020년 2713억 달러(308조 3500억 원) 규모에 달할 것이라 한다. 특히 중국, 인도, 베트남 등 아시아 지역 국가를 중심으로 콜드체인 시장이 급성장할 것으로 예상된다.[32]

중국은 콜드체인 시장이 빠르게 성장하고 있지만 물류센터, 육상운송, 항공운송, 공항, 배송 등의 통합 서비스를 제공할 수 있는 종합적인 물류 인프라가 갖춰져 있지 않은 상황이다. 냉장·냉동 창고나 냉장보온 차량 등 저온 인프라도 부족하고 실시간 온습도 모니터링 등 사물인터넷 기술도 초기단계라 신선제품의 20~30%가 유통과정에서 부패하고 있다. 이는 선진국의 신선제품 손실률 수준인 5~10%의 2~3배 규모다. 국내 주요 물류기업들은 적극적으로 콜드체인 인프라 구축에 투자하고 있고, 식품 안전, 신선도 유지, 식품폐기물 축소를 위한 제품 포장, 운송, 취급, 저온 저장, 유통, 배달 및 배치 과정 전반에 걸쳐 적정온도 제어시스템에 대한 표준화 논의도 본격화되고 있다.

기존 콜드체인은 냉장·냉동설비와 저온 물류 인프라 기반 시스템인 데 반해, 지금은 콜드체인에 센서 인프라와 블록체인 기술을 접목해 신선식품 유지관리의 신뢰성과 효과성을 극대화하는 방안이 활발하게 시도되고 있다.

콜드체인 시장에서 블록체인은 세 가지 측면에서 활용될 수 있다. 첫 번째는 '투명성 확보'다. 블록체인은 사물인터넷과 결합해 전체 프로세스를 모니터링할 수 있을 뿐만 아니라, 위·변조 가능성을 사실상 차단한다. 신선식품의 원산지 정보, 배치 번호, 공장 및 가공 데이터, 유통 기한, 보관 온도, 운송 세부 사항을 포함한 일련의 디지털 정보는 블록체인에 보관되고, 식품 인도 각 단계마다 업데이트된다. 이렇게 되면 원산지에서부터 유통 매장의 선반 그리고 최종적으로 소비자에게 이르기까지 신선식품을 디지털 방식으로 추적할 수 있다. 각 거래의 정보를 비즈니스 네트워크의 모든 구성원이 합의하게 되며, 합의가 이루어진 후에는 변경할 수 없는 영구적인 기록으로 보관된다. 그 결과 인위적인 식품 사기행위를 방지할 수 있기 때문에 고객의 신뢰도 높아진다. 공급자와 감독 기관은 구매처에서 적절한 환경, 건강, 안전, 노동 기준의 준수 여부를 쉽게 확인할 수 있으며, 사고 발생 시 원인 규명과 피해 보상, 보험 지급에도 활용된다.

두 번째는 '효율성 향상'이다. 식품의 전체 유통 과정을 추적하기 때문에 전통적 종이 서류나 수작업 검사 시스템으로 인한 부정확성은 대폭 줄어든다. 소매업자는 식품의 매장 관리를 효율적으로 하게 되며, 식품 폐기로 인한 손실도 줄일 수 있다.

마지막으로 '음식의 안전성 확보'다. 블록체인은 식품 안전에 대한 가시적인 효과를 보여줄 수 있다. 오염과 부패 사고로 인한 손실이 지금보다 낮아지며, 사고 발생 시 발 빠르게 대응할 수 있기 때문에 비용 절감도 가능하다.

미국의 월마트는 IBM과 파트너십을 맺고 식품 전체의 공급가치사슬에 블록체인을 도입하고 있다. 식품의 안전을 보장하는 것이 1차적인 목표지만 공급가치사슬 전반에 대한 가시성 확보와 투명성 제고로 이해관계자들과 가치를 공유하는 것이 중요한 목적 중 하나다. 식품 유통은 원산지 생산자와 관계를 맺고, 생산자의 작물을 식품 처리 설비에 전달하며, 이후 유통 센터로 옮겨가는 과정을 거친다. 식품의 공급가치사슬은 수많은 단계로 이루어지는데 아직까지 상당 부분 서로 다른 시스템을 활용하고 있거나 수작업과 종이 서류에 의존한다. 식품이 어떻게 원산지에서 고객의 식탁까지 흘러가는지를 추적하는 것이 무엇보다 중요하지만, 아직까지는 일관되고 표준화된 방법론이 있는 것은 아니다.

따라서 이를 개선하기 위해서는 식품 산업 전반에 걸친 협력이 무엇보다도 중요하다. 월마트는 산업 내 여러 이해관계자 및 파트너들의 협력적 참여를 유도함으로써 사물인터넷과 블록체인을 활용해 원산지에서 식탁까지 최적의 식품 흐름을 구현함으로써 고객에게 최적화된 식경험을 제공할 예정이다.

월마트는 또한 IBM과 함께 중국 베이징에 있는 칭화대학교와 함께 식품 인증과 기록 보존을 위한 블록체인 프로젝트를 추진 중이다. 공급자로부터 월마트 매장 진열대까지 이동하는 돼지고기를 추적하도록 고안되었다. 월마트의 매장에서 식품이 소비자에게 판매될 때까지 개별 물품은 블록체인 기술을 통해 인증을 받아 투명하고 안전하며 추적 가능한 기록을 생성한다. 블록체인은 월마트 등 소매기업이 각 매장에서 제품의 보관 수명을 더 잘 관리하는 데 도움이 될 뿐 아니라, 식품 인증과 관련된 보호 장치를 강화할 수 있다.[33] 한 중국인이 돼지고기를 먹고 배탈이 났다고 가정해보자. 과거에는 돼지고기 유통과정 중 언제 문제가 생겼는지 진상을 파악하기까지 상당한 시일이 소요된다. 그러나 블록체인 기반 시스템을 활용하면 몇 분 만에 왜 돼지고기가 상했는지, 그 원인을 찾을 수 있다. 공급·검수·유통과정에 대한 정보가 모두 블록체인으로 동시에 관리되기 때문이다.

중국 중안보험 계열사인 중안커지衆安科技는 닭 사육과정을 추적·관리하는 '블록체인 솔루션'을 개발해 주목을 끌고 있다. 블록체인은 위조가 불가능한 기술적 특성으로 인해 병아리에서 닭으로 성장하는 과정, 가공과 물류과정에서 발생하는 모든 데이터를 단계별로 기록한다. 중국인들의 닭고기 소비량은 연간 50억 마리에 달한다. 닭 한 마리가 식탁에 오르려면 수천 킬로미터의 이동과정과 수개월의 사육과정을 거친다. 이 과정에서 블록체인 기술은 닭고기의 생산이력정보를 담은 '신분증' 역할을 하게 된다.[34]

콜드체인 시장 급성장에 대응하기 위한 블록체인 전문기업의 활약도 주목할 만하다. 샌프란시스코 소재 블록체인 스타트업 크로니클드Chronicled는 사물인터넷과 블록체인 기술을 결합한 콜드체인 모니터링Cold Chain Monitoring 서비스를 패키지로 제공한다. 특정 상품이나 케이스, 컨테이너 등에 NFC나 BLE 기반 온도 측정기록기Temperature Logger를 부착하면, 측정 데이터가 실시간으로 모바일 또는 게이트웨이로 전송된다. 모든 센서 데이터는 안전하게 블록에 저장되고 모바일 앱으로 관리할 수 있다. 크로니클드는 스마트 컨트랙트 기반으로 공급가치사슬 컴플라이언스(Compliance: 공정 거래, 준법 감시, 규제 준수 등을 위한 내부통제 시스템) 솔루션도 제공하며, 글로벌 메이저 ERP 또는 SCM 솔루션과의 시스템 통합 기능도 포함되어 있다.

콜드체인 신선도 관리기술 개발은 아직도 현재진행형이다. 온습도 이외에도 미생물 번식, 가스, 물리적 충격 등 식품의 신선도를 측정, 모니터링하는 다양한 보급형 센서들이 개발되고 있다. 다양한 센서가 사물인터넷망으로 연결되고 블록체인으로 저장 관리되며 데이터 분석기술로 모니터링과 예측이 가능해질 때, 식품 안전과 유통 효율화를 위한 푸드테크FoodTech의 진면목이 드러날 것이다.

글로벌 항만 물류 혁신의 돌파구

신뢰성, 투명성을 장점으로 내세운 블록체인이 어떻게 글로벌 물류 혁신의 돌파구가 될 수 있을까? 물류산업에서는 다양한 이해관계자들 간의 손바뀜이 빈번하다. 따라서 각 참여자들 사이의 단계별 거래 신뢰성을 보장하기 위해 중개인의 개입이 요구되고, 이로 인해 많은 시간이 소요될 수밖에 없다. 계약 관련 서류의 오프라인 유통 역시 복잡한 절차를 요구한다. 블록체인은 이러한 현 상황을 개선할 수 있는 해결책이 될 수 있을 것인가?

화물이 해상운송을 통해 화주로부터 고객에게 도착하기까지는 많은 단계를 거친다. 물류 처리 과정에서 송·수화주, 포워더, 선사, 운송사, 통관사, 은행 등 다양한 이해관계자가 존재한다. 이 과정에서 선하증권, 신용장, 화물인도지시서 등의 서류가 유통되는데, 여전히 종이서류 원본은 국제우편을 통해 전달된다. 또한 물류 정보가 디지털화돼 있지 않기 때문에 운송단계별 화물 상태를 확인할 수 없고, 이로 인해 화물의 파손이나 손실이 발생할 경우 책임 소재를 명확히 밝혀내기 어렵다. 다양한 이해관계자들 간 계약을 보증하고 화물 정보와 관련 서류를 공유하는 것도 고비용 구조로 이루어지고 있다.

이러한 문제점을 해결하기 위해 사물인터넷과 블록체인이 손을 잡았다. 사물인터넷 기술로 화물의 위치 정보와 냉장 컨테이너의 온습도 정보 등이 수집될 수 있는 환경이 갖춰지고 있다. 그리고 블록체인 네트워크를 기반으로 이해관계자 간 다양한 센서 데이터와 디지털화된 물류 관련 서류들이 안전하게 공유된다. 즉, 블록체인 기반 컨테이너 물류관리 시스템이 서서히 고개를 내밀고 있다. 물류업계에서는 블록체인 물류 시스템으로 컨테이너 물류 서비스의 가시성Visibility과 투명성을 높이고 비용 절감 효과를 거둘 수 있을 것으로 기대하고 있다.

전 세계 컨테이너 물류의 20% 정도를 차지하는 머스크라인Maersk Line과 IBM은 2015년 12월부터 오프라인 문서를 디지털화하기 위해 협업을 시작했다. 하나의 컨테이너를 동아프리카에서 유럽으로 해상운송하는 데는 30개 이상의 기관과 200개 이상의 문서 처리 과정이 필요하다. 블록체인이 이 과정을 혁신적으로 단축한다. 컨테이너가 이동하는 과정상의 모든 참여자를 대상으로 분산형 거래 장부를 설치해 컨테이너의 이동 경로를 실시간으로 추적하고 공유한다. 과거에는 수작업과 문서를 통해 이를 수행했지만, 블록체인 기술을 활용하면 저비용으로 조작 없이 컨테이너별 실시간 경로와 과거 이동경로를 파악할 수 있다.

2016년 9월 머스크라인은 IBM과 함께 케냐의 몸바사에서 네덜란드의 암스테르담으로 보내는 꽃을 실은 컨테이너를 추적하는 PoC 프로젝트를 진행했다. 이후 양사는 프랑스 리옹에 있는 공장에서 슈나이더 일렉트릭Schneider Electric의 화물을 실어 네덜란드의 암스테르담으로 트럭으로 운송한 후 해상으로 미국 뉴어크의 항구로 운송해 슈나이더 일렉트릭의 창고로 배송하는 과정을 테스트했다. 이 프로젝트에는 네덜란드 관세청과 미국의 국토안보부 세관과 국경보호부도 참여했다.

성공적인 PoC 결과에 힘입어 머스크라인은 IBM의 인공지능 왓슨Watson 기반 블록체인 기술을 컨테이너 화물 추적 시스템에 본격적으로 적용하겠다고 밝혔다. 케냐의 '꽃', 캘리포니아의 '오렌지', 콜롬비아의 '파인애플' 등 유통기한이 짧은 상품을 신속하게 운송하는 데 우선 활용된다. 월마트를 포함해 수백여 기업이 참여할 예정이다. 모든 물류 운송에 적용하기 위해서는 국가별 관세당국과의 수많은 협의와 시간이 필요하겠지만 벌써부터 새로운 돌풍이 일고 있음은 분명하다.

국내에서도 블록체인 기반의 물류 혁신 프로젝트가 진행 중이다. SK㈜ C&C에서는 2017년 5월 글로벌 물류사의 한국발 상해착 컨테이너 화물을 대상으로 '글로벌 블록체인 물류 서비스' PoC를 성공적으로 마치고 전체 프로세스를 기획하고 있다. 또한 해양수산부, 관세청, 현대상선, 부산항만공사, 인천항만공사, 삼성SDS 등 국내 물류 및 IT서비스 기업, 정부부처, 국책연구기관 등 수십여 개 기관들이 모인 '해운물류 블록체인 컨소시엄'도 결성됐다. 사물인터넷 기술과 블록체인 기술을 적용한 물류 서비스는 이제 송·수화주, 포워더, 선사, 은행, 보험, 세관, 항만청, 터미널 운영사 등 컨테이너 물류 사업의 참여자들에게 오류 가능성 축소와 효율성 개선의 기회를 제공한다.

이해관계자 간 화물의 위치나 상태정보가 실시간으로 공유되기 때문에 운송구간별, 업체별 별도의 시스템을 통해 확인해야 하는 번거로움을 줄인다. 생산 단계에서부터 가공, 그리고 보관·운송 이력이 블록체인으로 투명하게 관리되므로 유통과정에서의 원산지 조작, 제조 및 유통기한 변경, 허위광고가 불가능하다. 그리고 선하증권, 신용장 등의 각종 문서가 디지털로 유통됨으로써 서류작업에 드는 시간과 비용이 줄어든다. 암호화를 통한 보안성 강화도 이루어진다.

블록체인은 견고한 콘크리트로 막혀있는 벽을 투명한 유리로 바꾸는 기술과 같다. 기존에 업무 프로세스 각 단계마다 무결성에 대한 검증을 위해 투입됐던 리소스를 획기적으로 절감한다. 또한 분산원장의 투명성으로 비즈니스에서 의도된 정보의 왜곡이나 차단이 훨씬 어려워지므로 신뢰 관계가 견고해진다.

공공기관 입장에서는 통계지표관리 방식을 개선할 수 있는 기회가 생긴다. 현재 집계되고 있는 선사별 컨테이너 물동량, 국가별 컨테이너 물동량, 선사별, 국가별 화종 컨테이너 물동량 데이터 수집과 분석 체계가 개선되고, 데이터의 신뢰성, 신속성을 확보함으로써 항만 정책의 적시성도 강화될 수 있다.

항만물류산업 전반으로 블록체인의 범위가 계속 확장돼감에 따라 더 많은 업계가 신뢰를 담보로 한 혁신에 파괴적인 영향력을 체감할 것으로 예상된다. 언젠가는 블록체인으로 기존 물류 플랫폼 그 자체를 뛰어넘는 날이 올 수도 있다. 이미 동유럽에서는 화물업계의 우버라 불리며 P2P로 화주와 포워더를 연결시켜주는 'A2B 다이렉트A2B Direct'라는 혁신적인 스타트업도 등장했다. A2B 다이렉트는 ICO를 통해 확보한 자금으로 서비스를 확장하고 있다. A2B 다이렉트는 머지 않아 화주나 물류업체가 특정 플랫폼에 의존하지 않고 거래 데이터의 실시간 모니터링뿐만 아니라 계약 관리, 계약 이행 후 암호화폐를 통한 지급결제까지 지원하게 될 것이다. 즉 블록체인은 물류 플랫폼 없이 새로운 방식의 거래를 만들어내는 게임 체인저가 될 수 있다. 앞으로 글로벌 물류 시장의 더 많은 이해관계자들이 블록체인으로 연대함으로써, 전 세계가 동시에 공유할 수 있는 거대한 블록체인 물류 네트워크 시대가 올 것이다.[35]

헬스케어 산업의 지도를 바꾸다

블록체인 기술은 어떻게 건강·의료 데이터 공유를 손쉽게 하고 새로운 가치를 만듦으로써 궁극적으로 헬스케어 산업의 혁신을 만들 수 있을까?

헬스케어 산업의 가장 큰 어려움은 개인의 건강·의료 데이터를 어디에 저장하고 다른 기관들이 그 데이터에 어떻게 접근할 수 있는지 제반 원칙에 대한 사회적 합의가 쉽지 않다는 데 있다. 예를 들면, 환자의 '의무기록Medical Record'은 환자의 소유임에도 헬스케어 서비스 제공자는 치료 기록을 자기들의 자산으로 여겨 타 기관과의 공유를 선호하지 않는다. 최근 몇 년 동안 대표적인 '헬스케어 정보기술Healthcare Information Technology; HIT'인 '전자의무기록Eletronic Medical Record; EMR' 도입이 확산되고 있으나, 의료기관 간 진료정보교류를 통한 '전자건강기록Electronic Health Record; EHR' 구축은 아직도 초기 상태에 머물러 있다.

건강, 의료, 치료 데이터 수집과 저장, 그리고 공유와 분석이 지금보다 폭넓게 이루어진다면, 건강한 삶을 도와주는 웰니스 서비스 시장은 폭발적으로 성장할 것이다. 특히 진료 데이터를 보유한 국민건강보험공단과 같은 공공기관과 민간의 웰니스 서비스 사업자 간에 데이터 협력이 이루어지면 새로운 가치를 창출할 수 있는데도 개인정보 보호와 보안에 대한 논쟁이 끊임없이 이어지고 있는 상황이다.

블록체인은 과연 이 문제에 대한 해결책이 될 수 있을까? 분산 원장은 거래를 안전하게 기록하고 투명하게 관리할 수 있다는 장점이 있다. 암호화 접근 방식은 원장 내 누가 무엇을 할 수 있는지에 대한 권한을 주는 서명과 키를 사용한다. 데이터가 손상되거나 위·변조되지 않고 명확하게 기록되는 것을 보장하고, 누가 데이터에 접근할 수 있는지에 대해 권한을 관리할 수 있으며, 개인 건강·의료 데이터 거래의 위험 요소를 관리할 수 있다.

블록체인이 적용된다면 환자는 타 기관에 자신의 데이터가 넘어가는 것을 거부할 수 있고, 공유 시에는 어떤 기관에 어떤 정보가 이전되고 있는지 추적할 수 있다. 데이터를 세부 구성요소로 분리하고 각 요소별로 접근 권한을 부여한다면 과도한 데이터 공유로 인한 리스크도 최소화할 수 있다. 블록체인은 데이터 주권을 개인에게 되돌려줌으로써 개인정보를 공유할지 스스로 선택하도록 한다. 이러한 데이터 공유는 예방을 위한 건강관리와 맞춤형 의료 서비스의 품질을 대폭 향상시킨다.

직장 단체보험을 예로 들어보자. 직원의 프라이버시에 영향을 줄 수 있는 질병과 치료에 대한 데이터는 그 기업의 고용주에게는 공유되지 않도록 하되, 보험사와 병원에서는 각각 보험금 지급과 치료를 목적으로 해당 직원의 과거와 현재 데이터에 접근할 수 있게 된다. 이 경우 데이터는 개인이 스마트폰이나 헬스밴드 등으로부터 수집되는 각종 건강 데이터를 포함할 수 있다. 의료·치료 데이터뿐만 아니라 하루 걸음수, 걸음걸이 자세, 칼로리 소모량, 심박수, 수면 주기 등 생활건강 데이터도 유용하다.

또한 개인·환자는 데이터 공유 허용 또는 거절에 대한 의사결정을 내리기 위해, 각 헬스케어 서비스 제공 사업자와 블록체인 노드로 연결된 병원들이 개인의 데이터를 어떻게 활용하게 될지 확인할 수 있어야 한다. 특히 민감한 데이터를 공유받게 되는 모든 노드 참여자들은 스마트 컨트랙트를 통해 모든 계약 이행 조건들을 준수해야 하며, 위반 시에는 스마트 컨트랙트에 의거한 페널티를 부과받게 된다. 자신의 데이터가 안전하게 관리되고 그 결과로 인해 자신이 더 좋은 건강관리 서비스를 제공받을 수 있다면, 데이터 공유에 대한 선호도 역시 증가할 수 있다. 건강·의료 데이터를 둘러싼 '인포메이션 거버넌스Information Governance'는 지속적으로 중요성을 더해갈 전망이다.

구글의 자회사 딥마인드는 환자 데이터 수집 관련 논란을 완화하기 위해 블록체인 기술을 도입한다. 환자 데이터가 언제 어떻게 이용되는지 철저하게 기록해 사람들의 불안을 잠재우기 위해서다. 딥마인드 헬스케어에 도입된 블록체인 기술은 '입증 가능한 데이터 검사Verifiable Data Audit'로 불린다. 딥마인드는 의학 기록이 안전하게 보관되고 투명하게 관리되고 있다는 사실을 입증하는 것이 목표다. 데이터가 언제, 어느 목적으로 사용됐는지 장부에 기록되기 때문에 딥마인드가 병원 데이터에 접근할 경우에도 빠짐없이 그 내역이 기록된다. 데이터는 암호화돼 기록되고 권한을 부여받은 전문가만 데이터를 확인할 수 있다.[36]

미국의 '보건복지부Department of Health and Human Services; HHS'는 보건과 복지 개선 노력 차원에서 블록체인 기술을 검토한다. HHS는 점차 복잡하고 다양해지는 의료 기록의 안전하고 투명한 관리와 효율적인 교환·거래를 지원하기 위해 블록체인을 도입하고자 한다. HHS에서는 2016년 '블록체인 챌린지Blockchain Challenge' 콘테스트를 개최하고 블록체인을 이용한 의료 정보 보호, 관리, 교환 등에 대한 아이디어를 공모했다. HHS의 'ONCHIT(Office of the National Coordinator for Health Information Technology)'에서는 70개 이상의 제안서 중에서 딜로이트, 액센추어, IBM 등과 같은 컨설팅 기업과 MIT 미디어랩 등 기관에서 제안한 15개의 프로젝트를 선정했다. 여기에는 블록체인을 활용한 건강정보교류 네트워크 프로젝트가 다수 포함되어 있다.[37]

또한 미국의 버클리 대학교와 블록체인 전문기업 비트마크Bitmark 에서는 개인들이 공공 건강의 향상을 목적으로 각자의 데이터를 기증하게 하는 방안을 추진한다. 비트마크가 개발한 솔루션은 개개인에게 각 데이터 소유권을 부여하고 해당 데이터 공유 기능을 제공한다. 비트마크 솔루션은 개인의 소유 이력과 이전 이력을 영구적으로 기록하기 때문에 데이터 진위 여부 파악과 해당 디지털 자산의 접근을 위한 안전 장치가 된다. 이 서비스를 통해 참여자들은 자신의 건강 데이터가 어디에, 어떻게 사용되는지 알 수 있으며, 이러한 과정에서 해당 데이터에 대한 출처와 이용 동의 여부를 확인할 수 있다.

아직까지는 건강·의료 기록이 블록체인으로 공유되기 위해 넘어야 할 산이 많다. 기존 전자의무기록·전자건강기록 솔루션 벤더들이 블록체인을 지원하는 서비스 클라이언트를 개발하는 것이 우선이다. 블록체인 기반의 '개인건강기록Personal Health Record; PHR' 솔루션 보급도 요구된다. 그럼에도 먼 미래의 일은 아니다. 환자가 자신의 건강·의료 기록을 웨어러블 디바이스를 통해 업로드하고 특정 의료 기관의 전자건강기록 시스템으로 전달하는 것은 기술적으로 어려운 일이 전혀 아니다. 블록체인 기술로 환자, 병원, 헬스케어 서비스 사업자 간 개인의 건강정보 공유가 확대되면 맞춤형 건강관리 및 치료를 위한 디지털 헬스케어 시장이 본격화될 수 있다. 나아가 머신러닝과 사물인터넷이 헬스케어 빅데이터 분석을 위한 기본 인프라 기술로 구축되면 블록체인은 데이터 무결성 보장을 통해 모든 데이터가 안전하게 저장되고 적절하게 사용되는 것을 지원하는 가장 효과적인 솔루션이 된다. 블록체인의 미래에 대해 더 많은 확신이 생긴다면, 수년 내 블록체인 기술과 지능정보기술은 과거와는 다른 데이터 통찰력을 제공하고 고품질의 환자 케어를 보장하는 강력한 발전소로 자리 잡을 것이다.

콘텐츠 산업의 지각 변동, 배급사가 사라진다

디지털 기술의 확산으로 음악의 소비 방식이 '음반'에서 '음원'으로 바뀐 지 오래다. 기존 음반사 외에도 실시간 음악 스트리밍 사업자가 새로운 중개자의 자리를 차지함에 따라 크리에이터들의 수익 배분 비율은 오히려 감소하고 있다. 영상 콘텐츠 또는 게임 유통 시장에서도 급격한 디지털화가 진행됨에 따라 주도권 변화가 가속화되고 있다. 이에 덧붙여 블록체인은 격동하는 콘텐츠 산업에 어떤 영향을 미칠 것인가?

먼저 음원 시장을 보자. 수익의 불균형이 지속됨에 따라 새로운 디지털 기술을 활용해 기존 음원 유통 시장의 질서에서 벗어나기 위한 뮤지션들의 시도가 늘어나고 있다. 대중성 있는 일부 뮤지션들은 음원 스트리밍에서의 앨범 독점 공개를 통해 기존 배급사들의 지배력에서 벗어나고자 한다. 미국의 유명 뮤지션인 프랭크 오션Frank Ocean은 독자적인 레이블 설립 후, 음원 스트리밍 서비스인 애플 뮤직Apple Music과 직접 계약을 맺고 해당 서비스에서 앨범을 독점 공개했다. 프랭크 오션은 음원 수익의 70% 이상을 가져갔는데, 예전 음반사 소속 시 받았던 14% 수준의 배분율에 비하면 급격한 상승인 셈이다. 물론 아직은 프랭크 오션처럼 대규모 흥행력을 담보로 스트리밍 서비스 사업자와 협상해 배급사의 지배력에서 벗어날 수 있는 뮤지션은 한정되어 있다.

블록체인 기술을 활용해 디지털 음원 유통구조를 재편하려는 시도들이 최근 등장하고 있다. 특히 저작권 배분과 정산의 투명성을 원활하게 보장하는 블록체인의 특장점에 관심이 쏠리고 있다. 음원 유통시장에 블록체인을 도입하는 구조는 간단하다. 분산된 서버에 음원을 등록한다. 각 음원에는 개별 코드가 삽입된다. 누군가 암호화된 통화를 사용해 음원을 내려받으면 이 음원에 대한 사용료는 작곡가와 프로듀서, 가수 등 참여자에게 자동 이체된다. 거래과정에서 음원 유통사가 개입할 공간은 없다. 거래정보도 구성원 모두에게 기록돼 투명하다. 음원 유통사의 중앙 서버가 아닌 블록체인으로 구성원 간 네트워크를 구축하기 때문에 가능한 구조다.

블록체인을 활용한 대표적인 음악 스타트업 '유조 뮤직Ujo Music'은 디지털 콘텐츠에 대한 저작권 관리에 블록체인 기술을 활용한다. 유조 뮤직은 작업자가 등록한 음원에 저작권 코드를 부여하고, 소비자가 암호화폐 이더Ether로 결제해 다운로드를 받으면 자동으로 음원 저작권자에게 판매 수익이 돌아가는 시스템이다. 판매 대금 역시 이더로 지급된다. 이처럼 무분별한 복제·유통 등 콘텐츠 저작권 침해 문제에 대해 획기적인 해결방안을 찾지 못하고 있었던 만큼 저작권 관리 플랫폼에 대한 창작자들의 관심이 커지고 있다.

블록체인을 통한 디지털 콘텐츠 유통의 주도권 변화 가능성을 보여준 주역은 영국의 싱어송라이터 이모젠 힙Imogen Heap이다. 이모젠 힙은 수년간 음악을 창작하면서도 공평한 대가를 받기 힘들다는 불만을 가졌고, 이를 개선하고자 신곡 〈Tiny Human〉을 유조 뮤직에 공개한다. 스트리밍 또는 다운로드 시 저작권 유형별로 가격을 구분하고, 정해진 수익 배분 규칙대로 작곡가, 프로듀서, 가

수 등에게 자동으로 정산한다. 배급사라는 중개자 없이 크리에이터 자신이 만든 음악을 소비자에게 직접 판매한다는 것은 새로운 시도다.[38]

그렇다면, 블록체인은 과연 콘텐츠 산업에서의 파괴적 혁신 동력이 될 수 있을까? 미국의 버클리 음대는 최근 저작권료 지급 시스템을 블록체인을 기반으로 구축하겠다는 계획을 발표하기도 했고, 캐쉬코인Kashcoin과 피어트랙스PeerTracks 같은 스타트업들도 별도의 중개 사이트가 필요 없는 온라인 음원 거래 시스템을 공개했다.

콘텐츠 산업의 변화는 음원 시장에 국한되지 않는다. 블록체인 기술은 지적재산권을 포함한 디지털 콘텐츠의 전 영역에 적용된다. 블록체인은 거래의 투명성, 불가역성 및 저비용 구조라는 특성으로 창조적 콘텐츠와 지적 재산을 등록하고 보호하기 위한 최적의 플랫폼이다. 특정 작품의 저작권을 주장하기 위해서는 해당 작품이 언제 만들어졌고, 누가 만들었는지 객관적으로 입증해야 하기 때문에 저작권법에 따라 해당 기관에 저작권을 등록해야 한다. 그러나 블록체인을 활용하면 제3자는 불필요하다. 자신의 작품을 디지털로 변환하고 크리에이터의 정보를 입력한 후 블록체인에 저장해 저작권을 증명할 수 있다.

블록체인 전문기업 '블록체인 랩스Blockchain Labs'에서는 개인이나 기업이 자신들의 지적재산권을 이더리움 블록체인에 등록할 수 있는 서비스인 '프라이어씽스PriorThings'를 운영한다. 지적재산권을 보호받을 수 있는 것이라면 무엇이든 블록체인에 기록될 수 있다. 프라이어씽스는 고객들이 자신의 지적재산 또는 창작물 등을 일련의 디지털 자산 묶음으로 모을 수 있도록 지원한다. 그리고 디지털 자산에 대한 해시값을 생성해 해당 데이터를 블록체인에 등록한다. 이후 고객이 저작물에 대한 소유권을 주장하기 위해서는 각각의 파일을 블록체인에 저장되어 있는 '디지털 지문Fingerprint'과 비교하기만 하면 된다. 물론 아직까지 프라이어씽스는 저작권 또는 특허 프로세스에 대해 대체재가 아닌 보완재 역할로서 기능한다.

또한 디지털 콘텐츠의 제반 메타 데이터가 블록으로 기록된다면 콘텐츠 검색 효율성도 강화된다. 검색은 궁극적으로 소비로 연결된다. 블록체인 기반 디지털 콘텐츠 유통 플랫폼은 콘텐츠 판매 기회 확대를 위해 메타 데이터 관리에 대한 투자를 더욱 강화할 것이다.

콘텐츠에 블록체인을 적용하면 중개자의 개입을 막는 것뿐 아니라, 지식재산권의 불법 유통 방지에도 기여한다. 블록체인이 적용된 콘텐츠를 특정 사용자가 다운로드받을 경우 그에 대한 거래 기록은 스마트 컨트랙트를 통해 해당 콘텐츠 제작에 기여한 모든 이해관계자에게 자동으로 전달된다. 이를 통해 콘텐츠 크리에이터들은 자신이 제작한 콘텐츠에 대한 소유권을 보호받을 수 있을 뿐만 아니라, 음원의 거래 기록을 추적해 불법 다운로드 등의 해적 행위도 근절할 수 있다.

호주의 블록체인 전문기업 베레딕텀Veredictum은 영화와 TV 콘텐츠의 불법 복제가 불가능한 영상 유통 플랫폼을 개발하고 있다. 이 플랫폼에서는 저작권을 침해한 경우 블록체인에 기록된 데이터를 근거로 추적이 가능하므로, '해적판' 추적과 소탕에 기여할 수 있을 것이다. 그 밖에도 비트코인과 유사한 '마이닝(Mining: 채굴)' 시스템을 도입한 점이 주목할 만하다. 사용자들이 불법 콘텐츠를 찾아내면 그 대가로 암호화폐를 지급받는 시스템인데 네트워크에 기여한 만큼 보상을 받는 모델이다.

온라인 광고의 허위 노출이나 클릭 수 조작과 같은 고질적인 논란도 막을 수 있다. 모든 거래 참여자들이 승인해야만 실제 광고 노출 실적으로 인정받는 만큼, URL 스푸핑spoofing을 통해 광고 노출을 조작하는 것이 불가능해진다. 누가 광고를 클릭해 보았는지, 정말 원하는 웹 페이지에서 클릭이 이루어졌는지, 광고 프로모션에 따른 실제 구매 전환율이 어느 정도인지 투명하게 파악할 수 있다. 광고주는 가짜 광고 실적을 의심하지 않아도 되고, 퍼블리셔는 정확한 과금과 결제를 기대할 수 있다. 메타XMetaX, 매드하이브MadHive와 같은 사업자들이 이러한 솔루션을 선보이며 시장에 진입하고 있다.[39]

디지털 콘텐츠 산업이 분산형 구조로 전환해갈 때 암호화폐의 역할도 확대된다. 스위스 제네바에 본사를 둔 디센트DECENT는 2017년 6월 창의적 콘텐츠 산업의 민주화를 공언하면서 블록체인 기반 글로벌 미디어 유통 플랫폼을 론칭했다. 디센트는 2016년 11월 이미 ICO를 통해 자금을 조달하면서 콘텐츠를 구매할 수 있는 디센트 고유의 암호화폐인 DCT를 발행했다. 디센트는 분산 네트워크의 머리글자로서 암호화와 보안성, 콘텐츠 유통 시스템, 제3자의 제거, 새로운 온라인 퍼블리싱 방식, 타임스탬프가 찍힌 데이터 기록을 강조한다. 미디어 산업의 투명성과 공성성 확대를 위해 디센트는 콘텐츠 크리에이터가 직접 자신의 디지털 콘텐츠를 판매할 수 있도록 지원한다. 콘텐츠 크리에이터는 자신의 콘텐츠를 업로드할 수 있는데 특정 카테고리에 올리고 간단한 설명을 덧붙일 수 있다. 디센트 네트워크에 퍼블리싱할 수 있는 미디어의 종류에는 제한이 없다. 노래도 가능하고, 책, 논문, 비디오, 소스코드, 그 밖에 어떤 것이든 가능하다. 이러한 유통 채널은 제3자의 영향으로부터 자유롭게 크리에이터가 직접 자신의 지적 재산권과 콘텐츠 가격을 관리할 수 있도록 지원한다.

또한 디센트가 중요하게 생각하는 것은 '평판관리 시스템'이다. 콘텐츠에 대한 사용자들의 평가, 반응, 추천 여부는 다른 사용자들의 콘텐츠 소비에 영향을 미친다. 모든 사용자들은 콘텐츠와 작가를 검색하고, 카테고리별 콘텐츠를 탐색하고 고객평이 좋은 콘텐츠를 구매하고 리뷰글을 올릴 수 있다.[40] 결과적으로 특정 영화나 음원 등에 대한 대중적 평판을 정확하게 기록해 누군가가 의도적으로 조작하는 것을 차단함으로써 가짜 평가, 가짜 뉴스로부터 제작자와 창작자를 보호하고 투자 리스크를 줄이는 데 기여한다.

디센트에 의해 운영되는 '디센트 고DECENT GO'는 블록체인 기반으로 콘텐츠를 유통하는 디지털 마켓플레이스다. '디센트 고'는 온라인 DCT 지갑을 포함하는데 사용자의 DCT 밸런스를 보여주고 제3자에게 특정한 양의 DCT를 이전할 수도 있다. 디센트 네트워크가 차세대 디지털 콘텐츠 분산형 유통 플랫폼으로 성장할수록 DCT의 가치 또한 지속적으로 커진다.

블록체인 기술이 콘텐츠 산업에 대한 파괴력을 더해갈수록 경쟁에서 주도권을 확보하기 위해 스트리밍 서비스 사업자와 블록체인 전문기업 간 전략적 파트너십도 확대되고 있다. 2017년 4월 세계 최대 음악 스트리밍 서비스 사업자인 스포티파이Spotify가 브루클린에 위치한 블록체인 전문 기업 '미디어체인 랩스Mediachain Labs'를 전격 인수했다. 미디어체인 랩스는 콘텐츠 분산 애플리케이션의 새 시대를 열어갈 수 있는 메타 데이터로서의 '공유 기반 오픈 데이터 레이어Shared Open Data Layer'를 개발한 기업이다. 미디어체인 랩스는 블록체인 기술을 활용해 창작물과 관련한 메타 데이터 프로토콜을 공유하고, 콘텐츠 크리에이터와 제작사, 참여 개발자 등에게 투명하고 공정한 보상이 이뤄지도록 돕는 기술을 보유하고 있다.[41]

콘텐츠 산업의 주도권이 전통적 배급사에서 스트리밍 서비스 사업자로, 다시 블록체인 기반 분산 유통 플랫폼 사업자로 이전될수록 각 가치사슬의 선도 사업자 간 M&A는 더욱더 확대될 것이다. 콘텐츠 산업의 대지각변동은 이제 시작이다.

5장

디지털 정부에
블록체인 코드를 심어라

두바이는 왜 블록체인을 디지털 국가전략으로 채택했는가

'블록체인 정부Blockchain Government'는 무엇을 지향하며 어떤 과정을 통해 실현될 것인가? 블록체인 정부는 블록체인 기술을 활용해 전통적 행정 서비스를 더 효율적이고 개인화된 방식으로 제공하는 것을 지향한다. 무엇보다도 공공의 비효율적인 관행을 극복하는 데 우선적으로 블록체인 기술이 적용된다.

특히 블록체인을 선도적으로 검토하는 국가에서는 오프라인 종이문서의 디지털화가 최우선 과제다. 블록체인은 현재와 미래에 활용될 모든 공공 서류와 기록물을 디지털로 전환하는 것을 관리하는 시스템이자 최적의 운영 메커니즘이기 때문이다.[42] 중동의 혁신도시 두바이 역시 마찬가지다. 두바이는 왜 그리고 어떻게 블록체인 정부를 실현하고자 하는지 살펴보자.

인구 270만 명의 두바이는 매우 특별한 도시 국가다. 두바이는 아랍에미리트연합UAE의 총리이자 두바이의 집권자인 셰이크 모하메드 빈 라시드 알 막툼Sheikh Mohammed bin Rasid Al Maktoum의 강력한 추진력으로 세계 유일의 7성 호텔인 '부르즈 알 아랍Burj Al Arab', 828m 높이의 '부르즈 할리파Burj Khalifa', 야자수 모양의 인공 섬 '팜 아일랜드Palm Island' 등에 이르기까지 수많은 기념비적 건축물을 완공함으로써 세계적인 여행지가 된 지 오래다.

두바이는 이미 중동의 관문이자 비즈니스와 금융의 허브로 안착했음에도 이에 머물지 않고 탈오일 경제를 목표로 노력하고 있다.

두바이는 창의적, 혁신적 도시를 이어가기 위해 두바이 미래 아젠다를 제시하는 '두바이미래재단Dubai Future Foundation; DFF'을 운영하고 있다. 두바이미래재단에서는 인공지능·로보틱스, 3D 프린팅, 자율교통 인프라, 드론 등 총 10개의 이니셔티브 프로그램을 추진한다. 그리고 2016년 2월 재단 내 '글로벌 블록체인 협의회Global Blockchain Council' 설립을 통해 스마트 두바이 이니셔티브를 확대하고 있다. 협의회는 공공, 민간 부문 47개 회원으로 구성되며 건강기록, 다이아몬드 거래, 소유권 이전, 사업자 등록, 디지털 유언digital wills, 관광 계약 및 운송 등을 다루는 7개의 블록체인 PoC 사업을 추진한다.[43]

또한 2016년 10월, 두바이의 왕세자 셰이크 함단 빈 모하메드 알 막툼Sheik Hamdan bin Mohammed Al Maktoum은 두바이미래재단과 스마트 두바이 오피스Smart Dubai Office; SDO의 협력 작업의 결과물인 두바이 블록체인 전략을 발표했는데 두바이 블록체인 전략은 정부 효율성 제고, 신산업 창출, 그리고 국제적 리더십 확보라는 큰 축으로 구성된다. 첫 번째 전략은 서류 없는Paperless 정부의 완성이다. 비자 신청부터 세금 납부, 라이선스 갱신 등 모든 서류가 디지털로 대체되고 블록체인을 통해 안전하게 관리됨으로써 연간 55억 달러의 예산이 절감된다.

두 번째는 블록체인 기술을 활용해 부동산, 금융, 헬스케어, 교통, 도시계획, 스마트 에너지, 디지털 커머스, 관광 등 제반 산업의 혁신을 지원함으로써 다양한 비즈니스 기회를 만들겠다는 전략이다.

마지막으로 글로벌 비즈니스와 관광의 허브로서 필수적인 블록체인 솔루션을 구축하겠다는 전략이다. 비즈니스 또는 관광 목적으로 두바이를 방문하는 여행객들은 여권 확인, 출입국 심사, 차량 렌탈 등 모든 서비스를 빠르고 간편하게 이용할 수 있도록 할 계획이며, 이 프로그램들은 '글로벌 트러스트 네트워크Global Trust Network'를 통해 유럽, 북미, 아시아 지역과 연계될 예정이다.[44]

이어 2017년 3월, 두바이 정부 스마트 두바이 오피스에서는 IBM을 블록체인 전략 파트너로 발표하고 컨센시스ConsenSys를 자문 기업으로 선정한 후 본격적으로 블록체인 시범사업을 발굴하고 세부계획을 실행하고 있다. 특히 IBM은 두바이 정부의 수출입 물품 추적 효율을 향상하기 위한 솔루션을 제공하며 두바이 세관, 무역 센터Dubai Trade, 무역 관련 회사들에 물건 상태에 대한 실시간 정보와 배송 상황 정보를 제공하는 파일럿 프로젝트를 추진한다.

두바이에서는 헬스케어부터 물류, 금융산업 등에 이르기까지 전 산업별로 파일럿 프로젝트를 진행하고 있는데 헬스케어 영역에서는 글로벌 블록체인 협의회 멤버인 두바이 통신사업자 두Du가 선도적으로 추진 중이다. 두Du는 UAE의 대표적인 의료기관인 NMC 헬스케어NMC Healthcare와 파트너십을 맺고 블록체인 기술을 활용한 '전자건강기록Electronic Health Record' 파일럿 프로젝트에 도전한다. 수작업으로 작성되던 헬스케어 기록 과정이 크게 단축되고 의료진들은 진찰과 치료 등 본업에 더욱 집중할 수 있게 된다. 궁극적으로 블록체인은 의료자원의 남용을 막고 의료비용을 낮출 수 있을 것으로 기대된다.[45]

두바이는 2017년 6월 영국의 블록체인 전문기업인 '오브젝트 테크ObjectTech'와 파트너십을 맺고 두바이 국제공항에 블록체인과 생체인식 기술을 적용한 최첨단 서비스를 제공할 계획이다. 여행객들은 비행기에서 하차 후 짧은 거리의 '생체 인식 통로Biometric Corridor'를 지나게 되는데, 이 과정에서 3D 스캔으로 얼굴을 인식하고 디지털 여권과 대조하는 방식으로 심사를 마치게 된다. 매월 두바이를 방문하는 수천만 명의 여행객들이 여권 등 물리적인 서류를 들고 길게 줄을 서서 출입국 심사를 받는 번거로움이 사라진다.

중동의 금융 허브라는 위상에 걸맞게 금융산업 분야에서도 블록체인 베스트 프랙티스를 만들기 위한 노력이 활발히 전개되고 있다. 2017년 4월, 스마트 두바이 오피스는 '아반자 솔루션즈Avanza Solutions'와 전략적 파트너십을 맺고 블록체인 결제 플랫폼 구축을 위한 양해각서를 체결했다. 아반자 솔루션즈는 2020년까지 모든 거래를 블록체인 기반으로 처리하는 세계 첫 정부로 탈바꿈하려는 두바이의 비전을 지원한다. 아반자 솔루션즈에서는 자체 개발한 블록체인 플랫폼인 '사이퍼Cipher'를 '두바이페이DubaiPay' 페이먼트 플랫폼에 적용함으로써 즉각적이고 안전한 조정과 정산 기능이 이루어질 수 있도록 할 예정이다. 파일럿 프로젝트에는 두바이 정부와 두바이 최대 뱅킹 그룹인 에미레이트 NBD(Emirates NBD)가 참여하고 있다.

또한 에미레이트 NBD는 수표의 진품 확인을 손쉽게 하고 잠재적인 사기를 막기 위해 블록체인 기술을 채택하기로 하고, '체크 체인Cheque Chain' 프로젝트를 착수한다. 새로 발급되는 수표책cheque book의 모든 공수표에 고유의 QR코드를 인쇄해 넣음으로써 수표 위조를 방지하고자 한다. QR코드로 각 수표를 은행의 블록체인 플랫폼에 등록하게 함으로써 은행 직원들은 수표의 진품 여부를 검증할 수 있고, 소스에 언제든지 접근할 수 있다. '체크 체인Cheque Chain'은 에미레이트 NBD의 수표 정산 시스템에 보안 층을 하나 더 추가하는 것이며, 발행되는 모든 수표는 유일한 QR코드를 통해 은행 시스템으로 검증된다. 체크 체인 프로젝트는 블록체인 기술을 기존 제품과 서비스에 통합하기 위한 출발점으로서 제품과 프로세스 그리고 서비스의 디지털화 기반이 될 것으로 기대되고 있다.

궁극적으로 두바이는 정부 정책과 행정 업무를 대상으로 도시 전 영역과 주요 산업 영역에서 파일럿 프로젝트를 견인함으로써, 민간 기업의 투자를 이끌어내고 글로벌 최고 수준의 전문기업과 인재를 확보함과 동시에, 블록체인 산업의 글로벌 메카가 되기 위한 꿈을 실행해나가고 있다. 두바이의 비전대로 2020년까지 모든 공공문서를 블록체인으로 기록, 관리하는 블록체인 정부가 실현될 수 있을지 예단하기는 어렵지만 두바이의 야심은 그 어느 때보다 높이 평가할 수 있다.

부동산 시장의 게임 체인저

블록체인으로 데이터를 교환하거나 상품과 서비스 가치를 거래하는 방식으로 변화되어감에 따라, 부동산 비즈니스 영역에서도 블록체인 기술 도입에 대한 논의가 활발하다. 블록체인은 어떻게 부동산 시장의 변화를 일으키고 비즈니스 모델의 혁신을 만들어낼 것인가?

블록체인 기술은 우선 크게 세 가지 방향으로 부동산 시장을 바꿀 것으로 예상된다.[46] 먼저 블록체인은 제3의 중개자를 축소하거나 아예 제거할 수 있다. 부동산 거래는 자산 양도에 관련된 다양한 참여자 때문에 기본적으로 느릴 수밖에 없다. 부동산 거래에 개입되는 참여자는 부동산 중개업자, 등기소, 금융기관, 세무기관, 공증기관 등 다양하다. 그리고 부동산 시장의 거래 시스템 자체는 아직까지 상당히 번거롭고 많은 시간이 소요된다. 특히 부동산 비즈니스는 절대적으로 종이 서류에 의존하는 비즈니스다. 수많은 서류 작업과 계약 서명 등 각종 행정 절차도 까다롭다. 부동산 거래는 아직도 아날로그적인 프로세스를 따른다. 거래 성사 직전에 계약당사자 중 어느 한쪽이 계약에서 이탈함으로써 손실을 끼치는 경우가 종종 발생한다.

따라서 블록체인 기술을 통한 전반적인 프로세스 디지털화에 대한 관심이 클 수밖에 없다. 법적으로 요구되는프로세스로 인해 대폭적인 시간 단축이 어렵다고 해도 계약과 관련된 부동산 중개와 공증의 역할은 상당 부분 대체할 수 있다. 등기소 시스템 역시 블록체인 기반으로 재구축될 경우 매매로 인한 소유권 이전등기 역시 간편하게 이루어질 수 있다. 스마트 컨트랙트 플랫폼으로 매수자와 매도자 간 매매계약이 체결되면, 매매계약서, 토지대장·건축물대장등본을 포함해 실거래가신고필증, 인감증명서, 주민등록등본, 국민주택채권 매입증명서 등 이전등기에 필요한 서류들의 디지털 처리가 이루어질 수 있다.

두 번째, 블록체인은 투명한 거래를 보장한다. 블록체인 기반 거래의 전체 내역은 위·변조 없이 보관된다. 매수자와 매도자는 모든 내역을 조회할 수 있으며, 자산이 특정인에게 양도되면 자산의 소유권 역시 즉시 검증 가능하다. 또한 부동산 자산에 대한 보수 공사 내역도 관련 비용과 함께 블록체인으로 기록된다. 매매 관련 재무적 데이터 역시 여러 단계를 거치지 않고 매수·매도자의 금융기관에서 바로 부동산 거래 관련 해당 정부기관으로 전송된다.

부동산 시장에서의 투명성은 부동산 규제 이행 강화를 가져오고 개인의 소유권을 보호하기 때문에 도시민의 삶의 질을 향상시키고 궁극적으로 경제 발전에 기여한다. 거래 투명성과 관리 효율성이 높은 시장일수록 자산가치가 안전하게 유지되기 때문에 높은 투자매력도를 가진다. 즉, 블록체인은 부동산 산업을 혁신할 수 있는 거대한 잠재력을 갖고 있다.

세 번째, 블록체인은 사기 방지에 효과적이다. 부동산 사기는 전 세계 어디서나 심각한 사회 문제가 되기 때문에 거래에 대한 안전 장치를 만드는 데 많은 사회적 비용이 소요되고 있다. 국내 부동산 중개 온라인 사이트에는 중개업자의 악의적인 허위 매물이 자주 등록돼 매물을 확인하기 위해 비효율적인 관리 비용이 발생하고 있는 실정이다.

그러나 만약 블록체인 기술로 검증과 보증의 역할을 효율적으로 수행할 수 있다면 인증 과정을 간소화하고, 소유권 이전 비용을 줄일 수 있다. 미국의 경우 상당수의 부동산 매도자와 매수자는 사기와 문서 위조의 위험성을 낮추고 거래가 중도에 실패하지 않도록 제3자 예탁회사Escrow Company를 통해 검증을 한다. 제3자를 통해 검증하는 수수료는 부동산 자산 가치의 1~2% 수준에 이르기도 한다. 하지만 소유권을 입증하는 데 블록체인 기술을 활용할 수 있다면 주택 보유자들은 소유권을 양도할 경우 거액의 수수료를 내지 않을 수 있다. 즉, 분산원장을 통해 매도자는 제3자의 개입 없이 곧바로 소유권을 매수자에게 이전할 수 있게 된다. 블록체인은 기술적으로 사기와 문서 위조 또는 조작을 어렵게 한다. 특정 토지·건물의 소유권이 내 것임을 블록체인으로 입증하지 않는 한, 부동산 물권의 매물 등록이나 거래가 원천적으로 불가능하다. 블록체인은 속도 및 투명성의 개선과 더불어 문서 조작이나 허위 재산양도 등 사기행위의 위험도 최소한으로 줄일 수 있으며, 결과적으로 블록체인은 부동산 소유권 보유 여부, 양도 관련 검증에 들어가는 비용을 낮추는 데에도 기여한다.

국가 토지대장 구축과 건물 부동산 등기 관리를 위해 블록체인 기술을 도입하는 국가들이 속속 등장하고 있다. 블록체인 기술은 부동산 매매·임대 계약을 지원함으로써 부동산 소유권 투명성을 강화하고 토지 관련 사기를 방지하기 위한 목적으로 활용된다. 스웨덴, 조지아Georgia, 온두라스, 일본 등의 국가들은 이미 파일럿 프로젝트를 거쳐 본격적인 상용화를 눈앞에 두고 있다.

스웨덴은 2017년 6월 블록체인을 이용한 부동산 등록 시스템을 도입함으로써 연 1억 유로를 절감할 수 있을 것으로 기대한다. 최빈국 중 하나인 온두라스에서는 빈곤과 부패로 인해 토지대장 조작과 수탈이 빈번하게 이루어져 왔지만, 2015년부터 정부는 블록체인 전문기업 '팩텀Factom'의 문서관리 솔루션을 통해 블록체인 기반 토지대장을 구축했다. 또한 조지아 공화국은 비트코인 마이닝 장비 전문기업 '비트퓨리 그룹BitFury Group'과 함께 비트코인 블록체인 기반 토지 소유권 등록 파일럿 프로젝트에 이어 토지 소유권 매매, 자산 철거, 모기지, 임대 거래, 공증 서비스 등으로 확대 중이다.[47]

일본은 농지와 산림 지역까지 포함한 토지대장을 블록체인 원장으로 관리하겠다는 계획을 수립하고 2018년부터 본격적인 파일럿을 추진한다. 현재 일본의 법무부는 전국적으로 2억 3천만 개의 구획과 5천만 개의 건물이 등록되어 있다고 추정하는데, 이에 대해 토지와 건물 정보뿐만 아니라 부동산 매매가를 포함한 모든 데이터를 관리하고자 한다.[48]

2017년 국토교통부에서는 '부동산거래 전자계약 시스템'을 시범 오픈 후 운영하고 있다. 부동산거래 전자계약 시스템은 첨단 ICT와 접목, 공인인증·전자서명, 부인방지 기술을 적용해, 종이·인감 없이도 온라인 서명으로 부동산 전자계약을 체결할 수 있도록 지원한다. 또한 실거래신고 및 확정일자 부여를 자동화하며, 거래계약서·확인설명서 등 계약서류를 공인된 문서보관센터에 보관한다.[49] 부동산 전자계약은 기존의 부동산 거래 절차와 동일하나 종이로 작성하던 거래계약서를 컴퓨터, 태블릿PC, 스마트폰 등 전자기기로 작성하는 방식이다. 실거래신고 및 확정일자가 자동 부여되므로 별도로 주민센터를 방문할 필요도 없다. 거래 안전성과 편리성을 대폭 강화하고 인센티브(매매·전세 자금 대출 우대금리, 중개수수료 무이자 할부, 등기수수료 할인 등)까지 제공함으로써 사용자들의 참여를 유도하고 있으므로 단계적으로 활성화될 가능성이 크다. 무엇보다도 부동산거래 전자계약 시스템에 블록체인 기술이 적용되면 자동화 영역이 확대되고 중개자 역할이 최소화되며 금융기관과의 거래 프로세스 통합도 효율적으로 이루어질 것이다.

또한 블록체인 기술과 스마트홈 서비스가 결합될 경우 다양한 주거 서비스가 실현된다. 부동산 임대 계약이 블록체인에서 진행될 경우 임차인으로부터 부동산 보증금과 임대료 지급이 확인되면 디지털 키 위임Key Delegation 과정을 통해 임차인은 스마트폰으로 디지털 도어락을 열 수 있게 된다. 그리고 디지털 키가 임차인에게 위임되는 순간 임대인은 더 이상 출입할 수 없게 된다. 해당 계약에 대한 신뢰는 제3자의 개입이나 계약자 당사자 간 대면 접촉을 통해 이루어지는 것이 아니라 스마트 컨트랙트를 통해 시스템 차원에서 보장된다. 세계적인 숙박 공유경제 서비스 기업 에어비앤비Airbnb는 집주인과 공유 서비스 이용자 간 신뢰를 보장하기 위해 블록체인 기반의 키 위임 서비스를 적용했다. 에어비앤비 이용자는 계약기간 내내 안심하고 자신이 임대한 주거시설을 사용할 수 있다.

블록체인 기술 활용은 부동산 금융업으로도 확대되고 있다. 홍콩 소재 중국은행과 HSBC 등 주요 은행들은 홍콩 모기지Mortgage 평가시스템에 블록체인 기술을 도입한다. 블록체인 기술 기반 모기지 평가시스템은 중국 정부 연구기관과 함께 개발됐으며, 부동산 가치평가사와 은행 여신심사자 간 부동산 가치평가 정보가 공유된다. 시스템 도입을 최종 결정하지 않은 홍콩 소재 다른 은행들도 블록체인 플랫폼을 통한 데이터 공유에 긍정적이다.

현 모기지 평가 시스템은 고객이 모기지 대출을 은행에 신청하면 은행이 부동산 평가사에 모기지 자산 평가를 의뢰하고 그 결과를 바탕으로 심사하는 방식이다. 동일한 부동산을 중복 평가하는 경우가 빈번히 발생하기 때문에 심사 자체에만 적지 않은 일정이 소요된다. 그러나 이번 시스템 도입으로 부동산 평가사와 은행 간의 부동산 가치평가 정보를 블록체인 기술을 통해 공유함으로써 부동산 모기지 심사가 짧은 시간 내 완료될 수 있다. 참여기관들은 시간적, 경제적 비용절감 효과가 클 것으로 기대하고 있다.

블록체인 기반의 혁신적인 부동산 금융 서비스도 등장했다. 암호화폐에 리츠REITs 방식을 응용한 모델이다. 싱가포르의 '레이다오REIDAO'는 실물 부동산 자산을 담보로 이더리움 기반 토큰을 발행하고, 이 토큰으로 부동산 거래를 하는 플랫폼을 운영한다. 토큰의 가치는 실물 부동산 자산에 의존한다. 토큰은 각 부동산에 투자한 소유자·참여자(소액주주)에게 해당되는 지분만큼 발급된다. 일종의 크라우드 세일에 가깝다. 레이다오의 블록체인 플랫폼에 등재되어 있는 모든 자산은 고유한 디지털 토큰 아이디가 부여된다. 모든 토큰 아이디는 담보 자산의 가치만큼의 한도를 갖게 된다. 토큰은 주식처럼 자유롭게 사고 팔 수 있고, 이 토큰의 매매는 해당 자산의 (부분) 매매와 동일한 성격을 갖는다. 특정 자산의 특정량의 토큰을 보유한 만큼 담보 자산으로부디 나오는 수익에 대한 권리가 생기는데, 이것은 임대 수익 또는 자본의 가치상승인 셈이다. 소액투자로 검증된 대형 부동산 투자가 가능해지고, 비교적 안정적인 수익을 올릴 수 있게 된다. 레이다오는 2017년 말레이지아의 수도 쿠알라룸푸르에서 3곳의 대형 빌딩(레지던스 호텔 등)을 대상으로 시범 서비스를 운영한 후 본격적으로 확대할 예정이다.[50]

레이다오와 유사한 모델로 시장에 진입하는 스타트업도 계속 나오고 있다. 부동산 블록체인 플랫폼을 지향하는 스타트업 아틀란트ATLANT도 ICO를 통해 자금을 확보하고 2018년부터 본격적인 서비스를 시작한다. 아틀란트는 '아틀란트 토큰ATL'을 발행하고 이를 통해 토큰화된 부동산 자산을 거래할 수 있도록 한다. 또한 중개자 없는 완벽한 P2P 부동산 렌탈 서비스를 지원함으로써 숙박중개업 시장에 진입하고자 한다.[51] 미국의 스타트업 '렉스REX'는 매물 등록 시 검증과 데이터 갱신에 참여한 이용자들에게 가상화폐 '렉스 토큰'을 지불함으로써 허위 매물을 막고 고품질의 데이터를 구축하는 데 집중하고 있다. 즉, 블록체인 기반의 '부동산 데이터 검증'으로 시장을 뒤흔들고 있다. 수천만 건의 주택정보가 이미 등록됐으며 막대한 데이터를 기반으로 조만간 정식 서비스

를 오픈할 예정이다.[52]

궁극적으로 부동산 시장 경쟁은 신뢰할 만한 데이터 자산 확보와 '금융화Financialization' 모델에 달려 있다. 그리고 암호화폐와 스마트 컨트랙트는 새로운 부동산 비즈니스 모델의 핵심 인프라가 된다. 국내에서도 혁신적인 부동산 비즈니스가 하루빨리 등장하기를 기대해본다.

탄소 배출권 시장을 잡아라

2017년 6월, 미국은 '파리기후협약' 탈퇴를 선언했다. 도널드 트럼프 미국 대통령이 직접 백악관에서 공식적인 탈퇴를 발표했고 전 세계는 충격에 빠졌다. 파리기후협약은 2020년 만료되는 '교토의정서'의 뒤를 잇는 국제환경협정으로 2015년 12월 프랑스 파리에서 체결됐다. 파리기후협약은 온실가스를 줄여서 지구온난화를 막자는 의미에선 교토의정서와 동일하지만, 파리협약 서명국이 195개국에 이르며 2030년까지 서명국들이 감축할 '온실가스 목표량'과 '이행 강제성'을 담고 있는, 의미가 큰 협약이었다.

도널드 트럼프 미국 대통령이 직접 파리기후협약 탈퇴를 선언했음에도, 이에 반기를 든 미국 내 주州가 계속 늘어나고 있다. 탈퇴 선언 이후 워싱턴, 뉴욕, 캘리포니아, 코네티컷과 델라웨어,

하와이, 매사추세츠, 미네소타, 오리건, 로드아일랜드, 버몬트, 버지니아 등 12개 주가 '미국기후동맹'에 합류하고 자체적으로 온실가스 감축 노력을 지속하겠다는 의사를 공식적으로 밝힌 상태다.

미국의 기후변화 전문가 윌리엄 노드하우스William Nordhaus 교수에 따르면, 온실가스라는 해로운 외부효과를 줄이려면 배출에 대한 규제는 필수적이다. "기후변화의 경제학은 간명하다. 우리가 화석연료를 연소시키면 의도치 않게 대기 중에 이산화탄소가 배출돼 잠재적으로 해로운 영향이 무수히 나타난다. 이런 과정을 '외부효과'라고 하는데, 이는 배출을 유발한 사람이 그로 인한 특권에 대한 비용을 지불하지 않고, 해를 입은 사람에 대한 보상이 이루어지지 않는 상황을 말한다. 경제학에서 얻을 수 있는 큰 교훈은, 규제되지 않는 시장은 해로운 외부효과를 효율적으로 처리하지 못한다는 것이다. 이 경우 규제되지 않는 시장에서는 이산화탄소 배출로 인한 외적인 손해에 가격을 매기지 않기 때문에 지나치게 많은 이산화탄소가 양산될 것이다. 지구온난화가 특히 고통스런 외부효과인 이유는 전 지구적으로 진행되는 데다 수십 년에 걸쳐 미래에까지 영향을 미치기 때문이다."[53]

기후변화는 점차적으로 지구에 살고 있는 생명체 전부를 위험에 빠뜨리고 있다. 탄소 절감을 위해 노력하는 정부, 기업, NGO들은 이른바 '탄소 배출권Certified Emission Reduction; CER' 거래가 탄소 배출을 줄이는 데 환경적으로 유효할 뿐만 아니라 경제적으로도 합리적인 방안이라는 점에 대해 동의한다.

탄소 배출권이란 하나의 주체가 일정량의 탄소를 배출할 수 있는 권리를 말한다. 기업이 물건을 생산할 때 어쩔 수 없이 공정과정에서 탄소를 배출하는 경우가 많은데, 하나의 주체가 일정량의 탄소를 배출할 수 있는 권리를 뜻한다. 이때 상대적으로 탄소 배출량이 많은 국가나 기업이 상대적으로 탄소 배출량이 적은 국가나 기업에 돈을 내고 탄소 배출권을 구매할 수 있게 함으로써 국가나 기업 스스로 탄소 배출 절감 노력을 기울이도록 하는 것으로 주식, 채권 같은 유가증권처럼 거래하는 것을 '배출권 거래제'라고 한다.

세계 온실가스 배출권 거래 시장은 2005년 유럽연합EU이 처음 개설한 이후 계속 확대되고 있다. 39개국에서 40조 원 규모의 시장이 만들어졌고, 국내에서는 2015년 1월 온실가스 배출권 거래소를 개장하고 본격적으로 거래를 하고 있다. 정부 허용량보다 온실가스를 적게 배출한 기업은 남는 허용량을 판매하고, 허용량보다 많은 온실가스를 배출한 기업은 초과한 양만큼 배출권을 구입하는 방식으로 거래가 이뤄진다. 국내 시장은 거래도 저조하고 공급량도 적어 배출권 가격이 급등함에 따라 제도적 보완이 요구되는 시점이다.

전 세계 탄소 배출량 1위인 중국은 2017년 전국 단위 탄소 배출권 시장을 연다. 이에 맞춰 IBM은 중국의 블록체인 전문기업인 에너지 블록체인 랩스Energy blockchain Labs와 파트너십을 맺고, 중국의 탄소 배출권 시장을 대상으로 '그린 자산관리 플랫폼'을 제공한다. 기업들은 더 효율적으로 탄소 자산을 생성·관리할 수 있으며 저탄소 배출 기술을 사용할 수 있다. 탄소 시장이 직면한 다양한 문제점은 블록체인으로 해결될 수 있다. 탄소 자산 내역이 블록으로 기록돼 거래가 투명하게 실행되고 스마트 컨트랙트를 통해 자동으로 정산된다. 개별 기업뿐만 아니라 전체 시장 차원에서 협력함으로써 탄소 자산에 대한 개발과 관리의 효율성이 강화된다. 궁극적으로 블록체인 기반의 새로운 시스템을 통해 탄소 자산 개발 비용을 20~30% 절감할 수 있다. 또한 보안성이 뛰어난 블록체인 기술로 탄소배출 절감 시장의 신뢰도 역시 높아진다.

　장기적 관점에서 볼 때 블록체인은 배출권 거래 시스템 전체를 하나의 산업 수준으로 끌어올리게 될 것이다. 효율적인 가격결정 알고리즘으로 실시간으로 자본과 부채를 계산하고, 분산원장에서 탄소 가격이 얼마인지 파악하고 모니터링하며 거래를 실행한다. 기업뿐만 아니라 일반 시민들을 위한 배출권 거래제를 도입하는 것도 실현된다. 스마트홈 또는 빌딩 에너지 관리 시스템 등 사물 인터넷 센서와 디바이스, 데이터 분석 기술이 결합된 개인의 탄소 거래도 가능해진다.

　예를 들자면, 집이나 사업장의 온도, 습도, 조명, 전력 피크 수준 등 에너지 사용 환경과 전력 소비량 데이터를 수집하고 감축 목표치와 실제 감축 사용량을 측정해 기여율을 블록체인으로 관리한다. 탄소를 과다하게 발생시키는 댁내 에너지 소비원들의 소비량과 지붕에 설치된 태양광 패널로부터 생산된 전력량을 비교 분석해 탄소 배출권 잔량을 계산하고, 스마트 컨트랙트를 통해 유휴 에너지 거래와 함께 탄소 배출권 거래까지 실행할 수 있다.

또한 월간이나 연간으로 산정되는 에너지 감축량과 함께 정산 내역을 즉각적이고 투명하게 공유함으로써 에너지 사용자가 탄소 배출권 거래사업 참여결과를 실시간으로 확인한다.

기후변화 대응 기술과 시스템에 대한 고민이 확대됨에 따라 미국의 MIT 미디어랩에서는 그린코인GreenCoin을 발행해 기후환경에 대응하는 도전을 진행 중이다. 그린코인은 에너지를 화석연료에서 태양광 신재생 에너지로 대체하기 위한 노력을 경제적, 재무적으로 뒷받침하기 위한 블록체인 기반 암호화폐다. 그린코인은 신재생 에너지 자산 보유자들이 신재생 에너지 생산으로 인한 탄소 절감 시 일종의 인센티브로서 제공되기 때문에, 태양광 신재생 에너지 자산을 확산시키는 데 기여할 수 있다. 신재생 에너지 자산을 보유하고 있는 사람이 자신의 태양광 패널을 통해 생산되는 전기로 인해 절감되는 탄소 배출량과 비교해 감소된 탄소 생산량을 축적하게 되고 코인 정산이 이루어진다.

향후 개인별로 탄소배출량을 기록하고 스마트 컨트랙트를 통해 보유하고 있는 암호화폐로 탄소세를 내는 시대가 올지도 모른다. 신재생 에너지의 최종적인 가치와 탄소 배출권의 가격은 자유시장에 의해 결정되며, 코인 가치 상승 시 코인을 많이 보유한 사람은 추가적인 차익을 얻게 된다.[54]

블록체인 기반 탄소 배출권 거래제의 운영은 시장 메커니즘을 혁신한다. 이러한 시도는 신재생 에너지 확산에 기여하고 저탄소 기술을 개발하기 위한 적극적인 유인책이 될 것이며, 궁극적으로 기후온난화 지연에 기여할 것이다.

민주주의의 꽃, 전자투표 서비스

옥스포드 사전에 따르면, "민주주의는 전체 인구 또는 선출된 대표자를 통해 자격이 되는 국가 구성원들로 이루어진 정부 시스템이다."[55] 민주주의가 제대로 작동하기 위해서는 투표에 의한 선출이 필수적이므로, 투표는 성공적인 민주주의의 근간이 된다. 따라서 투표에 대한 신뢰가 무너지면, 정부와 국가 정책에 대한 불신도 높아진다. 투표의 위기는 곧 민주주의의 위기이므로 투표와 선거의 모델은 시대 변화에 따른 지속적인 혁신의 대상이어야 한다.

21세기, 디지털 기술들은 우리가 살아가는 방식과 일하는 방식 전체를 변화시키고 있다. 과연 이러한 디지털 도구들이 정치도 바꿀 수 있을까?

최근 정치에 대한 국민적 관심과 참여도가 높아짐에 따라 다양한 사회 분야에서 직접민주주의에 대한 열망과 의지 역시 올라가고 있다. 동시에 새로운 세대의 '디지털 민주주의' 실현을 위한 ICT 기반의 투표 시스템에 대한 논의도 점차 확대되고 있다. 디지털 기술이 시민들의 사회적 관심을 북돋고, 임파워먼트(empowerment: 권한 위임)를 돕고, 창의적인 정책 제안을 지원하며, 의사결정에 대한 참여를 유도하고, 나아가 각 지역 주민들의 관계 구축을 어떻게 새롭게 디자인할 수 있을지 근본적인 고민이 필요하다.

현재의 투표 시스템은 사람들이 투표소에 직접 방문해 신분증으로 본인 확인 절차를 거친 후, 투표 용지를 발급받아 마킹하고 투표함에 넣은 후 수작업 개표를 기다리는 방식이다. 한 번 투표한 이후에는 번복이 불가능하며, 자신의 투표가 제대로 계산되고 있는지, 표가 버려졌는지 여부를 직접 확인하는 것은 불가능하다.

그러나 블록체인 투표 시스템을 도입하면 더 민주적이고 더 유연한 투표 문화를 만들 수 있다. 투표 종료 시간 전까지는 자신의 최종 의사를 바꿀 수 있도록 시스템을 만들 수도 있으며, 실제로 나의 투표가 집계에 포함됐는지 여부도 확인할 수 있다. 조작 우려도 없고, 투표 이력은 영구히 보관된다. 투표 집계 전 과정을 실시간으로 모니터링할 수 있고 조작이 불가능하므로 투명한 선거 관리가 가능하다. 보안 비용, 관리운영 인력 등 현행 투표에 드는 막대한 비용과 시간을 줄인다.

스마트 컨트랙트 기반의 온라인 투표 시스템은 투표 항목, 투표 참여자, 투표 후보자, 투표 시간 등 투표 업무에 필요한 일체의 요소들과 복잡한 투표 프로세스를 혁신한다. 그리고 중앙선거관리 기관 없이도 신뢰도 높은 온라인 투표를 할 수 있게 된다.

대선과 총선, 지자체 선거와 같은 정치인 선거뿐만 아니라, 주민소환 청구 및 주요 국가 정책에 대한 국민의 의견을 수렴하기 위한 공간에서도 효율적으로 활용될 수 있으며, 민간 영역에서 벌어지는 각종 투표에서도 쓰일 수 있다. 모든 것이 인터넷상에서 이루어지는 블록체인 기반 전자투표 시스템이 전면 도입되면 다수의 참여로 투표율도 대폭 상승한다. 투표 참여자는 블록체인 거래 참여자처럼 익명성을 보장받으면서도 투표 시스템의 무결성을 검증하는 구성원이 된다. 비밀투표의 원칙을 지키면서도 투표 결과는 모두에게 투명하게 공유된다.

기존 투표 시스템은 투표의 전 과정과 결과를 전적으로 중앙선거관리기관에 의존해야 하지만, 블록체인 기술로 중앙 관리자 없이 투표 참여자 스스로 투표 기록을 검증해 투표 결과를 신뢰할 수 있는 방법이 실현된다. 중앙선거관리기관의 직접적인 영향력 행사는 점차 약화되겠지만, 반면 지역사회 내 시민들 사이에서 정책 결정사항에 대한 신뢰와 공감대 형성은 더욱 강화될 것이다.

현재까지 가장 안정적인 수준으로 개발되어 있는 블록체인 투표 시스템은 미국 뉴욕의 '블록체인 테크놀로지 코퍼레이션Blockchain Technologies Corp.; BTC'의 '투표참관자VoteWatcher' 서비스다. 투표 참관자 서비스는 정부 선거뿐만 아니라 다양한 분야의 투표에 적용할 수 있는 시스템이다. 기본적인 투표 프로세스는 기존 오프라인 투표와 동일하나, 블록체인으로 전 투표진행과정을 투명하고 효율적으로 관리한다는 점에서 차이가 있다. 투표장에서 받게 되는 종이 투표용지에 3개의 QR코드가 있는데 하나는 블록체인 주소,

다른 하나는 투표용지 ID, 마지막은 선거 ID가 프린팅되어 있다. 투표용지 스캔 후 투표 데이터는 로컬 블록체인 서버에 저장되고, 투표가 종료되면 모든 데이터는 DVD에 기록된 후 퍼블릭 블록체인에 업로드된다. 각 후보자가 얼마나 득표했는지 누구나 블록체인 익스플로러를 통해 확인할 수 있고 재검표가 요구될 경우 DVD에 저장되어 있는 데이터와 블록체인 서버의 데이터 그리고 투표 용지를 비교 확인할 수 있다.

블록체인 투표가 투명하고 안전하다는 인식이 생기고 긍정적인 반응을 얻게 됨에 따라, 2014년에는 덴마크 정당 '자유동맹당'은 코펜하겐의 교외 지역인 히비도브레Hvidovre에서 개최한 연례회의에서 세계 최초로 내부 의사결정을 위한 투표에 블록체인 기반의 전자투표 시스템을 활용했다.

2014년, 스페인의 신생 정당 '포데모스Podemos'는 공정한 투표 시스템 구현을 위해 블록체인을 적용한 '아고라 투표Agora Voting'를 선보였다. '포데모스' 정당은 모든 사안을 총회를 소집해 결정하고, 다수결 투표가 아니라 전원 합의를 통해 결정을 내리는 기본 원칙을 가지고 있다. 따라서 구성원 모두를 의사결정 과정에 참여시키기 위해 다양한 디지털 기술을 활용한다. '포데모스' 정당 집행부와 유럽의회의원 후보 선출은 블록체인 기술을 활용한 '아고라 투표'라는 전자투표 시스템을 통해 이루어지고, '루미오Loomio'와 '데모크라시OS(DemocracyOS)' 애플리케이션과 같은 디지털 의사결정 플랫폼으로 다수의 시민들로부터 새로운 정책 제안과 찬반 의견을 수렴한다.

호주의 신흥 정당인 플럭스Flux는 국민의 의견을 정책에 반영하기 위해 블록체인 기술을 활용한다. 당원에게 투표권인 토큰을 발행한 후, 당원은 그 투표권을 사용해 어떤 정책이나 법안을 지지하거나 반대하는 투표를 할 수 있다. 현안 법안에 대한 지식이 전무하다면 투표자는 자신이 신뢰하는 전문가에게 자신의 투표권을 양도하고 대리인이 대신 투표에 참여하도록 한다. 그리고 당원들의 투표 결과를 바탕으로 플럭스당과 당원은 정책이나 법안에 찬성 또는 반대 권리를 행사한다. 이 모델은 민주주의의 확대를 실현함과 동시에 직접민주주의가 대중의 무지로 인해 중우주의로 빠질 수 있는 가능성을 차단하려는 노력으로 볼 수 있다. 민주주의의 포퓰리즘화에 대한 견제가 무엇보다 중요하기 때문이다.

이외에도 '21세기 민주주의를 위한 기술'을 기치로 내건 '분산형 시민참여 기술Decentralized Citizens Engagement Technologies; D-CENT'이 있다. D-CENT는 시민 중심 조직으로 구성되어 있고, 유럽 전역에서 디지털 민주주의의 선도자 역할을 하며 다양한 활동을 전개하고 있다. 오픈소스로 공개된 'D-CENT Tool'은 블록체인 기반 의사결정 과정을 실현하기 위한 기술적 지원체계다. 더 많은 시민에게 정책결정 권한을 부여하는 시스템을 개발하기 위해 오픈소스로 'D-CENT Tool'을 공개하기도 했다. 정책 정보를 공유하고, 주요 사회경제적 문제에 대한 솔루션을 제안하고 평가할 수 있는 블록체인 시스템을 지원한다.

블록체인 전자투표 모델에 대한 다양한 도전이 계속되고 있지만 아직까지는 중앙선거관리기관에서 요구하는 수준의 보안성과 안정성을 입증하기에는 한계가 있다. 각국에서 전자투표에 대한 여러 차례의 시도와 검증 작업은 있었지만 2005년 이후 에스토니아를 제외하고는 전국 단위 선거에서 전자투표를 전면적으로 추진하고 있는 국가는 별로 없다. 하지만 아직 직접민주주의의 실천이 불가능하다고 단정 지을 수는 없다.

무엇보다도 전자투표의 보안성에 대한 우려를 반드시 불식시켜야 하는데 이를 위해서는 블록체인 전자투표 시스템이 장착된 디지털 의사결정 플랫폼이 기본적인 정치적 도구로 자리 잡을 수 있어야 한다. 이를 통해 시민의 정치적 참여와 열린 커뮤니케이션이 더 확대된다면 시민의 정치적 행동은 더 성숙된 모습으로 나타날 수 있다.

가야할 길은 멀지만 한 걸음씩 내딛는 것이 중요하다. 투표참관자 서비스처럼 실제 투표는 종이 투표용지를 통해 이루어지고 투표 과정과 개표, 검증의 과정을 블록체인 기술로 관리하는 하이브리드 방식을 먼저 시도하는 것이 바람직하다. 투표는 기술이기 이전에 정치 시스템이자 사회적 담론이며 하나의 문화다. 문화 혁신은 장시간의 변화관리를 필요로 한다. 블록체인 기반 전자투표는 정당이나 단체 내 정책 의사결정, 청원, 주민 의견 수렴, 기업 주주총회 투표와 같이 중소 규모 주제별 투표에 먼저 활용될 것이다. 그리고 국가 차원의 접근은 두바이와 같은 도시국가나 공권력이 강력한 개발도상국에서 먼저 시작될 가능성이 높다.[56] 궁극적인 민주주의의 진화는 기술과 제도와 문화의 결합을 통해서 이루어질 것이다.

스마트시티의 미래, '크립토-시티'

블록체인 기술로 스마트시티는 어떻게 진화할 것인가? 전 세계적으로 스마트시티가 열풍이 된 지가 십수 년이다. 부동산 자산 가치 증대를 목적으로 한 신도시 개발 사업뿐만 아니라 구도심의 사회경제적 문제 해결을 위한 도시재생 사업에도 스마트시티 프로젝트가 본격화되고 있다. 교통, 보안·안전, 환경, 에너지, 조명 등 도시 첨단 인프라 구축에서 나아가 생활편의 목적 영역에서 사물인터넷과 데이터 분석 기술을 활용한 다양한 서비스 애플리케이션이 보급되고 있다.

수많은 디지털 센서 디바이스가 도시 곳곳에 설치·연결되고 실시간 모니터링과 제어를 하기 위한 통합운영센터도 확산 중이다. 공공 서비스를 제공하는 다양한 애플리케이션을 통해 도시 생활환경과 도시민의 라이프스타일에 대한 더 많은 데이터가 한 곳으로 축적될수록 양질의 서비스를 제공할 수 있는 기반이 더욱더 강화된다. 현재 스마트시티는 초보적인 물리적 인프라 구축 단계에서 벗어나, 교통과 환경 등의 도시 데이터를 분석하고 각종 위험 예측 모델을 개발하는 단계로까지 발전하고 있다.

미국도 마찬가지로 수년 동안 각 주정부 주도로 여러 스마트시티 프로젝트를 추진하고 있는데 최근엔 본격적으로 데이터를 활용한 새로운 가치를 만드는 데 주력하고 있다. 시카고는 스마트폰 연동 자전거 공유 시스템 '디비DIVVY', 기상·환경 데이터를 수집하는 사물인터넷 디바이스인 'AoT(The Array of Things)'를 보급·확산 중이며, 이로부터 수집된 데이터를 기반으로 한 의사결정 지원 시스템 구축 프로젝트를 진행한다.

캘리포니아 주 샌디에이고에서는 교통체증 감소와 에너지 절감에 초점을 둔 스마트시티 프로젝트가 진행되고 있다. GE의 스마트시티 솔루션 '커런트Current' 플랫폼을 도입하고, 기존 구형 가로등 수만 개를 효율이 높은 LED로 교체하고 에너지 데이터 분석과 기후 환경에 최적화된 실시간 제어를 통해 에너지를 절감한다. 샌디에이고 시에서는 주요 교통 지점의 교통 신호등 시스템에도 사물인터넷 센서를 부착하고 인터넷으로 연결함으로써 교통 상황에 따른 교통 흐름의 최적화를 추진하고 있다. 그리고 각종 네트워크 포인트로부터 수집된 데이터는 다양한 애플리케이션 개발에 활용되도록 개방한다.

스마트시티에서 데이터의 수집과 활용의 범위가 확대될수록 데이터 보안과 프라이버시 이슈 또한 그 중요성을 더해가고 있다. 블록체인이 사물인터넷의 보안 기술로 부각된 것은 바로 이러한 맥락이다. 블록체인의 응용 범위는 이제 보안 기술을 뛰어넘어 도시 데이터 관리 및 경제, 정치적 제도의 거버넌스 기술로까지 확대되고 있다. 최근에는 블록체인과 스마트시티 프로젝트를 접목하기 위한 노력들이 암호화폐Crypto-Currency 기반의 '크립토-시티Crypto-City'라는 이름으로 점차 주목을 끌고 있다.[57]

그렇다면 크립토-시티가 어떻게 스마트시티의 미래가 될 수 있을까? 스마트시티를 '아날로그' 방식으로 작동되는 도시에 사물인터넷 기술과 서비스 애플리케이션들을 장착한 '디지털 레이어'라고 한다면, 크립토-시티는 블록체인 위에서 구성된 스마트시티다.[58] 지금의 스마트시티는 도시문제를 해결하기 위한 여러 혁신적인 이니셔티브를 가지고 있지만, 업무 프로세스 모델과 조직·제도적 기반은 여전히 중앙집중적이다. 즉 스마트시티는 다양한 디지털 기술을 통해 도시를 더욱 생산적, 효과적으로 바꾸고 있지만, 시민 참여방식이나 도시의 거버넌스에 대해서는 과거와의 차별점을 제시하고 있지는 못하다. 하지만 크립토-시티는 주요 도시문제에 대한 의사결정 구조와 절차, 그리고 여러 이해관계자들 간의 협업 모델에 대한 근본적인 변혁을 가져온다.

크립토-시티는 기본적으로 자치와 분권, 그리고 협치에 적합한 기술 모델을 제공한다. 크립토-시티는 도시민 개개인에 대한 프라이버시 침해 없이 다양한 도시 데이터를 안전하게 개방하고 탈중앙화한다. 데이터는 소수의 독점에서 벗어나 누구에게나 효과적으로 활용될 수 있으며 투명하게 교환, 거래되고 연결됨으로써 데이터 분석의 가치는 극대화된다. 개인정보에 대한 복잡한 비식별화 알고리즘과 절차를 거칠 필요도 없다. 블록체인 기반 디지털 아이덴티티 기술의 활용으로 데이터 생성과 수집 단계에서부터 안전하게 관리된다.

스마트 파킹, 스마트 주차장, 차량공유 서비스 등과 같은 주요 스마트시티 서비스에 블록체인 기술이 적용됨으로써 사용자 인증부터 사용 이력 관리, 스마트 컨트랙트 기반의 결제까지 모든 서비스 이용이 안전하고 손쉽게 이루어진다.

크립토-시티에서 일어나는 일련의 경제활동들도 암호화폐 기반 플랫폼을 통해 투명하게 거래된다. 재정자금 조달을 위한 지방채 발행이나 기부, 구호활동 등 복지예산 집행은 암호화폐 기반의 '지역화폐'로 대체되고, 도시민은 각 지자체의 암호화폐를 도시 내 다양한 퍼블릭·생활편의 서비스 이용 시 결제수단으로 활용한다. 지역화폐는 특정 행정구역 내에서 통용되는 화폐를 의미한다. 지역화폐는 지역주민들이 서로 소유한 자원을 원활하게 교환할 수 있게 하며 주민 간 소통과 연대에 기여한다. 지방정부는 행정구역 밖으로 자금이 유출되는 것을 막고 외부 자금의 유입을 목적으로 지역화폐를 발행하는데, 우리나라도 기존 지자체 상품권 방식의 한계를 극복하기 위해 암호화폐 기반의 지역화폐 발행을 본격적으로 추진하고 있다. 서울시와 경기도, 그리고 제주시가 가장 앞장서서 암호화폐 발행을 기획하고 있다.

미들맨 또는 중개자의 개입이 최소화된 P2P(Peer-to-Peer) 구조를 통해 거래비용이 줄어들면 다양한 혁신기회가 생긴다. 스마트

시티 전역의 센서 디바이스로부터 수집된 데이터를 손쉽게 활용할 수 있게 됨에 따라 공공과 민간의 이기종 데이터를 창의적으로 매시업mash-up한 수많은 서비스 애플리케이션이 등장할 수 있는 기반이 된다. 또한 지방자치단체 입장에서는 동일한 규모의 재정으로 양질의 퍼블릭 서비스를 제공할 수 있게 되고, 가시성과 투명성이 확대됨에 따라 과세권자인 지방자치단체는 효과적으로 조세를 부과하고 징수할 수 있다.

데이터의 탈중앙화와 개방성 확대는 상호협력적 의사결정에 기여하며, 모니터링과 상호 견제 차원에서도 효율적이다. 크립토-시티 구축을 통해 지방정부는 정책 수립과 집행 과정에 있어서 주민참여형 의사결정 구조를 채택하고 이해관계자들의 의견 수렴을 확대하며 상호 감시 환경을 시스템화한다. 크립토-시티는 부정과 부패 차단의 인프라가 된다.

세계 최초로 블록체인 기술로 신도시를 개발하는 곳, 즉 크립토-시티를 지향하고 구축하고 있는 곳은 중국의 완샹그룹Wanxiang Group이다. 이더리움의 창시자 비탈릭 부테린이 연구소 공동설립자로 참여하고 있는 완샹그룹은 2016년 9월, 상하이에서 열린 글로벌 블록체인 컨퍼런스에서 블록체인 기반의 스마트시티 설립을 위한 계획을 발표했다. 또한 완샹그룹은 7년 동안 2,000억 위안(33조 4,000억 원)을 투자하겠다는 목표를 제시했다. 완샹그룹에 따르면 블록체인으로 구현된 도시는 분산형 스마트시티다. 블록체인 기반 스마트시티는 인터넷, 사물인터넷 등을 활용해 사람과 사람,

사람과 사물, 사물과 사물 등의 교류를 지원한다. 항저우 인근에 설립될 스마트시티(10㎢ 규모)는 전기차 배터리를 생산하는 인구 9만 명이 온라인을 통해 도시의 모든 인프라와 시스템을 이용하게 된다. 주요 도시 시설과 서비스는 블록체인 기술을 기반으로 설계, 구축됨으로써 금융거래는 물론 출생 및 사망증명서 발급과 주민투표에 이르기까지 서류 없는Paperless 거래 방식으로 이루어지고 모든 기록은 영구히 보관된다.

완샹그룹은 블록체인 기반 스마트시티를 통해 미래 전기차 시장을 선점하고자 한다. 단순 비용절감이나 효과성 증대뿐만 아니라 전기차 시장의 새로운 비즈니스 모델 창출을 위한 핵심기술로서 블록체인을 활용하겠다는 계획이다. 자동차 배터리 사용량 정보를 블록체인에 등록해 실시간으로 분석, 추적함으로써 최적의 교환 시점을 예측할 수 있다. 소비자 입장에서는 고가의 배터리를 직접 구매하는 방식이 아닌 블록체인 시스템을 통해 월정액 기반으로 임대할 수 있게 되면 초기 구매 비용을 대폭 낮추는 셈이다. 전기차 판매 시 배터리 임대를 통해 사용량, 주행거리 등에 따라 과금하거나 자동차 보험 및 운전자 보험 등과 연계한 새로운 비즈니스 모델이 등장한다.

완샹그룹은 나아가 이런 자동차 배터리 자산을 블록체인을 융합한 금융상품으로 만들어 금융기관에 판매할 계획도 갖고 있다. 임대 방식으로 전기차를 운영하면서 보유 자산을 증권화해서 판매하거나, 이를 레버리지로 새로운 차를 구매하는 것도 가능하다.

블록체인 기술로 수집된 자동차의 정보를 통해 더 안전하게 대출을 받을 수 있고 대출을 해주는 기관에서도 안전하게 대출할 수 있는 구조가 마련된다.

완샹그룹이 리크스가 큰 대형 프로젝트를 추진할 수 있는 배경에는 중국 정부의 파격적인 정책 지원이 있다. 중국 정부에서 블록체인 기반 스마트시티 건설 부지 선정부터 자금 조달, 금융 상품화 등에 장애가 되는 규제를 상당 부분 해소함으로써 블록체인 시장 창출에 크게 기여하고 있다.

완샹 그룹은 또한 자회사를 통해 블록체인 서비스를 지원하는 클라우드인 '완클라우드WanCloud' 서비스를 제공하고 있다. 이를 통해 중국 내 개발자 커뮤니티와 스타트업 및 기업 사용자들이 손쉽게 이용할 수 있는 오픈소스 기반 블록체인 에코시스템을 만드는 것이 목적이다. 완클라우드는 단순한 기술 플랫폼이 아니라 오픈 플랫폼을 지향하며, 글로벌 블록체인 개발 커뮤니티와 중국을 이어주는 연결고리 역할을 하게 된다. 미국 실리콘밸리에서 시작된 블록체인 기술이 이제 중국의 신도시 건설 사업과 결합됨으로써 거대한 프로젝트로 다시 태어나고 있다.

6장

비즈니스 가치 창출을 위한
블록체인 블루프린트를 그려라

블록체인 도입전략 프레임워크

어떤 기술도 그 자체로 만능인 것은 존재하지 않는다. 새로운 기술을 도입할 때는 그 기술을 어떤 비즈니스 영역에 적용할 수 있는지, 그리고 그 기술을 통해 어떻게 가치가 창출되는지가 정의되어야 한다. 기술 도입 전략도 반드시 체계적으로 설계되어야 한다. 그렇다면 블록체인 기술 도입에 대해서는 어떤 관점에서 그리고 어떤 방법으로 접근하는 것이 바람직한가?

최근 수년간 금융이나 물류 인더스트리에서 수백여 개의 파일럿 프로젝트가 진행되었으나 성공 사례로 알려진 경우는 드물다. PoC 단계에서부터 프로토타입 개발Prototyping, 파일럿 테스트에 이르기까지 수많은 프로젝트가 있었음에도 알파테스트, 베타 테스트를 거쳐 본격적으로 상용화에 착수한 트랜스포메이션 성공 사례를 찾기란 쉽지 않다. 그렇다면, 우리는 어떤 방법으로 블록체인 프로젝트를 기획하고 단계별로 실행할 것인가?

보스톤 대학의 벤캇 벤카트라만Venkat Venkatraman 교수는 디지털 기술 도입을 통한 비즈니스 트랜스포메이션 과정을 3단계로 제시한다. 각 단계는 '변방 실험Experimentation at the Edge' 단계, '핵심 충돌Collision at the Core' 단계, '뿌리 재창조Reinvention at the Root' 단계로 구분된다.[59]

먼저 '변방 실험' 단계는 새로운 디지털 아이디어가 싹트고 자라나면서 또 다른 실험 프로젝트를 만들어내는 연속적인 과정이다. 비현실적이고 미래지향적인 아이디어든, 현재 조건에서도 실행가능성이 높은 아이디어든 프로토타입, 파일럿, 상품화 순으로 전개된다. 이 단계에서는 독립적인 범위 내에서 새로운 기술에 대한 테스트가 진행되고, 주류 비즈니스 모델에 미치는 영향력 분석이 이루어진다. 블록체인 프로젝트 역시 변방 실험 단계를 거치면서 수많은 난제에 부딪히며 해결책을 찾는 과정을 거친다. 일반적인 관계형 데이터베이스RDB로 설계된 레거시 시스템에 블록체인을 바로 적용하는 것은 수월하지 않다. 기존 레거시와 충돌 없이 신규로 구축하는 시스템에 블록체인 기술을 적용하면서 가능성을 확인하는 것이 우선이다. 다양한 실험 프로젝트가 랩과 리서치 조직에서 벗어나 주류 비즈니스로 성숙해져감에 따라 다음 단계로 진행될 수 있다.

'핵심 충돌' 단계에서는 새로운 디지털 상품과 서비스가 본격적으로 전통적인 상품과 서비스를 위협하게 된다. 신기술과 구기술이 공존하는 기간을 거친 후 기존 비즈니스 관행과 규칙들은 심각한 도전을 받게 되고 새로운 기술에 적응하는 과정을 겪는다. 특히 금융산업의 경우 블록체인 기술은 단순한 보완재에 머물지 않고 레거시 시스템과 갈등을 거치면서 궁극적으로는 전면적인 대체재로 바뀔 것으로 보인다. 금융투자협회 주도로 진행하는 증권사 공동사설인증 서비스 역시 한동안 공인인증서 서비스와 병행해서 제공되고 편의성과 효율성이 입증된 이후 공인인증서를 완벽하게 대체할 것으로 예상된다.

마지막은 '뿌리 재창조' 단계다. 이 단계에서는 '전통적 산업지배자Industry Incumbent', '디지털 자이언트Digital Giant', '기술혁신 스타트업Tech Entrepreneur' 모두 다 디지털 기술을 활용해 고객의 핵심 페인포인트(Pain Point: 고통을 겪고 있는 문제점)를 해결하기 위해 협력하게 된다. 가치 창출과 실행 체계가 전면적으로 개편된다. 따라서 조직 구성과 마인드 셋도 중요하다. 기술뿐만 아니라 민첩성과 적응력도 강화되어야 한다. 블록체인 기반 혁신 기업으로 트랜스포메이션하고자 할 경우 블록체인 거버넌스 전략을 함께 고려하지 않으면 안 되는 이유다.

여기서 간과하지 말아야 할 것은 기술의 도입 시점이다. 블록체인 기술의 성숙도에 따른 판단이 필요하다는 의미다. 기술 성숙도는 네트워크, 정보 시스템, 컴퓨팅 방법론, 보안과 개인정보 관점에서 성숙도 수준을 세분화할 수 있는데, 블록체인 기술은 크게 5단계로 구분할 수 있다. 특정 신규 서비스의 도입 수준인 '시작Initial'단계, 유사한 분야에 적용가능한 '반복가능Repeatable'단계, 서비스가 표준화되고 문서화가 가능한 '정의Defined'단계, 품질 평가를 위한 표준 메트릭스가 갖춰진 '매니지드Managed'단계, 마지막으로 서비스가 지속적으로 향상되는 '최적화Optimized'단계로 나눌 수 있다.[60]

기술 성숙도 관점에서 보자면 블록체인 기술은 아직 전면적으로 도입할 수 있는 환경이 갖춰져 있지 않다. 본격적인 실행 전 단계로서 기술 타당성 조사Feasibility Study를 통해 시스템 환경에 대해 진단하고, 발생가능한 리스크를 사전에 헤지할 수 있는 플랜을 수립해야 한다.

기술 성숙도를 판단할 수 있는 '새로움Novelty'과 '복잡성Complexity'이라는 두 개의 차원으로 블록체인 기술 도입 프레임워크를 구성해보면, 각 조합에 따라 크게 4가지 영역으로 기술발전 단계로 구분할 수 있다.[61]

첫째는 새로움과 복잡성이 둘 다 낮은 '단일 사용Single Use'단계다. 둘째는 새로움은 높지만 복잡성이 낮은 '국지화Localization'단계다. 셋째는 새로움은 낮으나 복잡성이 높은 '대체Substitution'단계다. 마지막으로는, 새로움과 복잡성 둘 다 높은 '트랜스포메이션Transformation'단계다.

블록체인 기반 혁신 역시 기술 성숙의 수준이 낮은 단계에서 높은 단계로 이루어져야 효과적이다. 최초 기술 도입은 '단일 사용' 관점에서 이루어지는 것이 수월하다. 타 기관과의 연계와 조정의 범위가 작을수록 도입에 따른 리스크도 작다. 특정 기업 자체적으로 의사결정 가능한 범위 내에서 디지털 자산관리, 기록관리 등 내부 시스템에 부분 적용함으로써 저항을 최소화하는 것이 현실적이다. 작게 시작하는 것이 크게 생각할 수 있는 노하우를 발전시키는 좋은 방법이다.

다음으로는 자연스럽게 '국지화' 단계로 진행할 수 있다. 새로운 서비스 모델을 지향하지만 참여자가 제한적이므로 큰 어려움 없이 프라이빗 블록체인을 구성할 수 있다.

이후 '대체' 단계로 가기 위해서는 신중한 계획이 필요하다. 전통적 인프라를 블록체인 기반으로 교체하려면 참여자 전체의 동의를 손쉽게 끌어낼 수 있어야 하고, 비용 효율성 관점에서도 분명한 효과를 보여줄 수 있어야 한다.

마지막은 '트랜스포메이션' 단계다. 스마트 컨트랙트와 같은 혁신적인 솔루션은 사회적, 법률적, 정치적 시스템의 변화를 수반한다. 프로그래밍된 규칙과 질서로 기업의 가치사슬 전반을 재정의하고 사업 구조를 재설계하게 되면 각 기업의 조직 구성원들도 급진적인 역할 변화를 맞게 된다. 따라서 조직의 변화, 제도의 변화, 거버넌스의 변화에 대한 대응 전략도 필수적이다. 또한 비즈니스 모델을 성공적으로 실행하기 위해서는 운영 전반이 전략 방향성 및 비즈니스 모델과 일치되어야 한다. 아무리 혁신적인 계획이라고 해도 실행되지 않는다면 의미가 없다. 프로세스 혁신을 포함한 모든 운영적 변화가 새로운 비즈니스 모델을 성공적으로 실행하기 위한 전사적인 움직임이 되어야 한다.

파괴적 혁신의 등장은 아직 멀었다. 그러나 지금 그 가능성들을 평가하고 기반이 되는 기술에 투자하고 도입을 시도하는 것은 큰 의미가 있는 일이다. 비즈니스 가치 창출의 메커니즘이 기존 방식과 결별하고 새로운 비즈니스 모델 구상과 결합될 때 혁신의 기회가 주어진다. 지금 당장 새로운 비즈니스 모델을 기획하고 실행하며 성과를 내는 것은 어려운 과제지만, 지속적인 도전만이 기업의 미래를 만들어낼 것이다.

블록체인 블루프린트 설계방법론

실행 관점에서 블록체인 프로젝트를 기획하는 것이 쉬운 일은 아니다. 특히 혁신기술을 도입하려면 목적성과 적합성, 지속성이 요구된다. 그렇다면 블록체인 기술을 어떤 영역에 적용하는 게 적합한지 어떻게 판단할 것이며, 본격적으로 프로젝트를 추진하게 되면 우선적으로 고려해야 할 점은 무엇인가?

기업이 디지털 혁신의 파도에서 새로운 기회를 창출하기 위해서는 구체적인 디지털 혁신 전략을 수립하고 실행해야 한다. 이를 위해서는 기업의 경영환경 변화를 명확하게 이해해야 하며, 디지털 혁신에 대응하기 위한 전사 전략 방향을 수립해야 한다. 아울러 이렇게 수립된 디지털 전사 전략 방향에 기반을 둔 디지털 사업모델 수립이 요구된다. 디지털 전략과 디지털 사업 모델을 실행할 수 있는 역량 확보도 빼놓을 수 없는 조건이다. 급변하는 디지털 환경 변화에 기업이 선제적으로 대응하기 위해서는 반드시 새로운 디지털 전략을 수립해야 한다. 전략은 단순한 일상의 반복에서는 도출되지 않는다.

'엔터프라이즈 이더리움 얼라이언스Enterprise Ethereum Alliance; EEA'를 주도하고 있는 뉴욕 멜론은행BNY Mellon의 알렉스 바틀린Alex Batlin에 따르면, 블록체인 적합성 평가를 위해 '비즈니스 모델' 관점, '기술' 관점, '법률·제도' 관점, '운영' 관점에서의 체크리스트를 활용할 수 있다.[62]

첫째, '비즈니스 모델' 관점이다. 먼저 디지털 기반인지 여부가 중요하다. 블록체인은 디지털 자산에 적용될 경우 의미가 있다. 데이터와 프로세스가 디지털화되어 있지 않은 오프라인 비즈니스 분야에서는 즉시 효과를 만들어내기 어렵다. 참여자 간 신뢰가 부족하거나 이해관계를 조정할 중개자의 역할이 필요한 경우 블록체인 기술이 효과적이다. 다수의 참여자가 공통의 데이터를 공유하고 업데이트하고 있는지, 그리고 그 결과를 신뢰하게 하는 검증 단계가 있는지 여부가 중요하다. 고객의 지불 의사가 충분히 있어서 비즈니스 자체의 성공 가능성도 높아야 한다. 준準 실시간 결제가 요구되는 영역에도 적합하다. 노동집약적 구조의 한계를 가지고 있어서 시스템 자동화만으로도 비용을 절감할 수 있다면 블록체인 기술 도입을 적극 추진할 필요가 있다. 결제 지연이나 운영상의 이슈로 자본이 묶여 있는 경우 블록체인을 통한 시스템 자동화는 자본의 효율성을 높여준다. 현재 노후화된 레거시 시스템의 업그레이드가 필요하다면 블록체인을 통한 개선이 효과적이다.

둘째, '기술' 관점이다. 블록체인이 현 시스템 요구사항을 감당할 수 있어 기술 자체의 성공 가능성이 높아야 한다. 엄격한 암호화를 요구하는지 여부도 중요하다. 퍼블릭 블록체인 도입 시에는 처리량과 저低지연성에 대한 요구가 현 기술 수준을 넘지 않아야 한다.

셋째, '법률·제도' 관점에서는 컴플라이언스 요구 수준이 중요하다. 스마트 컨트랙트, 데이터 동기화, 암호화 등은 컴플라이언스 강화에 상당히 효과적이다. 규제기관이 관찰자observer로서 참여할 수 있는지 여부도 사전에 확인해야 한다.

마지막은 '운영' 관점이다. 여러 시스템 간에 복잡하게 연계되어 있는 시스템을 블록체인으로 전환하는 것보다는 현재 독자적으로 존재하며 다른 시스템과 비즈니스에 영향을 받지 않는 영역에 도입하는 것이 효과적이다.

네 가지 관점을 복합적으로 고려할 때, 비즈니스 프로세스에 있어 내외부 손바뀜이 많고 참여자 간 상호확인 또는 제3자를 통한 거래 보증에 많은 시간과 비용이 필요한 영역일수록 블록체인 기술이 적합하다. 또한 데이터 위·변조를 통해 막대한 차익 확보가 가능한, 진본성Authenticity 자체가 중요한 영역일수록 블록체인 기술 도입에 적합하다.

블록체인 적합성 평가 후 블록체인 기술 도입 시 고려해야 할 점은 무엇인가? 블록체인 기술 도입은 신뢰에 기반을 둔 비즈니스 가치 네트워크를 구축하는 과정이다. 신뢰 시스템에 기반을 둔 비즈니스 체계를 재구성하고자 한다면 기술 접근에 따른 비즈니스적 가치 변화를 이해해야한다.

무엇보다도 개방형 플랫폼과 개방형 거버넌스가 중요하다. 표준에서 벗어나게 되면 시스템 호환의 이슈, 솔루션 유지·보수 이슈 등 많은 문제점이 발생한다. 즉, 오픈소스 기반의 개방형 표준 기술을 채택하는 것이 리스크를 줄이는 길이다. 인더스트리에 특화된 표준 기술이 요구되는지 여부도 사전에 확인해야 한다.

또한 투자 대비 효과와 같은 솔루션의 경제적 가치와 성공가능성도 고려 대상이다. 초기 구축비와 운영비가 적절해야 하고 비즈니스 네트워크의 지속적인 확장을 보장할 수 있어야 한다. 비즈니스 성장을 예상하고 현 기술로 단계별로 대응가능한 범위인지 파악해야 한다. 공급가치사슬이 이미 글로벌로 확장되어 있는 경우에는 글로벌 파트너에 대한 제반 지원 체계도 고려해야 한다.

인더스트리의 규제 컴플라이언스에 대해 대응전략을 수립할 필요도 있다. 법과 규제가 강력한 허들로 작용할 경우 우회할 수 있는 작전도 구상해야 한다. 상용화 가능한 수준의 기술 진화가 이루어졌다고 하더라도 규제가 해결되지 않은 상태에서 특정 시장에 블록체인을 적용하는 것은 시기상조다. 경우에 따라서는 기술 도입 자체가 현실적으로 불가능할 수 있기 때문이다.[63]

위 관점들을 고려해 단계별 블루프린트를 그려보자. 프로젝트란 비즈니스 목적에 따른 기술의 성렬로서, 사전에 프로젝트의 추진 방향에 대해 공감대가 형성되어야 한다. 이를 위해서는 비즈니스 목적과 요구사항을 달성할 수 있는 최적의 기술 아키텍처를 구축하고, 내외부 인접한 레거시 시스템과의 통합 작업을 진행하게 된다. 특히 블록체인은 수많은 개별 애플리케이션 중 하나가 아니다. 블록체인은 비즈니스 네트워크 가치를 극대화할 수 있는 혁신 인프라 기술로서 고객의 페인 포인트 해결사례 발굴이 중요하다. 기술 관점에서의 혁신 기회를 발굴하는 것이 아니라 미래 변화 시나리오에 대응하기 위한 전사 수준의 사업모델 재정의와 운영체계를 혁신하는 사례가 요구된다. 그리고 기술에 대한 고려 역시 근본적이고 포괄적으로 이루어져야 한다.

그 후에는 본격적으로 블록체인 메커니즘을 설계하는 과정이 필요하다. 블록체인 프로젝트에서는 아이덴티티 관리와 합의 알고리즘에 대한 기획이 중요하다. 신뢰 기술로서 블록체인의 시작과 끝은 아이덴티티 이슈 해결이다. 비즈니스 구조와 거래 유형에 따른 합의 알고리즘 설계도 필요하다. 모든 케이스에 적합한 단 하나의 합의 알고리즘은 존재하지 않는다. 합의 알고리즘은 거래 프로세스를 처리하는 시스템 성능과 밀접한 관계가 있으므로 블록체인 기술 도입 시 구조적으로 설계해야 할 영역이다.

다음으로, 서비스 시나리오를 기반으로 스마트 컨트랙트를 설계하고 구현하는 과정이 필요하다. 스마트 컨트랙트를 체결하고 실행하는 프로세스를 살펴보자. 먼저 계약 조건과 내용 전반에 대한 이해다. 다양한 이해관계자 간 협업 기회와 상호 간 기대하는 결과값을 정의하고 잠재적 합의서는 비즈니스 프로세스, 자산 거래, 권리 양도 등을 포함한다. 두 번째, 조건 설정 프로세스는 당사자 간 정의한 특정 조건의 만족 시 시작되는 프로세스이며 임시적인 조건들도 지정 가능하다. 세 번째, 비즈니스 로직을 코딩하는 과정이 이루어진다. 특정 조건 파라미터를 충족시킬 때 자동적으로 프로그램을 실행하게 된다. 네 번째는 암호화 기술 적용 과정이다. 암호화 기술은 스마트 컨트랙트를 통해 당사자 간 메시징의 안전한 인증과 검증을 제공한다. 다섯 번째는 프로세싱 과정이다. 합의의 인증과 검증이 완료되면, 스마트 컨트랙트는 블록으로 기록되는데 코드 실행의 결과도 컴플라이언스와 검증을 위해 저장된다. 여섯 번째는 네트워크 업데이트 과정이다. 스마트 컨트랙트 실행 후 모든 노드는 새로운 상태 반영을 위한 원장 업데이트가 이루어진다. 기록이 검증되고 블록으로 생성되면 이후 변경은 불가능해진다.[64]

프로젝트의 마지막은 시스템 확장성을 고려한 실행계획 수립 과정이다. 비즈니스 네트워크가 확장될수록 복합적인 이슈들이 등장한다. 따라서 최초 기획 단계부터 반드시 확장성을 고려해야 한다. 분산원장을 위한 데이터베이스는 어떻게 설계할지, 비즈니스 확장에 따라 인접 시스템과의 통합은 어떤 단계로 추진할지, 암호화와 기업 보안, 개인정보 이슈는 어떻게 할지, 그리고 네트워크 참여자가 확대되고 거래량이 증가할 경우 예상되는 비용까지도 사전에 시뮬레이션할 필요가 있다.

블록체인은 모든 것을 해결하는 만병통치약은 아니다. 하지만 블록체인은 데이터의 투명성과 무결성, 추적가능성을 통해 모든 단계의 검증을 보장하므로 신뢰를 기반으로 한 비즈니스 인프라를 새로 구축하는 데 기여한다. 블록체인 기술은 부정행위와 오류를 완전히 차단할 수는 없지만 시도 자체를 어렵게 만든다. 아직 기술적으로도 법과 제도적으로도 성숙하지 않은 새로운 신뢰 기술의 도입을 가속화하는 일은 결국 에코시스템에 달려 있다. 참여자들의 공동 문제해결 노력과 함께 비전을 공유하고 한 방향을 향해 다 함께 걸어갈 때 디지털 혁신의 꿈은 이루어질 것이다.

사회경제 혁신의 인프라, 블록체인

1부 인더스트리 혁신 인프라
Enabler Technology

인슈어테크
P2P 에너지 거래
콜드체인
글로벌 항만 물류
디지털 헬스케어
디지털 콘텐츠
디지털 정부(부동산,탄소배출권,전자투표,크립토-시티)

블록체인 블루프린트

2부 사회경제 혁신 인프라
Institutional Technolgy

ǀ 암호화폐
ǀ 복잡계 경제학
ǀ 크립토-인포메이션
ǀ 플랫폼 협동주의
ǀ 커먼즈 경제
ǀ 코인 경제
ǀ 블록체인 거버넌스
ǀ 탈중앙화 자율 조직

디지털
카탈락시

디지털 서비타이제이션(서비스화)

사물인터넷　　빅데이터　　인공지능
+
블록체인

| 공유원장 | 암호화 | 합의
알고리즘 | 스마트
컨트랙트 |

1장

화폐의 디지털화가
시장 시스템의 패러다임을 바꾼다

화폐의 수수께끼, 비트코인은 화폐인가

비트코인이 사회적 관심사로 부각된 지금, 화폐에 대한 근본적 고민은 망각되고 있다. 암호화폐를 반짝 유행으로 치부하거나 투기적 관점만으로 봐선 안 된다. 인기가 절정에 가까워질수록 우리는 근본으로 돌아가야 한다. 암호화폐와 블록체인은 과연 지금의 사회경제 시스템을 바꾸는 혁신 인프라가 될 수 있는가?

어느 국가든 사회경제의 근본적인 토대는 '신뢰Trust'다. 그리고 신뢰기술인 블록체인이 사회경제 전반에 영향을 미치는 것은 무엇보다도 화폐를 통해서 실현된다. 화폐는 일종의 가치이며, 지속적으로 유지되는 가치는 신뢰 위에서 형성되기 때문이다. 화폐는 인류 최고의 사회적 기술이며 화폐의 역사는 곧 인류 사회의 역사다. 고대 메소포타미아 시대에서부터 중세를 거쳐 근대 금본위제에서 브레튼 우즈Bretton Woods 체제 종식과 최근 디지털 콘텐츠를 구매할 수 있는 사이버 머니와 비트코인과 같은 암호화폐 등장에 이르기까지, 화폐 시스템은 사회적 관계와 경제적 활동의 근간을 이룬다. 관건은 블록체인 기반의 암호화폐가 화폐 역사의 한 축을 이루며 화폐로서 기능할 것이지다

화폐는 기본적으로 네 가지 특성을 가진다. 첫 번째, 화폐는 교환의 매개 수단이다. 두 번째, 가치 저장 수단이며, 세 번째, 지불(지급 결제) 수단이다. 즉, 부채상환의 기능이다. 그리고 마지막으로 화폐는 계산 단위를 의미하는 가치 척도로 정의된다. 그래서 화폐는 종종 '계산화폐Numeraire, 뉴메레르'로 불린다.[1]

그런데 이 화폐의 네 가지 특성은 결국 사회적 상호작용으로 수렴한다. 19세기 독일의 사회학자 게오르그 짐멜Georg Simmel에 따르면, 경제적 가치는 여러 대상들이 서로가 서로를 조건짓고 의미를 교환하면서 형성하는 상호관계에 존재한다.[2] "화폐는 사람들 사이의 관계와 상호의존성, 즉 상관성의 표현이자 수단이다. 이 상관성은 한 사람의 욕구 충족을 언제나 다른 사람과 서로 주고받는 행위에 의존하도록 만든다."[3]

화폐에 대한 주류 경제학 입장을 비판하면서 사회학적, 정치경제학적 접근으로 세계적인 주목을 받은 영국 케임브리지 대학의 제프리 잉햄Geoffrey Ingham 교수도 짐멜의 주장을 따른다. 화폐는 사

회적 관계다. 그리고 화폐의 핵심 속성은 교환이 아니라 '신용 Credit'이다. 화폐는 하나의 약속이자 계약이며, 화폐 교환은 사회적 신용 관계에서 나온다. 즉, 화폐는 사람들끼리 사회적 관계를 구성하는 방식이다. '신용Credit'이라는 단어가 라틴어 '믿다Credere'에서 나왔듯이, 화폐의 기초는 양도할 수 있는 신용이자 신뢰다.[4]

"모든 화폐는 채권-채무 관계, 즉 사회적 관계로 구성된다. 화폐는 사회적 생산물에 대한 청구권이다. 화폐는 화폐 발행자에게는 채무(부채)이며, 반대로 화폐 사용자에게는 일종의 채권이다. 화폐의 창출은 반드시 그에 상응하는 채무의 창출과 동시에 이루어지게 되어 있다. 화폐가 화폐가 되기 위해서는 계산화폐로 측정된 채무가 그 사회 체제 어디에선가 이미 먼저 존재했다는 것이 전제 조건으로 충족되어야 한다."[5]

화폐에 대한 또 다른 접근으로는 20세기 초 독일 경제학자 크나프Knapp의 '화폐국정설The State Theory of Money'이 있다. 화폐를 발행하는 자는 그 화폐 발행으로 인해 진 모든 종류의 채무를 청산할 능력을 가지고 있어야 하므로 화폐 발행, 즉 화폐 권력은 국가 주권 없이는 가능하지 않다. 화폐는 법의 피조물이다. 즉, 국가가 화폐에 가치를 부여했기 때문에 화폐가 가치를 지닌다.[6] 과거에도 화폐를 발행하는 권한인 주조권은 기본적으로 정부나 영주의 역할이었다. 주조권이 없는 이가 무단으로 화폐를 발행하는 사주私鑄는 엄격히 단속됐고 지금도 마찬가지다. 위·변조 역시 국가 권력에 도전하는 것이므로 가장 강력한 법적 처벌 대상이다. 화폐 발행으로 발생하는 이익도 정부의 몫이다. 발행한 화폐를 사용해 재화나 노동을 조달할 수 있는 것은 물론, 화폐의 보급에 따른 세금의 징수도 편리해진다는 이점이 있기 때문이다.

"화폐 권력의 기원은 화폐 발행자와 화폐 사용자 사이의 약속에 있다는 것, 즉 발행자가 스스로 공공연히 천명한 채무가 바로 화폐 권력의 기원이라는 사실이 바로 그것이다. 청구권 또는 신용·채권 또한 법으로 강제될 수 있어야만 한다. 화폐를 쓰는 사회를 하나로 통합해주는 것은 무수한 채권·채무의 네트워크이며, 이 네트워크는 국가 주권으로 인정되고 지지된다. 화폐는 주권의 한 가지 형태이며 일정한 권위를 염두에 두지 않고서는 결코 이해할 수 없는 것이다."[7]

국가 권력이 화폐의 근본적 기초다. 통화 공간은 곧 주권의 공간이다. 통화 공간이란 시장 공간을 의미하는 것이 아니라 특정한 통화 조건으로 잠재적으로 거래가 형성될 수 있는 정치경제적 장Field, 다시 말해 주권적 공간을 의미한다.[8] 따라서 대부분의 국가에서는 중앙은행을 통해 이른바 '법정화폐'를 발행하고 있으며 통화 공급과 조절의 역할을 수행하도록 한다. 중앙은행은 발권은행 역할뿐만 아니라 은행의 은행으로서, 정부의 은행으로서 기능한다.

화폐에 대한 이러한 접근을 고려할 때 블록체인 기반의 암호화폐를 과연 화폐로 간주할 수 있을 것인가? 그리고 암호화폐는 어떻게 새로운 미래 사회를 만드는 데 기여할 것인가?

2009년 비트코인으로 촉발된 암호화폐 투자 열기는 식을 줄 모르고 계속되고 있으며 암호화폐들의 가치 역시 급등락을 반복하면서 지속적으로 상승 추세에 있다. 우리는 지금 본격적인 암호화폐 경제 시대를 맞이하고 있다. 지난 수년 동안 비트코인의 클론Clone 코인들이 대거 등장함으로써 현재 발행된 암호화폐는 벌써 1,200개를 초과했고, 시가총액은 1,800억 달러를 상회하고 있다.[9]

비트코인은 채굴Mining 과정을 통해 블록을 생성한 사용자에게 배분되는 시스템이다. 최초 기획된 비트코인의 총 발행량은 2,100만 비트코인이며 이미 80% 가까이 채굴이 완료된 상태다.[10] 비트코인은 채굴량이 한정되어 있는 자산이므로 희소성을 가진다. 비트코인은 금과 같이 '채굴' 과정에 많은 시간과 비용이 들고, 매장량이 유한하기 때문에 금과 같이 가치저장 수단으로서의 성격을 갖는다. 즉, 비트코인은 자산으로서의 가치, 상품으로서의 가치를 보유한다. 한 가지 주목할 것은 비트코인은 디지털 자산의 속성을 지닌다는 점이다. 즉, 참여자의 합의가 이루어진다면 화폐 액면단위의 변경이 자유롭다. 비트코인의 세계에서는 화폐의 액면가를 낮추는 '리디노미네이션Redenomination'이 유연하게 실행될 수 있다. 따라서 채굴량은 제한되어 있지만 유통량은 사실상 무한한 셈이다. 화폐가치가 상승하면 최소 화폐단위를 적정 수준으로 분할할 수 있기 때문이다.

이러한 장점으로 인해 비트코인을 지급결제 수단으로도 인정하는 국가가 늘어나고 있다. 독일은 이미 2015년에 지급결제 수단으로 비트코인을 인정했고, 일본에서도 2017년 4월부터 비트코인을 실제 지급결제수단으로 인정하고 있다. 일본의 일부 항공사에서는 이를 활용한 항공권 구매를 허용한다.

하지만 아직까지는 비트코인과 같은 암호화폐를 완벽한 법정화폐로 보기 어렵다는 의견이 지배적이다. 가치저장 수단이나 교환 또는 지급결제 수단이 될 수 있기 때문에 화폐의 일부 기능은 가지고 있음에도, 법정화폐가 되기에는 한계가 있다는 주장이다.[11] 또한 화폐는 기본적으로 국가 권력에 기초한 경제 시스템인데도 국가가 개입되지 않은 암호화폐가 과연 지속가능할 것인가라는 물음에도 아직 확답할 수 없다.

다만 블록체인이 만들어내는 신뢰 플랫폼이 강력한 사회적 신뢰 메커니즘으로 작동한다면, 화폐 유통에 필요한 국가의 존재를 대신할 수 있다는 주장도 가능하다. 즉, 암호화폐도 사회적 관계라는 속성을 가진 화폐로서 계속 진화해나갈 것이라 기대할 수 있다. 암호화폐가 법정화폐로 공인받거나 법정화폐를 아예 대체하는 것보다는 두 가지 화폐가 함께 통용되는 '이중 통화 시스템'으로 유지될 가능성이 높다. '악화가 양화를 구축한다Bad money drives out good money'는 '그레샴의 법칙Gresham's law'을 근거로 이중 통화 시스템의 가능성을 부정하는 의견도 있지만, 암호화폐와 법정화폐 둘 다 내재가치가 존재한다고 볼 수는 없으므로 이때 그레샴의 법칙은 성립하기 어렵다.

오히려 가치 저장 수단인지, 교환 수단인지 화폐에 대한 관점에 따라 사용자 편익, 비용 우위 요소, 인플레이션 효과 등의 차이가 발생하고, 이러한 차이가 각 화폐의 사용량에 영향을 미친다. 즉, 화폐의 활용 목적이 무엇이냐에 따라 다른 화폐를 선택할 가능성이 크다. 예를 들자면, 해외송금이 목적인지, 소액결제가 목적인지, 과세와 세금납부가 목적인지에 따라 사용자 편익이 달라진다. 케이스별로 최적의 화폐 믹스가 요구됨에 따라 각 화폐는 병행 사용될 것으로 예상된다.

한편 국가 차원에서 각국의 중앙은행들이 블록체인 기술을 기반으로 국가가 직접 암호화폐를 발행하기 위한 검토가 진행 중이다. 이렇게 되면 이른바 삼중 통화 시스템, 나아가 다중 통화 시스템으로 확대될 가능성이 높다. 즉, 기존 법정화폐와 민간에서 발행한 다양한 암호화폐들, 그리고 중앙은행이 발행한 암호화폐가 공존하는 시대가 올 수 있지 않을까? 블록체인은 디지털 서명이 꼬리표처럼 붙어 있기 때문에 이전 거래에 대한 기록을 보증한다. 고비용 구조를 가진 중개기관의 적극적인 개입 없이도 화폐의 안정성을 보장할 수 있으므로 정부 입장에서는 화폐 발행 비용이 대폭 줄어드는 효과가 있다.

덴마크 중앙은행은 2017년 1월 동전과 지폐 생산을 중단하고 장기적으로 'e크로네(덴마크 화폐인 크로네에 일련번호를 부여한 전자화폐)' 도입을 추진한다. 화폐 수요가 급감하고 모바일 결제 비중이 급증하고 있는 현실에서 '화폐 없는 사회Cashless Society'로 본격적으로 나아가기 위한 첫 단계인 셈이다.[12]

스위스 최대 은행 UBS는 독일 도이치뱅크, 스페인 산탄데르

Santander 은행, 미국 뉴욕멜론은행BNY Mellon과 함께 '유틸리티 결제 코인Utility settlement coin'을 개발 중이며 2018년 초에 출시한다. 유틸리티 결제 코인은 증권 거래 시 이용되며 중앙은행에서 전환 가능하므로 시간도 덜 들고, 거래 후 결제와 청산에 대한 비용도 적다.[13] 영국의 중앙은행인 영란은행BOE은 2016년 3월 이미 암호화폐인 'RS코인'을 발표했고, 스웨덴 중앙은행Riksbank은 블록체인을 활용한 중앙은행 디지털통화 직접 발행과 도입을 검토하고 있다. 캐나다 중앙은행은 자국 대형은행들과 제휴해 암호화폐인 캐드코인 CAD-COIN 개발을 추진 중이다. 이 밖에도 호주와 러시아, 네덜란드 중앙은행이 암호화폐 발행을 검토하고 있다.[14]

한국은행도 암호화폐의 발행 가능성에 대비해 관련 기술과 제도를 준비 중이다. 2017년 초 '동전 없는 사회' 시범사업에 착수하고 백화점, 할인점, 편의점 등에서 현금 거래 소비자에게 거스름돈을 적립해주는 서비스를 제공하고 있으며, 나아가 '중앙은행의 디지털 화폐 발행 가능성에 대비한 제도적·기술적 연구'를 추진한다. 그뿐만 아니라 '환경변화에 대응한 전자금융거래 관련 규제체계 개선방안 연구'도 계획 중이다.[15]

각국 중앙은행의 노력에도 불구하고 블록체인 신뢰 네트워크가 확장될수록 중앙은행의 절대적 권력은 계속 약화될 수밖에 없다. 중앙은행의 역할이 축소되면 국채 발행을 통한 재정지출 등도 영향을 받게 되고 세수 확보도 문제가 된다. 따라서 통화정책과 재정 운영방안, 그리고 세제혁신 전략을 포함한 경제 전반에 대한 대책 마련이 요구된다. 화폐의 미래는 곧 사회의 미래이자 경제의 미래다. 화폐가 중앙은행으로부터 멀어진다는 것은 지역적으로 다양하게 펼쳐질 암호화폐 경제의 탄생을 예고한다.[16] 커뮤니티 차원에서 화폐 선택이 가능해지는 시대가 올지 확신할 수는 없지만, 암호화폐의 '화폐성Moneyness'에 대한 대응은 곧 '경제정책 혁신'에 대한 근본적인 문제제기로 직결된다.

자본주의의 위기, 경제 균형이론의 한계

2008년 금융위기 이후 경제성장의 활력 저하로 세계경제는 침체의 늪에서 헤어나오지 못하고 있다. 폭발적으로 증가했던 부채의 조정뿐만 아니라 수요 위축에 따른 생산과잉 상태를 벗어나기 위한 조정 작업도 계속되고 있다. 기술혁신 효과의 저하로 기업의 생산성도 정체되고 있으며 세계경제에 대해 낙관하는 경제학자도 드물다. 당분간 조정 국면을 거치더라도 세계경제는 회복할 수 있을 것인가? 디지털 트랜스포메이션을 이끄는 새로운 혁신기술이 생산성 정체 국면을 마무리 짓고 세계경제 재도약의 기반이 될 수 있을까? 블록체인 기술은 어떻게 경제 시스템의 변화를 만들어낼 수 있을 것인가?

사회경제 시스템에 미칠 블록체인의 영향력에 대해 논의하기 전에 우선 현재 경제체제의 근간인 자본주의 경제의 문제점을 생각해보자. 현대 자본주의 이론인 자유시장 경제모델은 기본적으로 '합리적 기대이론Rational Expectations Theory; RET'과 '효율적 시장가설 Efficient Markets Hypothesis; EMH'에 근거한다. 합리적 기대이론은 사람들이 자신의 이익을 위해 최적화 행동을 하는 과정에서 '합리적'으로 기대를 형성한다는 이론이다. 이때 '합리적'이란, 사람들은 자신이 예측하려는 변수에 관해 얻을 수 있는 모든 정보를 이용해 기대를 형성하며 모든 정부를 옳바른 방식으로 이용할 줄 안다는 것을 의미한다. 효율적 시장가설이란 합리적 기대가설을 금융시장에 적용한 이론이다. 시장의 가격은 거래되는 물건의 정확한 가치를 반영하고 있으며, 따라서 체계적, 지속적으로 시장에서 초과수익을 내는 방법은 존재하지 않는다는 가설이다. 이 가설은 시장에 새로운 충격이 발생하더라도 이를 상쇄하는 이벤트가 일어나 시장은 항상 다시 자연상태로 되돌아간다는 '균형Equilibrium' 개념을 밑바탕에 깔고 있다.

그렇다면 경제 균형이론은 무엇이며 경제현상을 어떻게 설명하고 있는가? 주류 경제학자들이 제시하는 경제 균형이론은 기본적으로 '실패가 없는 시장'에 대한 비전이다. 경제 균형이론에서는 '균형Equilibrium'과 '안정Stability'이 무엇보다 중요한 개념이다. 우리는 합리적인 경제인이 수요와 공급원리에 따라 소비자와 생산자로서 시장에서 만나 거래하는 것을 경제활동으로 정의한다. 경제활동은 생산에서 소비까지 이르는 과정이며, 이러한 과정에서 수요와 공급이 균형을 찾아간다는 것이 바로 '균형이론Equilibrium Theory'

이다.

균형이론은 복잡한 상호의존 관계를 나타내는 경제현상에서 균형상태를 연구하는 경제학 이론이다. 수요와 공급의 법칙을 생각해보자. 어떤 가격에 따라 상품의 공급이 수요를 초과하면 가격이 떨어지고, 가격이 떨어지면 공급이 줄어들어 수요가 늘어난다. 그러다가 수요와 공급이 일치할 때 균형상태가 실현된다. 이것이 곧 균형상태이며, 이때의 가격이 균형가격, 이때의 수급량需給量이 균형수급량이다. 따라서 수요공급의 법칙은 하나의 균형이론이라 할 수 있다.

이러한 수요와 공급의 법칙처럼, 한 재화財貨의 수급이라는 사회경제 현상의 일부분에 국한된 이론을 부분 균형이론이라 하고, 이를 많은 재화의 관계에까지 확대한 것을 '일반 균형이론'이라고 한다. 일반 균형이론의 아버지라 불리며 이론 정립에 큰 영향을 준 경제학자가 바로 19세기 경제학자 레옹 발라스Léon Walras다.

발라스는 수요와 공급의 균형을 폭넓은 범위로 다양한 시장에서 생기는 복잡한 거래관계에도 성립함을 수학적으로 제시하고자 했다. 특히 하나의 시장에서 공급과 수요의 균형은 물리적 세계에서의 힘의 균형과 같은 것이라고 보았다. 발라스의 일반 균형이론에 따르면 개인, 기업체 등의 경제 주체가 각각 효용 극대화 또는 이윤 극대화를 위한 행동을 하게 하면 생산물 및 생산요소의 수요와 공급이 일치되는 조건 아래서 모든 경제변수의 값이 일의적一義的으로 정해진다. 즉, 경제 시스템은 전체로서 조화가 유지되고 각

변수는 서로 관련되어 있다. 이러한 견해에 따르면 경제체계가 하나의 연립방정식으로 표시된다. 이와 같은 체계를 가정함으로써 경제의 모든 측면이 분석 가능해진다.

완전경쟁시장을 가정할 때 모든 소비자는 효용 극대화를 기준으로 재화 수요와 생산요소 공급을 결정하고, 모든 기업은 이윤 극대화를 기준으로 재화 공급과 생산요소 수요를 결정한다. 이로써 모든 재화 시장과 생산요소 시장에서 수요와 공급이 일치해 균형상태를 이룬다.

경제 균형이론은 어떤 문제점을 안고 있으며 한계는 무엇인가? 균형이론에 대한 물음은 과연 우리 경제가 균형상태로 유지될 수 있는가에 대한 질문으로 시작할 수 있다.

거시경제학에서는 일반 균형이론을 확대 발전시킨 '동태확률 일반균형Dynamic Stochastic General Equilibrium; DSGE' 모형이 활용된다. DSGE 모형은 완벽한 정보를 가지고 있는 경제주체들의 행위에 대한 가상의 모형화다. 경제학자들은 각 경제주체들이 현재와 미래에서 각 상품의 가격과 다른 경제주체의 생산과 소비 전략을 고려해 자신의 이익을 극대화할 것이라고 가정한다. 각 유형의 주체들이 내리는 결정을 다 합산하면 모든 시장에서 수요와 공급이 일치하는 가격을 찾을 수 있다. DSGE 모형은 자기모순이 없는 논리정연한 균형을 나타낸다. 즉, 경제주체들은 자신의 이익을 극대화하는 가격을 선택하게 되고, 가격은 각 경제주체들의 수요와 공급을 만족시킨다는 가정이다.[17] 지난 수십년 동안 세계 주요국의 중앙은행과 국제금융기구에서는 경제전망과 예측 또는 재정정책과 통화정책의 효과분석을 위해 DSGE 모형을 활용하고 있다.

한편 프랑스 거시경제학자 올리비에 블랑샤르Olivier Blanchard는 "DSGE 모형은 과거 분석기법에 비해 논리적 정합성을 갖춘 이론적 분석체계로 인정될 수 있으나, 이 모형 역시 어디까지나 '경제학자들의 장난감 모형Toy Model'에 불과하다"[18]라고 주장하며 변화를 촉구한다. 대부분의 주류 경제학자들은 DSGE 모형이 현실을 과도하게 단순화한다는 사실을 받아들이지 않는다. 블랑샤르는 DSGE 모형의 한계를 극복하기 위해 몇 가지 해법을 제시한다. 첫번째는 다양한 데이터 수집과 분석을 통해 현재 모형의 비현실성을 극복해야 한다는 주장이다. 두 번째로 각각의 다른 유형의 작업에는 다른 유형의 모델이 필요하다는 사실을 받아들여야 한다고 주장한다. 즉, 모형들은 이론적 순수성이 각각 다를 수 있으며, 다양한 종류의 모형을 허용해야 한다는 의미다. 임시방편Ad-Hoc의 모형은 과학적이기보다는 예술적Art이라고 말할 수도 있다. 그러나 블랑샤르는 오히려 과학과 예술 사이에 하나의 공간이 있고, 이 공간 속에서 DSGE 모형과 임시방편 모형은 상호보완적 관계로 진화할 수 있다고 말한다.[19]

내생적 성장이론Endogenous Growth Theory의 창시자인 세계은행 수석 이코노미스트인 폴 로머Paul Michael Romer는 더 급진적인 주장을 펼친다. 로머는 2016년 9월 '거시경제학의 문제The Trouble With Macroeconomics'라는 글에서 현재 거시경제 분석 및 경기 예측에 가장 널리 쓰이는

DSGE 모형에 대해 '탈脫현실 경제학'이라며 직격탄을 날린다.[20] 경제주체는 합리적 기대와는 다른 행동을 할 수 있는데도 이러한 잘못된 가정이 그릇된 결론을 낳고 결국 심각한 부작용을 낳는다.

2008년 글로벌 금융위기 이후 예측과 대책 마련 측면에서 경제 균형이론은 한계를 드러내고 있다. 이론적 아름다움에 대한 맹목적 추구는 오히려 팩트 자체를 외면하게 만든다. 금융위기를 겪으면서 금융부문과 실물부문은 밀접하게 상호작용을 하고 있다는 점이 부각되었고, 이들 상호 간에 영향을 주고받는 동태적 관계가 비선형적Non-Linear이라는 주장도 제기되고 있다. 금융부문과 실물부문 사이에는 그 영향을 상호 증폭시키는 '음의 되먹임 고리Adverse Feedback Loop'가 작동될 수 있다는 뜻이다.[21] 경제변수들의 관계를 선형적 관계로만 한정하거나 균형 모형을 기반으로 경제를 분석하는 기존 방법론의 대안을 모색해야 할 시점이다. 균형이라는 환상에서 벗어나야 한다. 평형과 합리적 인간이라는 가정으로 하나의 완벽한 시장이론이 만들어질 수는 없다.

'복잡계 경제학', 경제학의 미래를 다시 쓰다

경제협력개발기구OECD 사무총장 앙헬 구리아Angel Gurría는 '경제가 통제될 수 있다는 척하지 말라Stop pretending that an economy can be controlled'는 글에서 경제는 다양한 인풋Input과 영향들이 상호작용해 비선형적이며 예측하기 힘든 복잡계Complexity 시스템이라는 점을 받아들여야 한다고 주장한다.[22] 거시경제학의 균형이론 모형의 설명력을 부분적으로 인정하지만 과도하게 맹신하면 오류에 빠질 수밖에 없다. 경제적 균형이 현실세계에서는 어떤 의미를 갖는지, 그리고 그것이 과연 무엇인지 묻지 않을 수 없다.

복잡계 과학 전문가 마크 뷰캐넌Mark Buchanan에 따르면, 경제와 금융에서 균형이론이 지속되는 이유 중 하나는, 균형이 경제 분야의 사고를 지배하는 은유의 힘을 가지기 때문이다. 건드리지 않으면 가만히 머물러 있고, 흔들린 양동이의 물이 평형 상태로 쉽게 회복하듯이 외부 충격에 반응하여 재조정하는 경제와 시장 개념은 매혹적이다.[23] 그러나 물리적 세계에서 차용한 균형 개념으로 경제를 닫힌 시스템으로 설명하는 것은 일종의 은유의 오용이다. 그렇다면 뷰캐넌이 주장하는 대안적 경제학으로서 복잡계 이론은 무엇이며, '복잡계 경제학Complexity Economics'은 일반 균형이론을 어떻게 극복하고자 하는가?

복잡계 과학 연구의 허브인 미국 뉴멕시코주의 산타페연구소Santa Fe Institute; SFI에 의하면, 수많은 행위자들이 상호작용하고 다른 행위자들과 그들의 환경에 적응해가는 시스템에서 복잡성이 생겨나며, 그 행위자들이 상호작용하는 시스템을 복잡 적응 시스템Complex Adaptive Systems; CAS이라고 한다. 이 상호작용과 적응은 진화적 프로세스로 이어지고, 종종 거시적 차원에서 놀라운 '창발創發적Emergent' 행동으로 나타난다. 복잡계 과학은 물리학적, 생물학적,

사회적, 기술적 시스템에서의 복잡성에 이르는 공통된 메커니즘을 찾기 위해 노력한다.[24]

이때 창발은 그 이전에는 보이지 않았던 것이 어느 순간 갑작스럽게 나타나는 현상을 의미한다. 전체는 부분의 합보다 크다. 즉 미시적인 부분의 각각의 특성만으로는 설명할 수 없는, 전체로서 나타나는 복잡한 현상을 말한다. 복잡계의 창발적 동작은 예측할 수 있는 동작이 아니며, 계系를 구성하는 개개의 성분을 독립적으로 분석해 알아낸 지식들로부터는 만들어낼 수 없는 동작이다.

뉴턴 역학에서는 한 행동이 하나의 결과를 갖지만, 복잡계에서는 주어진 원인이나 행동은 되먹임 고리Feedback Loop를 통해 예기치 않은 다양한 결과를 초래한다. 복잡계란 상호작용하는 수많은 행위자를 가지고 있기 때문에 그들의 행동을 종합적으로 이해해야만 예측가능하며, 이러한 분석은 비선형적이어서 개별 요소들의 행동을 단순히 합산해서는 유도해낼 수가 없다.

즉, 복잡계 과학은 인간 경제사회를 움직이는 다양한 변수를 고려하면서 무질서하게 보이는 정치, 사회, 경제 현상 등을 발생시키는 메커니즘을 분석하고 각 행위자들과 환경이 상호작용하면서 진화시켜나가는 관계를 연구하는 학문이다.

복잡계 경제학자 브라이언 아서Brian Arthur 교수는 복잡계 경제학은 '경제가 반드시 평형 상태에 있지는 않다'는 명제에 입각해있다고 한다. 경제적 행위자(기업, 소비자, 투자자)들은 항상 자신의 행동과 전략을 상호 간 만들어내는 결과에 반응해 수정해나간다. 이로써 결과를 더 변화시키고, 그 결과는 그들이 다시 새롭게 조정해나가도록 한다. 경제 행위자들은 생존을 위해 그들의 믿음과 전략이 항상 '테스트' 되는 세계에 살고 있으며, 그들의 믿음과 전략이 함께 창조해가는 생태계 속에서 '생존' 한다.[25]

복잡계 경제학은 단일한 통합된 이론이라기보다는 아직도 개발 중인 하나의 연구 프로그램에 가깝다. 복잡계 경제학은 폐쇄적, 정태적, 선형적 균형 시스템이 아닌 개방적, 동태적, 비선형적 시스템이다. 복잡계 경제학은 연역적 계산에 의한 의사결정 구조가 아닌 귀납적 경험을 중요시하고 시간에 따른 학습과 적응을 강조한다. 또한 시간에 따른 관계 네트워크 변화를 허용한다. 복잡계 경제학에서는 거시와 미시의 구분이 없다. 거시 패턴은 미시적 행태와 상호작용의 창발적 결과이기 때문이다.[26]

복잡계 경제학 관점에서 볼 때, 거시경제학 균형이론 모형은 기본적인 관계 외에는 설명력이 약할 수밖에 없다. 특히 균형이론에서는 합리적으로 경제활동을 하는 개인을 가정하지만, 사람들은 완벽하게 합리적이지 않다. 시장이 경제학자들의 합리적인 이상에 맞는 사람들('최적화' 된 방법으로 자신의 목적을 추진하는 사람들)로 구성되어 있지 않다는 사실을 이해하는 것이 중요하다.[27] 즉, 사람들은 모두 다르고, 시장은 평형에 있지 않다. 이 같은 사실로 인해 세상이 복잡한 것이며, 이러한 점들을 진지하게 다뤄야 복잡한 세상을 더 잘 이해할 수 있다.[28]

"균형이론은 시장 자체에 아무런 흥미로운 동역학이 없고, 자연에서 우리가 알고 있는 모든 것과 근본적으로 다르다고 가정한다. 경제이론은 무한히 복잡한 동역학이 풍부한 것, 즉 놀라움으로 가득 찬 것으로서, 시장이 아닌 다른 분야(날씨, 정치, 경영, 기술 등)를 다룰 준비가 되어 있다. 하지만 시장 그 자체는 결코 아니다. 경제이론은 바깥 세상의 풍부한 동역학이 회사나 주식뿐만 아니라 다른 금융상품의 실제 가치 및 근본적인 가치를 바꾼다고 생각한다."[29]

경제행위자들은 그들이 소비자든, 은행이든, 기업이든, 또는 정부기관이든 무엇인가 사거나, 팔거나, 거래하거나, 투자하거나 각기 다른 행동을 한다. 그들은 지속적으로 미래를 예측하고 그들이 상호작용하는 환경에서 일어나는 변화들에 적응한다. 이것이 다시 계속 진화하는 생태계를 만들고, 이 생태계는 결코 균형상태에 이르지 않는 패턴을 보여준다. 경제이론의 목적은 방정식 공식을 만들거나 행위자들을 특정 조건에 최적화하는 것이 아니라, 일어나고 있는 변화로부터 통찰력을 확보하는 것이어야 한다.[30]

복잡계 경제학에서는 자율적 행위자들 간의 행위와 상호작용을 시뮬레이션하고 시스템 전체에 대한 영향을 평가하기 위해 '행위자 기반 모형Agent-Based Model; ABM'이라는 컴퓨테이션 모델을 활용한다. 행위자 기반 모형은 미시적 토대로부터 발생하는 거시적 패턴을 분석하기 위해 고안된 상향식 시뮬레이션 계산 모형이다. 즉, 행위자 기반 모형은 복잡한 현상의 출현을 예측하고자 하는 시도 속에서 다양한 행위자들의 동시적 상호작용을 시뮬레이션하는 마이크로 모형이다. 행위자 기반 모형은 행위자들, 행위자들 간 상호작용, 그리고 행위자들이 위치하는 환경, 그리고 사용자 인터페이스, 시각화, 데이터 수집 및 저장과 같은 메타 환경으로 구성된다.[31]

행위자 기반 모형은 행위자와 환경을 설정하고 행위자가 주위 환경과 다른 행위자, 자신의 상태에 의거해 어떻게 행위할 것인지를 설정하는 것으로 구성된다. 그렇게 행위자와 환경을 구성해놓고 시뮬레이션해서 어떤 결과가 나타나는지를 분석하는 것이 행위자 기반 모형의 핵심이다.

금융위기 이후 행위자 기반 모형은 경제 분석에 가능한 툴로서 많은 관심을 받고 있다. 행위자 기반 모형은 효율적인 시장이 존재한다고 가정하지 않는다. 경제가 정해진 균형점을 찾아가는 것으로 전제하지 않는다. 오히려 격동과 충돌이 이 모형의 내재적인 특징이다. 특히 행위자 기반 모형은 무작위적 현상과 구분되는 패턴을 다룰 수 있는 거의 유일한 모형이라는 점에서 경제학자들의 주목을 끌고 있다. 또한 이 모형에서 특정 결과는 특정 원인에 비례하지 않는 '비선형성Non-Linearity'을 가진다. 균형이론에서 고려하는 동질적인 '대표 행위자Representative Agent'는 다양하고 역동적이며 상호의존적인 행동을 하는 행위자로 대체된다. 복잡한 경제현상을 설명하기 위해 행위자 기반 모형을 DSGE 모형의 대안으로 보는 의견도 있다.[32]

복잡계 경제학의 탈평형 관점은 불안정성과 극적인 변화를 이끄는 되먹임Feedback에 초점을 맞춤으로써 시장의 동역학을 이해할 수 있는 길의 윤곽을 보여준다.[33] 물론 복잡계 경제학은 완벽한 이론은 아니다. 복잡계 경제학 모형의 상당 부분은 아직 초보적인 수준이며, 체계적인 패러다임을 갖추진 못하고 있다. 하지만 복잡계 경제학의 문제의식은 우리에게 많은 시사점을 준다. 그렇다면, 이제 복잡계 경제학 개념과 툴을 활용해 블록체인이 어떻게 시장 시스템 혁신을 견인할 수 있는지 생각해보자.

블록체인이 만드는 자본주의 혁신 패러다임

우리가 바라는 사회경제 시스템 혁신은 무엇이며, 블록체인으로 추구해야할 것이 무엇인지 근본적인 성찰이 필요하다. 블록체인 기술로 우리는 어떻게 경제혁신의 새로운 패러다임을 만들 수 있을까?

블록체인은 사람마다 다르게 받아들일 수 있을 정도로 다양한 의미를 가지고 있다. 블록체인은 분산원장이기도 하고, 암호화폐를 발행하는 수단이면서, 분산 방식으로 가치를 교환할 수 있는 수단이자 일종의 합의 메커니즘이다. 그러나 무엇보다도 블록체인은 '신뢰의 디지털 구현체Embodiment'다.[34] 그리고 신뢰는 투명성에 기반을 둔다. 즉, 블록체인은 '투명성Transparency'의 엔진이다.

하지만 블록체인은 만병통치약은 아니다. 블록체인이 현재의 모든 경제적 문제를 해결하는 전지전능한 솔루션이 될 수는 없다. 그럼에도 블록체인은 다른 핀테크와 더불어 현재의 자본주의 시스템의 명료성Clarity을 강화할 수 있는 유용한 툴이다. 블록체인의 잠재력을 극대화하고 좀 더 현실을 반영할 수 있는 거시경제학 정책을 정의하는 데에 블록체인을 활용하고자 한다면, 복잡계 경제학과 결합하는 작업이 필요하다. 즉, 블록체인의 투명성과 복잡계 경제학에 기반을 둔 경제 모형을 결합해 자본주의 시스템의 명료성을 강화할 수 있다.[35]

블록체인은 기본적으로 탈중앙형, 분산형 시스템을 지향한다. 개별 비즈니스 모델 차원뿐만 아니라 사회경제 시스템 차원에서 분산 구조로의 전환이 고려될 경우 시스템의 복잡성은 폭발적으로 증가한다. 수많은 프라이빗 블록체인이 생성된다고 가정하자. 비즈니스 영역별로, 정치·행정 영역별로 서비스 가치를 실현하기 위한 다양한 프라이빗 블록체인이 만들어질 수 있다. 이때 각각 어떤 합의 알고리즘을 적용할지, 각 프라이빗 블록체인이 어떻게 연계될 수 있는지 사전 고려사항을 검토해야 한다.

특히 합의 알고리즘을 적용할 때는 어떤 이해관계자가 합의의 주체로 참여할지 판단하는 것이 중요하다. 이상적인 합의 노드를 구성하려면 기존 오프라인의 시장 다이내믹스를 고려하면서 신뢰 네트워크 구조에 대해 시뮬레이션하는 것이 필수적이다. 이때 복잡계 경제학의 테크닉을 활용함으로써 신뢰경제 내 신뢰를 형성하는 각 노드들이 어떻게 상호작용하며, 그 상호작용이 생태계를 어떻게 변화시키는지 분석할 수 있다. 행위자 기반 모형을 통해 기존 고정 변수뿐만 아니라 새롭게 발생하는 동적인 변수까지 포함한 노드 설계가 가능하다. 블록체인 네트워크가 점점 더 복잡해질수록 사전에 예상하지 못했던 다양한 결과들이 발생할 수 있으므로 시뮬레이션 기능은 훨씬 더 강화될 필요가 있다. 복잡성과 불확실성의 시대, 기업의 경쟁우위 원천은 시장 적응력과 회복탄력성Resilience에서 나온다. 시장은 복잡적응계Complex Adaptive Systems; CAS다. 경제적 행위자 간 서로 영향을 미치며 공진화共進化, Co-Evolution해나간다. 따라서 다양한 매개변수를 활용한 시뮬레이션과 각 결과에 대응하고 적응해나갈 수 있는 유연한 설계가 중요해진다.

또한 복잡계 경제학은 경기 주기, 성장, 인플레이션 등과 같은 경제적 패턴들을 시스템의 상호작용으로부터 내생적으로 일어나는 창발적 현상들로 본다. 복잡 적응 시스템들은 다수의 시스템에 공통으로 나타나는 창발적 패턴들을 가지고 있다. 이 패턴들을 분석하면 그 시스템들이 어떻게 작동하는지 더 잘 이해할 수 있다.[36] 즉, 블록체인 네트워크상에서 발생할 수 있는 창발 패턴을 감지하고 이를 분석하고 시뮬레이션할 수 있는 모델이 요구된다. 창발 현상은 하위 계층(구성 요소)에는 없는 특성이나 행동이 상위 계층(전체 구조)에서 자생적으로 불시에 나타나는 현상으로서 자기조직화Self-Organization에 기인한다. 자기조직화란 한 시스템 안에 있는 수많은 구성 요소들이 상호작용을 통해 끊임없이 재구성하고 환경에 적응해나가며 전체 구조를 바꾸는 시스템의 특성을 의미한다.

외부의 계획과 통제에 따라 결정되는 것이 아니라 스스로의 메커니즘으로 스스로를 바꾸어나간다. 즉, 자기조직화는 자기 결정적Self-Determinant이며 자기 적응적Self-Adaptive이다.

프라이빗 블록체인은 일종의 자기조직화 성격을 갖는다. 하나의 블록체인 네트워크 안에서 이해관계자, 곧 행위자는 노드Node가 되고 이 노드는 다른 노드들과 상호작용하면서 거래를 발전시켜 나간다. 합의 알고리즘에 기반을 둔 신뢰 구조를 통해 노드 간 상호작용이 증가하고 더 많은 거래 데이터가 블록으로 쌓인다. 블록체인 네트워크에서는 어느 순간 자기 조직화 임계성Self-Organized Criticality; SoC이 나타난다. 덴마크의 이론 물리학자 페르 박Per Bak에 따르면, 임계상태는 평형상태에서 벗어나 있어 조그마한 자극이 크고 작은 '사태'를 일으킬 수 있는데, 이 임계상태로의 진화는 외부의 자극이나 계획에 의한 것이 아니라 시스템의 구성 요소들끼리 상호작용해 스스로 '자기 조직화' 한 결과다.[37]

블록체인은 지식의 사회적 생산을 촉진한다. 이것은 기존의 중앙집중적이고 수직적, 위계적인 통제 구조의 행위자들이 아닌 독립적이며 자율성과 자발성을 지닌 행위자들이 공유와 협력을 중심으로 하는 수평적 생산방식이다. 연결과 공유를 통해 지식이 축적되고 새로운 지식이 창조됨으로써 창발이 일어난다. 창발은 균형의 붕괴이자 돌발상황의 발생이다. 질서는 잡음으로 무너지고 무작위성이 새로운 혁신을 이끈다.

복잡계 경제학이 모든 것을 설명할 수는 없다. 따라서 복잡계

이론을 교과서적으로 받아들이기보다는 기존 시스템에 대한 비판적 사고 차원에서 접근해야 한다. 복잡계 경제학은 현재를 성찰하고 미래를 준비하기 위한 유연한 도구다. 복잡계 경제학은 그 자체가 목적이 아니라 사회경제 시스템에 대한 변화와 혁신을 촉구하는 계기로서 역할을 수행할 때 비로소 가치가 있다.

"복잡계 경제학이 모든 경제패턴의 수수께끼에 답을 제시해주는 것은 아니다 그러나 복잡계 경제학은 새로운 분석의 툴을 제공함으로써 다양한 요소들이 어떻게 결합해서 우리가 관찰한 행태들을 낳고 있는지 이해할 수 있게 해준다. 현실세계 경제는 전통 경제학이 상상하는 균형 세계에 비해 훨씬 더 흥미진진하다."[38]

자기조직화가 일어나는 공간, 곧 시장은 아직도 가격결정과 자원 배분의 가장 효율적인 메커니즘이다. 시장은 지금까지 고안된 최상의 사회적 기술이다. 블록체인 신뢰 네트워크가 작동하는 것도 결국은 시장이다. 사실 2008년 금융위기의 원인 중 하나로 지목된 것은 시장의 '사일로' 현상이다. '사일로Silo'란 고대 그리스어 '시로스Siros'에서 유래한 단어로 사전적으로는 '농장에서 곡물을 저장하는 높은 탑' 또는 '옥수수 보관용 구덩이Corn Pit'를 의미한다. 비즈니스 영역에서 사일로는 다른 곳과 고립된 채로 운영되는 폐쇄적인 조직과 지식, 시스템을 말한다. 금융위기 전후 금융기업들의 조직 운영방식과 커뮤니케이션 체계는 제각각이었으며 단일한 하나의 시장 대응 기준을 가지고 있지도 않았다. 즉, 시장의 리스크를 바라보는 관점과 기준 역시 기업마다 달랐고 대응하는 프로세스도 상호 연계되어 있지 않았다. 위기가 발생하면 도미노처럼 연쇄작용이 일어나 파급력이 막대한데도, 리스크에 대한 생각과 행동은 편협한 사일로 안에 갇혀 있었다는 것이 문제점으로 지적된다.

그러나 사일로에 빠져 분야 전문성만을 추구하는 똑똑한 바보들은 전체 시스템의 탁월함을 보장하지 못한다. 블록체인이 창출하는 신뢰 네트워크는 이러한 사일로 현상을 최소화한다. 블록체인은 최초의 기획 단계부터 연결하고 공유하는 프로세스를 통해 가치창출 모델을 꿈꾼다. 블록체인은 시장 시스템 전체를 바라보고 이해관계자 모두가 공통으로 책임지는 구조를 만들어낼 수 있다. 시장 내에서 기업 간 경제적 거래에서 발생할 수 있는 다양한 마찰을 제거하는 윤활유가 바로 신뢰다. 신뢰 네트워크에 기반을 둔 거래와 정보 공유는 위기 징후를 감지하고 예방하는 데 기여할 수 있다. 금융위기 때 막대한 투자 손실을 기록한 UBS, JP모건체이스 등 글로벌 대형 금융기관들이 앞다퉈 블록체인 기술을 도입하기 위해 노력하는 것도 이러한 맥락에서 이해할 수 있다.

"현실세계는 근본적으로 불안정성이 지배하고 있다. 이러한 현실에 맞서 싸우는 방법 가운데 하나가 사람들이 서로 장기적인 신뢰를 갖는 것이다. 사람들이 모두 그렇게 장기적인 신뢰를 갖고 행동한다면 그 장기적 신뢰 자체가 현실이 될 것이기 때문이다. 이러한 장기적 신뢰는 모종의 사회적, 정치적 정당성에 뿌리를 두고 있다."[39]

우리는 강력한 변화를 촉진하는 급진적인 기술 진화와 더불어 디지털 세계를 향해 이동하고 있다. 새로운 기술은 새로운 기회를 만든다. 블록체인 기술의 도입으로 자본주의가 겪는 한계, 갈등과 변화를 넘어설 수 있다. 블록체인은 새로운 사회경제 시스템 혁신의 기반을 만든다. 새로운 사회경제 시스템은 그 변화의 계기와 그 기회가 만들어내는 환경 속에서만 진정한 의미를 갖는다. '창주적 파괴'라는 상시적 폭풍 속에서 새로운 혁신의 기회는 더욱 확대되어야 한다.

인류 사회는 혁명적 변화의 시대를 눈앞에 두고 있다. 혁명의 과정에서 수반되는 여러 가지 제약과 부작용을 어떻게 극복할 것인가가 이제 중요한 숙제가 된다.

2장

화폐와 데이터의 결합으로
인포메이션 생태계를 재구축하라

독점과 고립은 데이터 경제의 성장을 가로막는다

바야흐로 '데이터 경제' 시대다. 데이터는 엄청난 기회를 낳는다. 데이터는 기업과 사회의 최첨단 무기다. 디지털 시대에 데이터라는 무기의 힘은 더욱더 강력하다. 데이터를 활용하지 않는 산업은 더 이상 성장하기가 어렵다. 반면 다량의 데이터를 독점한 기업은 초과 이윤을 얻고, 무한한 권력을 가질 수 있다. 따라서 '독점'은 무엇보다도 중요한 사회적 이슈다. 실리콘밸리 혁신기업들이 왜 혁신의 대명사가 아닌 독점의 상징이 되었으며, 그들이 장악한 데이터 권력은 어떻게 시장경제를 훼손하고 있는가?

디지털 경제의 성공신화를 이끄는 기업들이 데이터를 독점함으로써 자유경쟁의 근간을 뒤흔들고 있다는 비판이 확산되고 있다. 소수의 디지털 기업이 독점하고 있는 배타적 데이터들은 소유 기업의 지속적인 비즈니스 기반이 될 뿐만 아니라, 새로운 경쟁자들의 시장 진입을 막는 장벽이 된다. 그리고 이러한 독점 구조는 시장의 비효율성을 증가시키고 산업 경쟁력을 악화시킨다.

인터넷 검색 시장에서 구글은 단연코 독보적이다. 마이크로소프트를 비롯한 많은 기업이 구글과의 경쟁을 선언하고 검색 시장에 뛰어들었지만 성공 가능성은 희박해 보인다. 최적의 검색결과를 만들기 위해서는 과거 사용자들의 행동 패턴을 바탕으로 알고리즘을 구성해야 하지만, 단기간 내 이러한 데이터를 확보하기란 불가능하다. 결과적으로 구글은 그들이 독점적으로 보유한 방대한 사용자 데이터를 기반으로 경쟁자들의 진입을 효과적으로 막아온 셈이다.[40]

페이스북 역시 데이터 공룡기업이다. 페이스북은 수십억 명의 사용자들이 만들어내는 '좋아요Like' 데이터와 소셜 관계 데이터를 기반으로 최강의 인공지능 기업으로 떠올랐다. 우리가 '좋아요'에 열광하는 사이에 페이스북은 누구와도 견줄 수 없는 최상의 자리에 올라서버렸다. 인공지능 기술은 전적으로 풍부한 데이터에 의존한다. 데이터가 쌓일수록 더 좋은 알고리즘을 만들 수 있고, 이를 통해 사용자를 더 많이 확보할 수 있다. 따라서 데이터 보유량이 미비한 기업과의 격차는 기하급수적으로 커질 수밖에 없다. 데이터 세계에서는 보유 데이터가 증가할수록 학습량이 늘어나는 현상이 오랜 기간 계속된다. 학습 곡선이 완만해지는 지점에 도달하면 데이터 규모가 너무 커져 승자독식 구조를 벗어날 수 없게 된다.

하지만 전통적인 독점규제 정책으로 데이터 권력을 쉽게 무너뜨릴 수는 없다. 일단 시장 메커니즘으로는 데이터 독점 문제가 해결되지 않는다. 데이터의 가치는 다량의 데이터가 축적됨으로써 커지기 때문에 소량의 데이터가 거래될 수 있는 환경도 쉽게 만들어질 수 없다.

최근 들어 구글, 페이스북과 같은 글로벌 디지털 기업들의 데이터 독점에 대한 각국의 규제는 대폭 강화되는 추세다. 2016년 독일은 페이스북이 개인정보를 제공하지 않으면 서비스를 사용할 수 없게 한다는 혐의에 대해 지위남용 여부 조사에 착수했고, 2017년 일본 공정위에서는 데이터 수집 방법과 배타적 활용 등을 감시해 선을 넘으면 독점금지법을 적용하겠다는 가이드라인을 발표하기도 했다.

디지털 시대에는 독점의 양상도 과거와 다르다. 대량생산 시대의 시장 독점은 가격 상승으로 이어져 소비자 후생을 저하시켰다. 그러나 디지털 경제에서는 독점의 폐해를 규정하기가 어렵고, 독점이 성립하는 지점도 다르다. 즉, 독점이 소비자 후생에 영향을 미치는 것도 입증하기가 어렵다. 독점이 직접적으로 소비자가 부담하는 가격의 상승으로 이어지는 것이 아니라, 거래 이면에서 은밀하게 작동되기 때문이다. '양면 시장Two-Sided Market'을 구축하고

'지불자Money Side 그룹'에 비용을 전가함으로써 오히려 소비자 후생이 증가하기도 한다.

특히 소셜 데이터는 사용자 서비스 이용 활동과 플랫폼의 결합을 통해 만들어진다. 하지만 최종적으로 축적된 데이터는 서비스 플랫폼 제공자와 사용자 간에 비대칭적 관계를 낳는다. 사용자는 서비스를 이용하기 위해 자신의 신원 정보와 취향 데이터와 활동 이력을 제공한다. 사용자와 서비스 기업 사이에 이용약관이 체결되는 시점부터 사용자의 데이터는 서비스 기업의 전유물로서 독점적으로 축적된다. 이것은 결국 비대칭적인 지식관계로 이어진다. 사용자가 자신에 대한 데이터와 지식을 양도함으로써 비대칭적인 지식관계는 통제하고 통제당하는 권력관계로 전이된다.[41]

사용자 데이터의 독점은 독점 기업의 서비스 경쟁력에 반영된다. 타 사업자가 유사한 서비스를 만드는 것을 차단할 수는 없지만, 질적인 수준에서는 도저히 추월할 수 없는 환경을 구축한다. 독점 기업은 데이터 분석을 통해 소비자를 더 깊이 이해할 수 있기 때문에 소비자에게 더 많은 가치를 제공할 수 있는 지위를 점유한다. 소비자들의 서비스 만족도와 충성도가 급상승하게 됨에 따라 '록인 효과Lock-in Effect'는 확대되고 독점 기업의 위상은 지속적으로 강화된다. 독점 기업은 네트워크 효과 기반의 규모의 경제로 더 많은 데이터를 확보하게 되고, 이를 통해 기업의 경쟁력은 더욱 견고해진다.

따라서 기존 독점 기업이 구축한 위상을 흔들어놓을 수 있는 만큼 데이터를 확보하는 일은 사실상 불가능에 가깝다. 인공지능 알고리즘은 엄청난 양의 데이터를 통해 구현되며, 이 알고리즘은 궁극적으로 기업의 핵심 경쟁력이다. 따라서 네트워크 효과가 지배하는 디지털 경제 패러다임에서 선도 기업들의 위상은 지속될 수밖에 없다. 특히 축적된 데이터는 지대의 이윤처럼 수익의 원천이 된다. 토양이 비옥해질수록 지대는 확대되는데, 데이터 토양의 비옥도는 데이터의 양에 의존한다. 이렇게 축적된 데이터는 결국 마케팅 플랫폼의 근간을 구축하고 고부가가치 수익을 창출한다.[42]

다른 한편으로, 데이터 독점은 고립을 심화시킨다. 데이터 독점은 수익의 기반이며 권력의 이면이다. 데이터 권력을 장악하기 위한 전쟁에서 공유와 협력의 이념은 수식어와 겉포장에 불과하다. 신뢰가 형성되어있지 않은 관계에서는 연결과 공유의 가치를 실현하기 어렵다. 소수의 기업들로 데이터는 빨려 들어가고 있으며 그 외 기업들의 데이터는 고립된 채 방치되고 있다. 데이터가 주도하는 디지털 시대임에도 승자독식이라는 사회구조에서는 성장은 지속가능하지 않다. 독점과 고립은 궁극적으로 지식의 축적을 가로막기 때문이다.

데이터 독점사회를 극복하지 않고서는 전체적인 사회적 부를 증대시킬 수 없다. 데이터와 인공지능 기술의 진화에도 불구하고 데이터 고립세계에서 벗어나 연결과 공유와 협력을 이루지 못하면 우리의 미래는 암흑의 공간에 머문다.

데이터 생태계 진화를 위해서는 적극적인 데이터 공유와 커뮤니케이션이 요구된다. 그러나 시스템 차원에서 볼 때 이해관계자 간 연결은 쉬운 문제가 아니다. 무엇보다도 비즈니스 투명성과 프라이버시는 트레이드 오프Trade Off 관계에 있다. 더 많은 데이터가 공유되면 투명성은 더 높아지지만 비즈니스 보안과 프라이버시 차원에서는 양보가 필요하다. 투명성과 프라이버시의 트레이드 오프 관계는 오늘날의 비즈니스, 즉 협력 대 경쟁에 있어서 고려해야한 핵심적인 포인트 중 하나다.

또한 연결이 무조건 긍정적인 효과를 가져온다고 단정지을 수는 없다. 연결과 공유가 위험 분산과 사전 감지 및 대응의 메커니즘을 제대로 구현하지 못한다면, 데이터의 연결로 인해 위기가 전파되는 경로가 많을수록 시스템 전반의 붕괴 가능성도 높아진다. 네트워크의 확산으로 초기 충격의 효과가 증폭될 경우 심각한 시스템의 위기가 초래한다.

데이터 연결은 그 자체가 목적이어서는 안 된다. 우리는 무엇을 위해 공유와 협력을 추구할 것이며, 데이터 연결의 장벽은 어떻게 극복할 것인가? 어떻게 우리는 이상적인 데이터 사회를 만들 수 있을 것인가?

'크립토-인포메이션' 생태계의 탄생

블록체인 경제는 데이터 경제와 한몸이다. 그렇다면 블록체인 기술은 데이터 독점과 고립 현상을 극복하도록 데이터 생태계를 어떻게 탈바꿈시킬 수 있을 것인가? 블록체인으로 어떻게 신뢰를 만들고 연결과 공유를 통해 지식을 축적할 것인가?

더 많은 데이터를 독점적으로 확보한 기업이 더 많은 권력을 가지는 시대다. 개인들은 이미 자신의 데이터에 대한 통제권을 상실했다. 프라이버시와 자율권 침해뿐만 아니라 디지털 아이덴티티의 보안도 취약해진 상태다. 우리 각자가 날마다 생성하는 막대한 양의 데이터는 사회 전반에 대해 중요한 통찰력을 제공할 수 있음에도 불구하고, 소수 기업이 독점함에 따라 공공성 목적으로 활용하기란 어려운 일이 되었다.

데이터 독점은 경제적 비효율성과 불평등을 낳는다. 시민들과 공공기관, 기업들 사이의 신뢰마저 무너뜨린다. 신뢰가 무너지면 지속가능 성장과 공유와 협력 시스템의 근간도 무너진다. 지금의 디지털 생태계는 상당히 파편화되어 있다. 사물인터넷 디바이스들의 운영 시스템 간 호환성도 떨어지며, 여기서 생성되는 데이터 역시 사일로에 갇혀 있다. 이러한 파편화는 데이터를 분석하기 어렵게 만들며, 최종 사용자들은 궁극적으로 자신의 데이터 통제력을 갖지 못하게 된다.

하지만 블록체인이 만드는 신뢰의 힘은 기존 데이터 독점 기업의 힘을 뛰어넘을 수 있다. 모든 거래는 상대방이 머지 않은 미래에 약속을 지킬 것이라는 신뢰에 기초한다. 그런데 상대방이 약속을 지킬지 어길지는 사전에 쉽게 파악하기 힘들다. 신뢰가 부족하면 거래 자체가 축소되고 연결이 감소되며 부가가치 창출이 힘들어진다. 그러나 연결을 가능하게 하는 첫 출발이 신뢰 구축이다.

신뢰도가 높은 사회일수록 연결 비용이 줄어들고 더 큰 네트워크가 구성될 수 있다. 즉, 신뢰의 강도는 네트워크의 크기에 비례하고, 연결 비용에 반비례한다.[43] 신뢰가 있어야 연결이 가능해지고, 연결에 비례해 공유와 협력이 확대된다. 인포메이션 축적과 지식의 창조는 네트워크의 연결 규모에 달려 있다. 그리고 경제적 부는 바로 지식으로부터 나온다. 디지털 사회에서는 사일로 데이터보다는 더 다양한 데이터의 연결과 이를 통한 더 많은 인포메이션과 통찰력을 확보한 자가 더 강력한 권력과 부를 가지게 된다.

유럽연합은 이미 블록체인 기술을 활용해 데이터를 저장하고 공유하고자 하는 '분산형 시민 소유 데이터 생태계DEcentralised Citizen Owned Data Ecosystem; DECODE' 프로젝트를 추진하고 있다. DECODE 프로젝트는 소수의 데이터 자이언트들의 데이터 독점에 대한 대응책으로서 2017년부터 2019년까지 3년간 500만 유로의 자금으로 진행된다. DECODE는 각 개인들이 자신들의 데이터에 대한 통제권을 가지고 비공개 상태로 유지할지, 공공 목적을 위해 사용할지 직접 결정하도록 한다. DECODE 프로젝트의 연구와 기술개발 활동은 신뢰와 프라이버시에 초점을 맞춘다. 신뢰와 프라이버시가 새로운 거버넌스 프레임워크에 의해 어떻게 보장되고, 이것이 어떻게 오픈 데이터 규약에 근거한 혁신적인 경제모델에 이를 수 있을지를 탐구한다.

DECODE 프로젝트는 유럽연합에서 추진되고 있는 혁신프로젝트 Horizon 2020의 일환이다. Horizon 2020 프로젝트는 2014년부터 7년간 약 80억 유로의 예산으로 진행될 다양한 혁신 프로그램들로 구성되어 있다. DECODE 프로젝트 추진을 위해 바르셀로나, 암스테르담과 같은 도시를 비롯해 대학, 기업 등 14개 파트너사들이 컨소시엄을 구성하고 있다. 이들은 데이터 유출이나 정부의 감시 관련 이슈, 그리고 소수의 대기업에 의한 개인 데이터 독점이 더 이상 지속될 수 없는 환경을 만들기 위해 노력할 예정이다.[44]

새로운 방식으로 데이터를 보호하고 공유하는 것은 그 잠재력이 무궁무진하다. 개개인이 자신이 사용하는 서비스를 더욱더 신뢰하게 될 뿐만 아니라 사회적 기업들의 성장을 보다 효과적으로 지원하기 위한 데이터 공유체계가 설립될 수 있다. 또한 도시의 기능을 개선하고, 다양한 민주적 프로세스를 구현할 수 있게 할 것으로 예상된다. 프로젝트를 통해 개발된 분산형 데이터 생태계 툴에 대한 연구결과와 소스는 공공에 공개될 예정이고 누구나 이를 자유롭게 이용할 수 있게 되어, 향후 유럽연합 내 데이터 공유와 저장방식의 변화는 더 빠르게 진행될 것이다.[45]

블록체인 기술이 사회 전반에 확산되면 이제 개인들의 데이터는 더 이상 특정 기관 또는 특정 기업의 내부 시스템에 보관되지 않는다. 데이터의 오너십Ownership 자체가 각 개인에게 되돌아간다.

데이터의 오너십은 신원증명 블록체인 내 하나의 토큰Token으로 표시되며 모두에게 공유될 수 있다.

블록체인 기술을 기반으로 분산 저장된 데이터는 인공지능 기술이 다양한 데이터를 활용할 수 있도록 할 것이며, 이는 무한한 발전가능성을 지니게 된다. 데이터는 소진되지 않으며 낮은 재고비용으로도 무한대로 축적이 가능하다. 축적된 데이터는 인적자본과 결합하고 인공지능 기술을 통해 새로운 인포메이션으로 재탄생한다.

블록체인에 기록된 정보들은 마치 메소포타미아의 오리지널 석판처럼 고고학적 기록의 일부가 된다. 종이에 기록된 것들은 오히려 일시적이다. 아이러니하게도 정보 기록의 가장 오래된 형태인 석판의 수명이 가장 길다. 금융 이력처럼 중요한 역사적 정보를 영구적으로 검색 가능한 형태로 기록한다고 상상해보자. 재무제표, 연차보고서, 정부와 후원자에게 제공하는 보고서, 장래의 직원, 고객, 소비자들을 위한 마케팅 자료를 책임지고 있는 기업의 실무자들은 논쟁의 여지없이 이렇게 공개된 기록 위에서 출발하게 된다.[46]

블록체인 기술은 자산과 화폐와 데이터의 결합을 돕는다. 암호화폐는 그 자체가 이미 데이터다. 블록체인이 구축하는 신뢰 네트워크 기반 위에 화폐와 데이터가 선순환 구조를 만든다. 화폐는 교환의 편의성을 위한 단순한 매개체가 아니다. 모든 화폐는 사회적, 정치적 기초를 필요로 한다. 화폐란 16세기 환어음이든 오늘날의 암호화폐든 그 경제적 신뢰 네트워크 속에 묻어 들어있는 것이며 신뢰 네트워크 규모에 따라 사용량이 확대된다. 사회적 신뢰 네트워크가 강화될수록 화폐 시스템도 견고해진다. 블록체인은 신뢰와 화폐의 연결고리를 강화함으로써 연결과 공유의 메커니즘을 만든다. 이제 암호화폐는 다른 디지털 기술과 결합해 모든 사물에 임베디드Embeded된다. 암호화폐가 임베디드된 사물이 만들어내는 데이터가 자유롭게 넘나들며 역동적인 지식을 창출하고 이것이 혁신을 만드는 창발의 원동력이다. 그리고 암호화폐와 데이터가 만나는 생태계가 바로 '크립토-인포메이션Crypto-Information' 생태계다. 크립토-인포메이션은 균형의 달성이 아닌 균형의 파괴를 통해 혁신을 만든다.

미국의 기술혁신 전문가 조지 길더George Gilder에 따르면 자본주의는 본질적으로 인포메이션 시스템이다. 길더는 2013년 작 《지식과 권력》에서 폭넓은 기술적 지식과 통찰력을 기반으로 기존 공급 중심 경제학 모델에 클로드 섀넌Claude Shannon의 정보 이론을 접목한 '엔트로피 경제학'을 제시한다. 물리학 개념으로 '무질서한 정도'를 말하는 엔트로피는 정보이론에서 돌발상황, 무작위성, 잡음, 불균형, 복잡성의 단위이자 '선택의 자유'의 단위다.[47] 예측 불가능한 발명가와 기업가의 자유의지와 창의성, 혁신에서 비롯되는 '돌발 정보'는 시장에 높은 엔트로피를 초래한다. 고高엔트로피는 기존 수익률을 훨씬 능가하고 장기적인 성장을 이룰 수 있는 동력이다. 즉, 우리가 지향해야 할 자본주의의 미래는 고엔트로피 사회다. 성장의 핵심은 금전적 보상의 추구를 통한 재산의 획득이 아니라 학습과 발견을 통한 부의 창출이다. 경제는 탐욕의 조장이 아니라, 반증 가능한 실험과 도전을 통한 돌발상황, 그리고 지식의 축적을 바탕으로 성상한다. 정밀한 수학적 알고리즘에 기반을 둔 이 인포메이션 이론은 이 시대의 가장 강력한 기계와 네트워크를 움직이고 있다. 인포메이션 이론은 인간의 창조나 의사소통을 잡음의 홍수 속에서 유선이든 접촉이든 어떤 채널을 통한 전송으로 취급하며, '엔트로피'로 정의되고 지식으로 완성되는 뉴스나 돌발상황으로 그 결과를 평가한다. 그리고 엔트로피의 경제적 결실은 질서와 격변의 조합을 통한 새로운 창조와 이익이다.[48]

크립토-인포메이션 세계에서는 기업들은 암호화폐와 데이터로 서로 연결된다. 계약, 발주, 물류, 배송, 검수, 지급결제, 정산, 사후관리, 계약갱신 등에 이르기까지 일련의 구매 활동은 블록체인 위에서 작동된다. 최초의 계약이 스마트 컨트랙트로 맺어지면 이후 과정은 프로그래밍된 코드를 따라 실행되고 모든 과정은 블록으로 기록된다. 기술의 적용 영역이 최종 소비자까지 확대되면 소비자가 모바일로 결제한 암호화폐가 공급자뿐만 아니라 공급자의 공급자, 그리고 공급자의 공급자의 공급자에게까지 자동화된 방식으로 전달될 수 있다. 가치사슬의 각 단계별로 사물인터넷 기술에 의해 데이터들이 수집되고 이러한 데이터들은 스마트 컨트랙트 조건에 따라 암호화폐의 흐름을 작동시킨다. 이 과정에 참여한 기업들과 소비자들이 함께 크립토-인포메이션 생태계를 이루게 되고, 신뢰성과 투명성에 기반을 둔 지식과 통찰력의 축적은 생태계를 지속적으로 확대시킨다.

크립토-인포메이션은 시공간을 가로질러 증폭된다. 암호화폐는 화폐를 시간과 장소의 제약으로부터 벗어나게 한다. 화폐의 이동도 자유로워지고 디지털 형태로 보존된다. 암호화폐는 모든 자산에 침투해 데이터와 결합해 혁신을 담는 그릇이 된다. 암호화폐와 데이터가 만드는 크립토-인포메이션은 새로운 학습을 낳고 학습은 새로운 성장을 만든다.

3장

플랫폼의 새로운 지형도,
분권형 신뢰경제가 도래한다

플랫폼 자본주의 Vs. 플랫폼 협동주의

New ICT 시대는 플랫폼이 지배하는 시대다. 디지털 생태계를 구축하고 있는 아마존, 페이스북, 구글, 에어비앤비Airbnb, 넷플릭스, 우버Uber와 같은 기업들이 이른바 '플랫폼 경제Platform Economy'를 견인하고 있다. 그렇다면, 비즈니스 모델로서의 플랫폼이란 무엇이며, 플랫폼 경제란 무엇을 의미하는가? 플랫폼 싱킹랩스Platform Thinking Labs 설립자이자 《플랫폼 레볼루션》의 저자인 상지트 폴 초더리 Sangeet Paul Choudary에 따르면, "플랫폼이란 기술을 통해 사람들과 조직과 자원을 인터랙티브한 생태계로 연결함으로써 엄청난 가치를 창출하고 교환할 수 있는 새로운 비즈니스 모델이다."[49] 플랫폼은 소비자들과 생산자들의 가치와 데이터 교환을 위한 개방형 참여 인프라 제공을 통해 '양면시장Two-Sided Market'을 구축한다.

이때 양면시장이란 서로 다른 두 유형의 사용자 집단이 플랫폼을 통해 상호작용하며, 여기서 창출되는 가치는 '간접적 네트워크 외부성Indirect Network Externality'의 영향을 받는다. 간접적 네트워크 외부성은 '교차 네트워크 효과Cross Network Effect'라고도 하는데 한 측면의 소비자 그룹이 얻는 효용은 다른 측면의 사용자 그룹의 수 또는 소비량에 직접적으로 영향을 받을 때 나타나는 효과를 말한다. 양면시장은 보조금을 받는 집단(Subsidy Side: 독자)과 돈을 내는 집단(Money Side: 광고주)으로 구성된다. 양면시장을 획득한 플랫폼 사업자는 양쪽 중 어느 한 측 또는 양측 모두에 수수료를 부과한다. 플랫폼 사업자가 양측에 책정하는 수수료의 수준이나 구조는 플랫폼 사용자의 수와 거래 규모에 영향을 미친다.[50]

디지털 시대에는 제품과 서비스의 거래가 인터넷을 통해 이루어진다. 디지털 기술을 통해 기업과 소비자가 연결되며 제품과 서비스의 수요·공급을 최적화하는 플랫폼의 출현은 새로운 경제 현상으로 나타난다. 인터넷과 디지털 기술을 기반으로 제품과 서비스의 공급자와 수요자가 거래하는 일련의 경제활동과 생태계를 '플랫폼 경제'라고 한다. 플랫폼 경제는 플랫폼에 참여하는 수요자와 공급자 모두 플랫폼이 지닌 네트워크 효과를 활용해 차별화된 제품과 서비스의 공급을 통해 경쟁력을 확보한다. 또한, 다양한 수요에 따라 소량의 맞춤형 상품과 서비스의 공급이 활발하게 전개되는 롱테일Longtail 생태계를 구축해 빠르게 변화하는 다양한 소비자의 니즈에 대응한다.

최근 디지털 트랜스포메이션 트렌드가 경제, 문화, 생활 등 사회 전반으로 확대되면서, 플랫폼 비즈니스가 기존의 전통 산업을 위협할 정도로 그 영향력이 커지고 있다. 변화하는 게임의 규칙에 따라 기업들의 혁신 노력은 확대되고 있다. 글로벌 기업들은 급진적 변화 속에서 살아남기 위해 M&A, 제휴 등을 통해 새로운 사업에 진출하고 호환성을 극대화하며 시장 지배적인 플랫폼과 생태계를 구축하는 데 주력하고 있다.

한편, 플랫폼 경제의 시장 지배력이 강화될수록 우려의 목소리도 높아지고 있다. 그렇다면, 플랫폼 독점과 플랫폼 자본주의의 문제점은 무엇이며, 어떻게 그 문제를 극복하고자 하는가?

플랫폼 비즈니스는 '수확체증Increasing Returns to Scale'의 법칙이 존재하는 비즈니스다. 수확체증이란 투입된 생산요소가 늘어날수록 산출량이 기하급수적으로 증가하는 현상을 말한다. 수확체증이 일어나는 이유는 네트워크 효과와 규모의 경제 효과로 인해 상호보완적인 메커니즘이 이중으로 작동하기 때문이다. 복잡계 경제학의 대가인 브라이언 아서 교수에 따르면, 수확체증 법칙의 바탕에는 '포지티브 피드백Positive Feedback'이 존재한다. 포지티브 피드백으로 인해 어떤 분야에서 성공한 기업은 그 사업이 계속해서 더욱 잘될 수 있는 환경을 확보하게 된다.[51] 더 많은 연결은 더 많은 '포지티브 피드백'으로 더 나은 제품을 만들어내고, 독점적 위상은 지속적으로 강화된다. 앞서 나가는 비즈니스는 더 앞서 나가고 뒤처지는 비즈니스는 더 뒤처질 수밖에 없게 된다.

따라서 수확체증의 법칙이 적용되는 생태계에서 독점은 일상적 풍경이 된다. 다만, 고전적 경제 생태계와는 다른 방식으로 독점이 형성되거나 전개된다. 수확체증 세상에서는 '균형점Euqilibrium'이란 존재하지 않는다. 항상 한쪽(0 또는 1)으로 쏠린다. 그래서 수확체증 세상에서의 경쟁은 넘버원Number One이 아니라 온리원Only One으로 이어진다. 즉, 승자독식Winner-Take-All 사회다.

또한 모든 부가 플랫폼 기업으로 집중되고 있다. 10억 달러 이상의 기업가치를 지닌 비상장 스타트업 기업을 '유니콘Unicorn'이라 부르는데 2017년 현재 글로벌 상위 10대 유니콘 기업 중 한 곳을 제외하고는 전부 다 플랫폼 기업이다. 초고속으로 성장하는 대부분의 글로벌 선도 기업의 유형은 생산과 유통관리의 최적화를 통해 경쟁우위를 구축하는 전통적 사업 방식이 아닌, 완전히 서로 다른 성질의 양면·다면의 고객 계층을 연결-매개-큐레이션-매치메이킹함으로써 새로운 경제적 효용과 가치를 창출하는 플랫폼 방식으로 진화하고 있다.[52]

나아가 플랫폼 사업자들은 기존 수직적 계열화나 수평적 통합과 같은 전통적인 비즈니스 모델 확장과는 다른 전략을 선호하는데, 이때 데이터를 더 많이 확보하기 위한 최적의 경로를 선택한다. 데이터 수집을 강화하고 전략적 위치에 포지셔닝하기 위해, 플랫폼 기업들은 다른 플랫폼 기업들과 유사한 영역으로 진입할 가능성이 크다. 즉, 페이스북이나 구글, 마이크로소프트나 아마존, 알리바바나 우버, 그리고 GE 같은 기업들이 직접 경쟁하게 된다. 궁극적으로 전 영역에 걸친 컨버전스로 인해 전 영역에 걸친 경쟁 구도가 형성된다. 문제는 이들이 확보한 데이터를 자신만의 '사일로 플랫폼Siloed Platform'으로 밀어넣는다는 점이다. 플랫폼 기업들이 현재의 독점적 위상을 지키기 위해서는 다른 영역으로 끊임없이 진입할 수밖에 없다. 이때 데이터 확보가 무엇보다도 중요하며, 더 많은 데이터를 확보하기 위해 그리고 더 많은 데이터를 활용함으로써 인공지능 기술을 강화해나간다. 즉, 플랫폼 기업들은 사용자와 데이터를 자사 서비스 내에 가두고 독자적인 생태계를 구축하고 있으며, 경제 전반에 걸쳐 확장을 지속해나간다. 정치이론가 닉 스르니체크Nick Srnicek는 이 현상을 '플랫폼 자본주의Platform Capitalism'라 부른다.[53]

우버와 에어비엔비와 같은 공유경제Sharing Economy 기업들이 플랫폼 자본주의의 대표 기업으로 급부상하면서 찬반 논란이 계속되고 있다. 공유경제는 물품과 자원, 재능 등을 소유하지 않고 타인과 나눠 쓰는 새로운 경제모델을 뜻한다. 공유경제의 대가인 아룬 순다라라잔Arun Sundararajan 뉴욕대 경영대학원 교수는 공유경제가 소비의 개념을 '소유'에서 '임시 사용'으로 바꿈으로써 소비자에게 더 많은 선택의 기회를 주고, 온디맨드On-Demand 경제가 더 많은 노동자에게 일자리를 창출할 수 있으므로 궁극적으로는 경제성장으로 이어질 수 있다고 주장한다.[54]

반면 '소득의 공정한 분배'를 주장해온 로버트 라이시Robert B. Reich UC버클리대 교수는 공유경제는 노동자들에겐 부스러기Scraps만 떨어지는 '부스러기를 나누는 경제The Share-the-Scraps Economy'라고 강하게 비판한다. 즉 부스러기 경제가 경제를 퇴보시키고 있다고 주장한다.[55]

이때 플랫폼 독점과 플랫폼 자본주의에 맞서 등장한 개념이 '플랫폼 협동주의Platform Cooperativism'다. 뉴욕 뉴 스쿨The New School의 트레버 숄츠Trebor Scholz 교수는 공유경제 플랫폼 비즈니스의 비윤리적인 노동 관행 문제를 본격적으로 제기한다. 플랫폼이 만들어낸 공유경제가 실제로는 소비자의 편의만을 강조한 채 노동자의 고용 불안정, 고립, 파편화를 초래하는 지극히 불안정한 '온디맨드 서비스 경제On-Demand Service Economy', 즉, '긱 경제Gig Economy'로 귀결되고 있다고 비판한다.

긱 경제는 '임시직 경제'의 의미로서, 기업들이 필요에 따라 단기 계약직으로 인력을 충원하고 대가를 지불하는 형태의 경제를 말한다. 플랫폼 자본주의는 사실상 하청계약 방식으로 소수의 자본가들에게 막대한 이익이 돌아가는 구조다. 우버나 태스크래빗Task Rabbit, 에어비앤비가 주류가 될수록 노동자들의 지위는 더 위태로워진다. 생산이 분산됨으로써 과잉공급, 품질 등 리스크는 서비스 공급자의 몫이 되지만, 이윤은 플랫폼 기업에 독점적으로 귀속되는 모순된 시스템으로 작동되기 때문이다. 서비스 공급자들은 독립적 생산 주체로서 참여하는 것이 아니라, 독점 플랫폼의 추천 알고리즘과 랭킹 알고리즘에 의해 선택받고 지배당한다.

숄츠는 이에 대한 대안으로 플랫폼 협동주의를 제시하고 세 가지 개념을 제시한다. 첫째, 우버, 태스크래빗, 에어비엔비, 업워크 UpWork가 활용하는 디지털 플랫폼의 기술적 핵심은 그대로 가져온다. 다만 민주적 가치를 지키기 위해 소유와 분배 구조를 바꾼다. 둘째, 플랫폼 협동주의는 사회적 연대성Solidarity을 최우선으로 고려한다. 플랫폼은 노동조합, 지자체, 그리고 다양한 형태의 협동조합(다중 이해관계자, 노동자, 생산자 협동조합 등)에 의해서 소유될 수 있는데, 도시 소유 플랫폼City-Owned Platform, 생산자 소유 플랫폼Producer-Owned Platform 등이 가능해진다. 셋째, 소수의 이익이 아닌 전체의 이익이라는 관점에서 혁신과 효율성 개념을 다시 설정한다.[56] 이와 같이 플랫폼 협동주의는 기술적, 문화적, 정치적, 사회적 변화를 포괄하는 의미로 제시된다.

문제는 플랫폼 협동주의가 막대한 데이터, 네트워크 효과, 자금력으로 견고하게 무장하고 있는 플랫폼 독점 세계를 깨뜨릴 수 있느냐다. 플랫폼 독점 기업들은 기존에 쌓아놓은 다량의 거래 데이터를 바탕으로 수익모델을 확대하고 있으며 나아가 사물인터넷을 통해 다양한 사물들의 데이터 역시 지속적으로 빨아들이고 있다. 이미 확보한 상당 규모의 자금력으로 전략적 M&A도 적극 추진하고 있다. 그러므로 플랫폼 협동주의의 이념만으로는 당장 경쟁우위를 확보하는 것은 불가능한 과제일 수밖에 없다. 게다가 새로운 기술적 동인 없이는 실행도 어렵다. 이런 맥락에서 블록체인 기술을 활용한 새로운 유형의 비즈니스 모델들을 시도하는 것은 큰 의미가 있다. 다양한 새로운 도전들이 플랫폼 자본주의의 문제점을 어떻게 극복하고자 하는지 이해할 필요가 있는 시점이다.

'커먼즈 경제', 게임의 규칙을 다시 쓰다

새로운 도약을 위해서는 혁신의 트리거Trigger가 요구된다. 기술적 관점과 비즈니스적 관점, 그리고 사회문화적 관점이 결합될 때 혁신의 효과는 증폭된다. 그렇다면, 사회적 기술로서 신뢰 기계인 블록체인은 어떻게 플랫폼 독점을 혁신할 수 있을 것인가? '오염된 공유경제'의 제반 문제점들을 어떻게 해결할 수 있을 것인가?

블록체인의 가장 두드러진 특징은 중앙집중형 권위 체계를 설계하지 않고서도 신뢰 네트워크를 구축할 수 있다는 점이다. 블록체인은 중개인 없이 안전하고 분권화된 방식으로 소프트웨어를 운영할 수 있다는 강점을 가진다. 블록체인은 특정 개인이나 기관에 의해 통제되지 않고 P2P 네트워크상에서 운영될 수 있다. 즉, 블록체인은 이해관계자 간의 상호작용을 더 안전하고 분권화된 방식으로 만드는 기술이다. 따라서 블록체인은 기존의 플랫폼 독점을 분산화시킴으로써 참여자들의 가치를 극대화할 수 있는 이상적인 혁신모델이 될 수 있다.

과거 전통적 파이프라인 모델에서 개방과 협력과 분산을 통해 플랫폼 모델이 탄생했다면, 지금은 플랫폼 모델의 독점화를 극복하기 위한 대안으로 블록체인을 통해 백-엔드Back-End까지 분산하기 위한 노력들이 시도된다. 모든 시스템에는 사용자 접점인 프런트-엔드Front-End와 이를 지원하는 백-엔드Back-End가 있는데 프런트-엔드는 애플리케이션을 사용하는 인터페이스의 시작점이 되고, 백-엔드는 서버 클라우드와 알고리즘이다. 공유경제 서비스의 경우 겉으로 드러나는 프런트-엔드 인터페이스는 P2P 구조에 의존한다. 하지만 호스트와 게스트의 매칭과 적정가격 추천은 사실상 중앙집중식 알고리즘에 의해 운영된다. 집중화된 통제 모델은 수익의 차별화를 고착화하거나 알고리즘을 통한 불평등의 심화를 야기할 수 있다. 블록체인의 신뢰 네트워크는 바로 이러한 중앙집중형 벡-엔드에 대한 대안을 제시할 수 있는 기술이다.

최초로 공유경제 서비스가 등장했을 때는 자산의 소유에서 자산의 공유 개념으로의 전환이 혁신의 아젠다였다면, 이제는 자산뿐만 아니라 자산의 주요 머신으로부터 창출되는 데이터의 독점적 소유도 공유 방식으로 바뀔 때가 되었다. 플랫폼 기업들은 데이터를 경쟁력의 원천으로 삼는다. 프런트-엔드 애플리케이션과 서비스가 분산될수록 더 많은 데이터들이 중앙으로 집중된다. 데이터의 독점이 부의 독점으로 이어진다. 프런트-엔드에서 플랫폼 참여자들이 창출하는 부와 플랫폼 기업이 얻게 되는 부의 불균형은 지속적으로 확대된다.

블록체인 기술은 탈물질화, 탈집중화된 새로운 형태의 조직의 출현을 촉진한다. 이 조직은 CEO나 임원과 같은 어떠한 위계구조도 없이 블록체인상에서 상호작용하는 모든 개인들에 의해서 집단적으로 운영된다. 이것은 전통적인 크라우드소싱 모델, 즉 플랫폼 독점 기업이 운영하는 공유경제 서비스와는 다르다. 오히려 진정한 의미의 공유경제는 제3의 인증기관이 아닌, 블록체인 그 자체가 만들어낸다. 블록체인 기술은 훨씬 더 협동적인 방식의 크라우드소싱을 지원한다. 즉, 블록체인은 플랫폼 협동주의 모델을 작동하게 하는 데 가장 적합한 기술이다. 중개자가 없기 때문에 이들 플랫폼 내에서 생산된 가치는 그 가치를 만드는 데 기여한 사람들에게 공평하게 재분배될 수 있다. 이는 블록체인이 소수의 거래 중개 운영자에 의해서 통제되는 것이 아니라 사람들에 의해, 사람들을 위해 운영되는 모델이기 때문이다.[57]

무엇보다도 블록체인 기술을 통해 비즈니스 모델 혁신이 급진전된다. 데이터의 독점은 사라진다. 중개자는 최소한의 역할만 수행하고 P2P 기반으로 공급자 검색, 평판 조회, 결제가 가능하다. 블록체인을 이용해 정보 저장방식을 P2P로 전환한다면 해킹의 우려도 사라진다. 거래 당사자끼리만 정보 교환이 가능하며, 직거래에 가까운 방식으로 수수료 없이 효율적으로 거래가 이루어진다. 서비스 사용 후, 기존 서비스와 동일하게 평판이 블록에 저장되므로 서비스 이용 전에 신원 및 평판 확인도 가능하다. 블록체인을 활용한 비즈니스 모델 혁신은 사회적 관계와 공유의 의미를 보존하며, 경제적 가치로 전환할 수 있는 새로운 기회를 제공할 수 있다.

플랫폼 독점을 뛰어넘기 위한 노력이 순수 이론적인 아이디어 차원이 아닌 구체적인 서비스 모습으로 구현된 여러 시도들이 있다. 미국 텍사스 오스틴의 아케이드 시티Arcade City라는 스타트업을 예로 들어보자. 아케이드 시티는 2016년, 우버가 오스틴 시에서 입법화한 운전자 신원확인을 위한 지문등록 의무화 정책에 반기를 들고 철수한 이후 급부상한 서비스다. 아케이드 시티는 블록체인을 통해 기사와 손님을 직접 연결함으로써 중앙에 의해 조정, 통제하는 요금 체계 대신 기사와 손님이 협의해 양쪽 모두 만족스러운 운임으로 서비스가 제공될 수 있도록 한다. 즉, 어느 한 회사의 이익을 위해 운영되는 가짜 공유경제가 아니라 당사자들 간의 합의에 의해 자발적으로 돌아가는 탈중앙화된 서비스 방식이다.

유사한 차량공유 서비스로는 이스라엘의 라주즈La' Zooz도 있다. 라주즈에서는 주즈Zooz라고 하는 토큰으로 모든 결제가 이루어지며, 특정한 소유주 없이 커뮤니티에 의해 운영된다. 모든 운영자들은 팀을 구성해 참여하고, 각 팀별로 기여한 노력에 따라 보상이 이루어지는 구조다.[58] 이들 플랫폼은 운전자와 사용자 사이의 개인 대 개인 상호작용을 통제하도록 설계된 블록체인 기반 시설 상에서 실행되는 코드에 의해서만 운영된다. 이들 플랫폼은 플랫폼에 기여하는 운전자들에게 이 플랫폼을 공유하고 있다는 것을 대표하기 위해 고안된 특별한 토큰으로 보상하기 위해 블록체인에 의존하고 있다. 아케이드 시티나 라주즈 둘 다 플랫폼 협동주의 모델에 가깝다. 플랫폼 협동주의를 실행하는 주체로서의 협동조합은 독점이 만연해있는 기존 인터넷 모델에 차별화된 대안을 제시한다. 플랫폼 협동조합은 지속가능한 경제로의 전환을 촉진하기 위해 설계된 새로운 소유 모델을 제시한다.

또한 블록체인 기반의 탈중앙화된 소셜미디어 네트워크 서비스들도 속속 등장하고 있다. 스팀잇Steemit을 선두주자로 아카샤Akasha, 시네레오Synereo와 같은 분산형 소셜 네트워크가 관심을 끌고 있다. 이들 서비스는 분산 서버 시스템으로 검열을 근본적으로 무력화시키는 탈중앙화된 플랫폼이다. 또한 중앙 서버가 존재하지 않기 때문에 단 하나라도 유효한 노드가 남아있다면 서비스는 영원히 중단되지 않는다. 이더리움 기반의 아카샤의 경우 사람들은 글을 업로드하거나 수정, 삭제할 때마다 '가스 수수료Gas Fee'를 선불로 지불해야 하고, 이 비용은 서비스 플랫폼을 유지하는 데에 사용된다. 기여자들은 네트워크 전반에 퍼진 자신들의 메시지로 보상을 받을 수도 있고, 자신들의 동료들에게 긍정적인 평가를 받을 수도 있다. 아카샤와 같은 소셜 플랫폼은 단일한 서비스나 기술이 아닌, 다양한 경제 주체가 상호작용하는 사회적 플랫폼에 가깝다.[59]

이외에도 다양한 유형의 블록체인 플랫폼들이 있다. 오픈바자르OpenBazaar는 분산형 커머스 플랫폼이다. 오픈바자르에서는 특정 중개인을 거치지 않고 구매자와 판매자가 서로 직접적으로 커뮤니케이션한다. MD도 존재하지 않는다. 누구나 플랫폼에 상품을 무료로 등록할 수 있고 이것은 네트워크에 연결된 모든 사용자에게 노출된다.

또한 백피드Backfeed 서비스는 블록체인을 활용함으로써 새로운 플랫폼 협동조합을 만드는 플랫폼이다. 백피드는 스스로를 '분권화된 단체들을 위한 사회작동 시스템'으로 부른다. 중개인 없이도 거대한 오픈소스 공동 작업이 가능하다. 분권화된 협동조합들은 블록체인을 활용함으로써 더 쉽게 독립적으로 활동할 수 있다. 백피드는 분권화된 저널리즘, 보험, 차량 공유, 그리고 분권화된 조직 구성으로 혜택을 볼 수 있는 다양한 분야에 도움이 될 수 있다.[60]

플랫폼 기업의 독점화를 견제하고 커먼즈(Commons: 공유재)의 확장을 시도하는 플랫폼 협동주의는 이제 완벽하게 블록체인 기술과 결합된다. 블록체인은 사용자들의 협력과 윤리적 헌신, 기여로 생산된 지식이나 상품, 이윤을 참여자들이 공평하게 분배받을 수 있는 커먼즈 플랫폼이다.

블록체인 신뢰 네트워크로 참여자들이 더 많은 지식과 정보를 생산할 수 있는 토대가 만들어진다. 이들 생산 주체들은 사회적 동기에 의해 누구나 쓸 수 있는 디지털 커먼즈를 구축해간다. 궁극적으로 디지털 커먼즈의 확산이 수확체증의 경제를 촉발하고 폭발시키는 촉매 자원이 된다. 커먼즈의 영역이 커질수록 수확체증의 속도는 더 높아진다. 즉, 블록체인은 궁극적으로 '커먼즈 경제' 실현에 기여한다. 커먼즈 경제는 시장 환경을 변화시키고 특정 기업과 개인을 뛰어넘어 새로운 부를 창출하고 분배하는 사회경제 시스템 혁명을 실현한다.

'카피페어CopyFair' 또는 '카피레프트CopyLeft'와 같이 소유권 혁신이 가능해진다. 커먼즈의 구성원들에게는 무상으로, 공동체의 작업의 결과를 상업적으로 사용하는 사람들에게는 유상의 사용료 지불을 요구할 수 있다. 이러한 소유권 분담 문제 해결은 오늘날의 불평등 완화에 기여할 수 있다. 개방형 모델을 강화함으로써 조합원 이외의 사회경제 시스템 모두에게 혜택이 돌아가는 구조도 가능하다. 특정 협동조합에서 생산되었더라도 사회적으로 유익하고 생산적인 지식들은 사회 전체 차원에서 중요한 커먼즈이기 때문에, 인위적으로 희소성을 갖게 하거나 특정 집단의 이익을 극대화하는 방식으로 사유화되어서는 절대 안 된다. 하버드 로스쿨의 요하이 벤클러Yochai Benkler 교수는 대표작 《네트워크의 부》에서 커먼즈 경제를 '커먼즈 기반 동료생산Peer Production'으로 정의한다.

"새로운 생산양식은 철저하게 탈중심화되어 있고, 협업적으로 이루어지며, 배타적 전유를 전제로 하지 않는다. 이 새로운 생산양식은 자원을 공유하며 생산된 산출물을 광범위하게 배포할 수 있다. 시장의 신호에 좌우되거나 관리적 명령에 의존하지 않고, 느슨하게 연결된 개인들을 기반으로 한다. 이런 생산양식이 '커먼즈 기반 동료생산'이다."[61]

오늘날 이러한 꿈들을 실행할 새로운 기회가 다가오고 있다. 블록체인 기술은 하향식 위계구조 조직의 모델을 분산되고 상향식인 협력 시스템으로 대체한다. 또한 현재의 자본주의 체제를 커먼즈 경제로 전환하기 위해서는 자원의 생산, 소유, 운영 방식에서 혁신적인 변화가 뒤따라야 한다. 프런트-엔드뿐만 아니라 백-엔드까지 완벽하게 분산형 모델로 대전환을 이루어내야 한다. 그리고 이 변화는 부가 배분되는 방식을 바꿀 수 있고, 사람들이 공통의 이익을 위해 협력하게 할 수 있으며, 모든 이들이 노력하고 기여한 바에 따라 적절한 때에 보상받을 수 있도록 해야 한다. 즉, "커먼즈 기반 생산과정을 거쳐 생산된 산출물은 모두에게 공평하게 분배되어 구성원 저마다의 재량에 따라 자유로운 사용이 가능해야 한다."[62]

다른 한편으로, 인터넷이 고도로 탈집중화된 기반 인프라로부터 시작되었음에도 결국 소수의 거대 플랫폼 기업들에 의해 통제되고 있는 것처럼, 블록체인 공간에서도 거대 독점 기업이 형성될 수 있다는 우려도 있다. 그래서 우리는 더욱더 개인들이 자신의 노력으로 공평하게 보상을 받을 수 있는 진정한 공유경제의 개념을 지향해야 한다. 커먼즈 경제 실현을 위해 블록체인 기술로 새로운 모델에 도전하는 것은 블록체인 공룡 기업의 탄생에 저항할 수 있게 하는 유의미한 탐색이 될 것이라 기대한다.[63]

자본시장의 혁신, ICO로 코인 경제를 열다

ICO 시장이 대폭발하고 있다. ICO를 통한 자금조달 규모는 이미 벤처캐피털의 투자 규모를 넘어서고 있다. 불과 1~2년 전만 해도 상상할 수 없는 일들이 일어나고 있다. 2017년, 블록체인 플랫폼을 지향하는 테조스Tezos[64], 분산 스토리지 네트워크 서비스인 파일코인Filecoin[65] 등은 ICO를 통해 각각 2억 달러 이상을 유치했다. 이런 흐름에 힘입어 블록체인에 기반을 둔 새로운 서비스를 준비하는 상당수의 스타트업들이 ICO에 도전하고 있다. 그렇다면 ICO는 왜 인기를 끌고 있으며, ICO 확산에 따라 자본시장은 어떤 변화를 겪게 될 것인가? ICO는 과연 거품인가, 아니면 새로운 투자 기회인가?

ICOInitial Coin Offering는 문자 그대로 '신규가상통화공개'를 의미한다. ICO는 새 가상통화를 투자자에게 판매하는 방식으로서 벤처기업이 주식시장에서 IPO를 통해 공개적으로 투자받는 것과 유사한 개념이다. 특정 프로젝트의 자산 일부를 판매하면서 투자자를 확보하고 투자자들에게 미래 가치를 제공한다는 점에서는 IPO와 동일하다. 하지만 ICO는 투자은행과 증권회사의 중개를 거치는 기존 자본시장의 틀을 벗어난 새로운 자금조달 방법이다. 기업의 자금조달에는 금융기관이 반드시 포함되어 있어야 한다는 상식이 무너져가고 있다. IPO는 증권회사의 중개로 주식을 투자자에게 판매하는 데 비해, ICO는 독자적으로 발행한 코인을 온라인상에서 불특정 다수에게 판매한다는 점에서 다르다. 구체적인 투자설명서Prospectus가 아닌 비즈니스 콘셉트와 기술 백서를 담은 개괄적인 설명서White Paper만을 제공한다는 점에서는 IPO보다는 오히려 크라우드펀딩과 더 유사하다. 과거 신규 온라인 서비스를 준비하는 스타트업들은 앤젤 투자자로부터 투자를 받거나 벤처캐피털로부터 투자를 유치했지만 최근 크라우드펀딩 사례가 늘어나고 있다. ICO는 이와 같이 중소형 스타트업들이 선호하는 크라우드펀딩의 성격을 갖는다. 투자금은 비트코인이나 이더Ether로 지불하고 대가로 신규 가상통화, 즉 디지털 코인을 받는다.

이더리움 플랫폼을 기반으로 개발하는 '분산 애플리케이션Decentralized Appliccation; DAPP'은 이더리움 기반의 코인 또는 토큰을 발행하고 투자대금을 이더로 받는다. 새로 발행된 토큰은 향후 DAPP을 이용하는 데에 쓰인다. 즉, 토큰은 그 프로젝트의 기술적 구성 요소로서 DAPP을 사용하기 위한 연료로 사용된다. DAPP이 성공하게 될 경우 DAPP에서 쓰이는 코인의 가치는 상승하고 투자자들은 수익을 얻을 수 있다. 퀀텀QTUM, 이오스EOS 등 상당수의 DAPP 토큰의 가치는 급등한 상태다.[66] 그리고 DAPP 토큰의 가치가 올라갈수록 이더리움 플랫폼의 가치도 올라간다.

ICO와 IPO의 큰 차이 중 하나는 코인 발행 기업이 투자자에게 배당이나 이자를 지불하지 않는다는 점이다. 투자자는 발행 기업에 대한 지분이나 소유권을 주장할 수도 없다. 주주권이 인정되는 주식 등과 달리 투자가의 권리가 명확하지 않다. 그런데도 많은 투자가 몰리는 것은 새로운 코인 역시 비트코인이나 이더리움처럼 급상승할 것으로 기대하기 때문이다. 재테크를 뛰어넘어 투기성 자금까지 끌어당기고 있다고 해도 과언이 아니다. 국내 최대

가상통화 거래소의 거래량은 이미 코스닥의 일 거래량(2.5조 원 내외)을 넘어섰다. 가상통화 자체가 범국가적인 네트워크를 통해 전달되며 제도적 장치 없이 익명의 개인들로 구성된 시장 평가로 가치가 매겨지기 때문에 투기성 투자자의 비율이 훨씬 높다. 가치의 변동성 역시 일반적인 투자자산보다 클 수밖에 없으며, 단기 차익을 노린 투기성 자금의 유입이 늘고 있고, 가격 급등으로 시세 차익을 확보한 투자가들의 순환 매매도 두드러진다. 특히 가치 평가Valuation를 위한 객관적인 수치가 부재할 경우 홍보성 기사에 따라 코인의 가치가 좌지우지된다.

또한 ICO를 통해 발행한 코인은 가상통화 거래소를 통해 현금화될 수 있는데, ICO에서 성공한 코인일수록 더 많은 거래소에서 거래될 가능성이 높다. 즉, ICO와 거래소는 보완적인 역할을 하게 되므로, 이미 거래량이 많은 코인거래소 운영 기업은 ICO를 통한 시너지 창출에 유리하다. 국내에서도 거래소를 운영하고 있는 블록체인 기업들이 ICO 시장에 뛰어드는 것도 이 때문이다.

무엇보다도 발행 기업 입장이든 투자자 입장이든 성공적인 ICO를 위해서는 코인의 미래 가치를 담보할 수 있는 유형 또는 무형의 자산이 있어야 한다. 즉, ICO 발행 기업은 자사의 코인 가치가 지속적으로 상승할 수 있다는 것을 보여주기 위한 서비스 비전과 구체적인 가치평가, 그리고 코인의 알고리즘과 인센티브 구조 등을 제시하는 것이 중요하다. ICO 시장은 사용자Consumer보다는 투자자Investor가 우선적인 고객이다. 수년 전 ICO 붐이 일어나기 전에는 그럴듯한 비전만으로도 투자자를 유치할 수 있었다면 앞으로는 확실한 차별화 요소가 있지 않으면 안 된다. 투자자 입장에서는 기존 거대 플랫폼 기업처럼 미래에 폭발적인 성장을 보여줄 수 있는 기업에 투자하거나, 견고한 담보 자산을 확보하고 있어서 안정적인 현금 흐름을 창출할 수 있는 기업에 투자하기를 희망한다. 물론 당분간 풍부한 유동성 덕분에 안전자산보다는 위험자산에 투자하는 비중이 높을 수 있다. 하지만 지금의 투기 열풍이 어느 정도 가라앉고 나면 에너지 유틸리티 기업, 지방정부, 부동산 금융 기업 등과 같이 안전자산을 보유한 기업들이 ICO 시장에서 인기를 끌 것으로 예상된다. 안전자산 보유 기업이 ICO 시장에 참여한다는 것은 사실상 자본시장에서의 메인스트림 변화를 의미한다.

향후 ICO 시장이 기존의 자본시장의 대체제가 되기 위해서는 무엇보다도 코인을 평가하는 객관적, 정량적 모델이 요구된다. ICO 프로젝트에 참여하는 개발자 커뮤니티의 활동 수준, 실행 중인 노드와 채굴 사업자의 수, 누적 네트워크 트랜잭션 수와 같은 정량화된 수치로 산출되는 유틸리티로서의 가치를 정의할 필요가 있다.

국가 차원의 ICO 추진 사례도 있다. 에스토니아 공화국은 '전자시민권e-Residency' 프로그램의 일환으로 세계 최초로 국가에 의한 ICO를 시행할 예정이다. 발행되는 '에스트코인Estcoin'은 에스토니아 정부가 발행하고 관리하지만 전 세계 사람들이 접근할 수 있다. 에스트코인을 통해 조달한 자금은 공공 민간 파트너십Public Private Partnership; PPP 방식으로 관리되고, 새로운 디지털 국가 설립에 필요한 계약에 합의한 경우에만 사용된다. 에스토니아는 스마트 컨트랙트부터 인공지능에 이르기까지 공공 분야를 위한 새로운 기술과 혁신에 투자할 수 있다. 에스토니아는 디지털 시대 미래 사회를 위한 모델을 만들고자 한다. 자금의 대부분은 VC 펀드처럼 사용되며 전자시민권에 따라 설립되는 기업들을 지원하게 된다.[67]

스타트업뿐만 아니라 대기업, 지방정부, 중앙정부까지 ICO에 본격적으로 뛰어들면서 '코인 경제'로 불리는 시대가 도래하고 있다. 코인 경제가 만드는 네트워크 효과는 파괴적이다. 새로운 사용자가 네트워크에 추가될 때마다 서비스 가치는 상승하고, 가치 있는 서비스가 풍부해짐에 따라 새로운 사용자들이 지속적으로 유입된다. 코인 경제는 네트워크 경제다. 한계비용이 0이기 때문에 수확체감의 법칙이 아닌 수확체증의 법칙이 적용된다. 비트코인과 이더리움과 같은 블록체인 네트워크에 새로운 사용자들이 연결되면 기존 사용자들이 네트워크로부터 얻는 효용도 증가한다. 블록체인의 코인 보유자들은 단순한 사용자가 아니라 이 네트워크의 가치를 공유하고 있는 소유자다. 즉, 네트워크 전체의 가치도 증가하게 된다. 코인 네트워크에 참여하는 사용자들이 늘어나고 코인이 더 많이 사용될수록 코인의 가치도 증가한다. 단순 네트워크 효과보다 더 강력한 코인 경제의 주축을 이루는 네트워크 효과로 ICO 시장의 지속 성장을 기대할 수 있다.

ICO 규모가 증가하고 ICO를 추진하는 기업이 늘어날수록 전통적인 벤처캐피털, 투자은행, 증권사들은 위축될 수밖에 없다. 2017년 상반기 이미 ICO 투자 규모가 벤처캐피털 펀딩 규모를 넘어섰다.[68] ICO에 투자하는 전문펀드도 생겨나고 있으며 상당수의 벤처캐피털 역시 ICO를 통한 투자에 참여하고 있다. 최근 추세대로 ICO 시장이 확대된다면 수년 내 주식시장은 물론이고 자본시장 전체에 엄청난 변화를 몰고 올 것으로 예상된다.

낙관적인 전망과 더불어 불확실한 리스크도 상존한다. 대부분의 국가에서는 코인 발행과 투자의 법률적 근거도 부족하고, 회계장부에 표기할 계정과목Accounting Code을 설정하기도 어렵다. ICO는 증권회사 등의 금융기관을 거치지 않기 때문에 투자자를 보호하기 위한 안전장치나 엄격한 심사절차도 포함되어 있지 않다. 사업계획서 이외 기업의 실적이나 공시자료도 제공되지 않는다. 회계처리와 부정행위 방지 등에 대한 규칙도 불투명하다. 대부분의 ICO는 향후 발생할 법적 이슈를 회피하고자 스위스에 비영리 '재단'을 설립해서 자금을 유치한다. 또한 형식적으로 코인 판매가 아닌 '기부Contribution'의 방식을 채택하는 것은 투자자들의 과도한 법적권리 주장을 제한하기 위해서다. 코인 판매에 참여해 차익을 기대하는 투자자는 형식적으로는 기술 발전을 위한 기부자로서 리스크를 떠안을 수밖에 없는 구조이며, 코인을 발행한 기업은 어떤 문제가 발생해도 법적 책임에서 자유롭게 된다.

ICO로 모은 투자금의 출처 역시 알 길이 없다. ICO는 관리 감독과 규제가 없기 때문에 범죄 자금이 들어가더라도 제재할 길이 없고, 자금 출처에 대해 명확하게 답할 수 있는 주체도 없다는 것이 문제로 지적된다. 이로 인해 자금세탁 문제가 발생해도 투자자는 전혀 보호받지 못한다. 또 ICO는 주로 기술을 개발하기 위한 목적으로 진행되는데, 투자금이 실제로 프로젝트 개발에 사용되는지도 파악하기가 어렵다. 즉, 시장을 감시할 수 있는 법적 규제의 존재와 자금의 질을 구분할 수 있는 선별 과정이 없다면 위험성은 줄어들지 않는다. 게다가 아직 대부분의 국가에서 자본시장·금융투자법, 세법 등 ICO를 규제할 수 있는 개정안이 나오지 않은 상태이기 때문에 ICO 시장의 리스크를 가늠하기 어려운 상황이다.

한편, ICO 기반의 자금조달은 언제 터질지 모르는 시한폭탄 같다는 찰스 호스킨슨Charles Hoskinson 이더리움 공동창업자의 발언이 알려지면서 자체적으로든 외부의 규제든 대규모 지각 변동이 일어날 것이라는 예상도 있다.[69] 모든 창조에는 통증이 따른다. 버블이 꺼져야 ICO의 본질적 가치가 빛을 발할 수 있다. 늦기 전에 ICO를 하고자 하는 기업들에 대한 상호 감시와 가치 분배 방식에 대한 논의가 본격화될 필요가 있다. 블록체인 자체의 위·변조는 불가능하다고 하더라도 가상통화 거래소 해킹 사건은 빈번히 일어난다. 거래소의 보안 취약성을 극복하기 위한 노력이 확대되고, 투자자를 보호하기 위한 여러 가지 제도적 필요성도 강조되고 있다. 거래소 지갑을 분산형으로 개발하거나 레저나노S(Ledger

Nano S), 트레저Trezor와 같은 하드웨어 지갑을 만드는 것도 이런 맥락이다.

또한 투자자를 현혹하는 기업의 한탕주의와 부를 독점하고자 하는 탐욕은 견제해야 한다. 시장의 자발적 성화 노력이 우선이다. 블록체인 선도 기업들은 혼잡한 ICO 시장 질서의 재편을 통해 가치의 공유와 협력, 그리고 공평한 분배를 지원하는 블록체인의 근본 정신을 되살려야 한다. 코인, 토큰, 암호화폐는 진정한 기술혁신과 사회구조 혁신의 밑거름이 되어야 한다.

블록체인 최고 전문가이자 시빅닷컴Civic.com의 CEO인 비니 링햄Vinny Lingham은 '토큰이 세계를 먹어치우고 있다Tokens are Eating the World'고 표현한다. 코인이 아직 완벽히 시장지배적이지는 않지만 블록체인 기술은 세계가 움직이는 방식을 변화시키고 있다.[70] 코인 경제는 이제 시작일 뿐이다.

4장

블록체인으로 사회경제 구조를
재설계하라

블록체인 거버넌스 설계와 규제 혁신

모든 혁신의 실행은 '거버넌스Governance' 재설계를 전제로 한다. 일반적으로 거버넌스는 자율적이고 독립적인 주체들의 수평적 상호 조정과 협력적 지배를 의미한다. 즉, 거버넌스는 구조의 문제이므로 참여, 투명성, 합의 지향성, 형평성 등의 개념을 어떻게 구현하느냐가 무엇보다 중요하다. 모든 조직의 거버넌스 원리는 유사하다. 그리고 거버넌스 혁신은 조직 혁신뿐만 아니라 프로세스, 정책, 그리고 평가 체계의 혁신을 포함한다. 체계적이고 일관성 있는 비전과 전략을 실행하기 위해서는 이를 운영, 관리, 조정, 평가할 수 있는 거버넌스 체계가 재설계되어야 한다. 내부 구조적인 측면, 시스템 내 하위 시스템 사이의 상호작용과 조정 방식, 시스템 내 행위자들 간 수직적, 수평적 커뮤니케이션을 위한 기능적 측면이 전반적으로 고려되어야 한다.

또한 기술혁신을 통한 새로운 지식 창출은 사회, 문화, 가치체계의 혁신 없이는 완성되지 않는다. 즉, 혁신 친화적인 사회, 문화, 정책, 규제, 제도적 기반이 필수적이다. 혁신은 눈에 잘 보이기 않는 곳에서 자라난다. 블록체인도 마찬가지다 블록체인이 단지 기술의 변화에만 머물지 않고 사회경제적 차원의 변화를 만들어내고자 한다면 무엇보다도 혁신 이행을 위한 최적의 거버넌스 설계가 요구된다. 그렇다면 블록체인 시대에 맞는 거버넌스는 어떻게 설계되어야 하고, 누구에 의해 어떻게 운영되어야 하는가?

블록체인 거버넌스는 크게 '자율성', '투명성', '개방성' 관점에서 설계될 수 있다. 먼저 '자율성'은 블록체인의 기본 이념에서 출발한다. 블록체인은 분산원장이다. 분산원장은 각 개별 주체들이 각자 원장을 관리한다는 뜻이다. 즉 개별 주체의 독자성과 자율 시스템을 전제한다. 따라서 자율성이 확보되지 않는 블록체인 네트워크는 무의미하다. 블록체인은 하나의 자율 시스템으로서 기능해야 하며, 개별 주체들이 상호작용하면서 전체 질서를 조화롭게 만들어나가는 시스템으로 진화할 수 있도록 해야 한다.

두 번째로, '투명성'은 상호 신뢰의 기초가 되며 합의와 조정 과정에서 필수적 요건이 된다. 사실에 근거한 접근은 합의와 조정 결과에 대한 정당성과 신뢰성을 증진시킨다. 《블록체인 혁명》의 저자, 돈 탭스콧Don Tapscott은 투명성을 극대화하는 방향으로 거버넌스 재설계를 제안한다.

"스마트 컨트랙트와 유례없는 투명성으로, 블록체인은 기업 안팎의 거래 비용뿐만 아니라 모든 경영 단계의 대리인 비용을 절감할 수 있다. 이러한 변화로 인해 누군가 시스템을 임의로 조작하기도 어려워진다. 따라서 회사들은 거래 비용 절감을 넘어서 이사회의 거물에게 태클을 걸 수도 있다. 즉, 대리인 비용 절감을 말한다. 이는 경영자들이 협업하고 직접 업무를 수행하는 과정에서 극단적으로 투명해야 한다는 뜻이다. 기업이 비효율적이거나, 불필요하게 복잡하고, 임원들의 급여와 그들이 기여한 가치 사이에 막대한 갭이 존재한다면 주주들이 곧바로 알 수 있기 때문이다. 경영자들은 주주의 대리인이 아니라 중개인일 뿐이다."[71]

스마트 컨트랙트를 통해 업무 과정의 투명성은 극대화되고 책임 소재도 시스템적으로 부여된다. 조직 구성원들은 프로그래밍된 조건에 따라 자신의 의무를 실행한다. 모든 것들이 투명하게 공유되므로 성과평가 방식의 은밀성에 대한 논란도 줄어든다. 기존의 시스템 혁신과 자동화는 현장 노동 인력의 기계화 수준이었지만, 블록체인은 핵심 영역에서 작동하는 비즈니스 메커니즘을 자동화한다. 투명한 정부를 지향하는 정부의 정책실명제도 마찬가지 맥락이다. 정책 결정과 집행의 담당자와 참여자의 실명이 공개되고 정책 제안과 기획, 의사결정, 그리고 실행의 전 과정이 추적된다. 형평성과 공정성을 보장하기 위해 프로세스 전 과정이 투명하게 공개된다는 것이다. 시민 참여를 통한 견제도 강화된다. 행정기관의 핵심 업무들이 스마트 컨트랙트로 구현된다고 생각해 보자. 이제는 시민단체들이 블록체인 네트워크에 직접 참여하게 되고 합의의 주체가 된다. 모든 행정 프로세스는 시민들에게 공개 되고 정부 정책들이 어떻게 시민 생활편익에 기여하고 있는지 명확하게 드러난다.

마지막으로 '개방성'이다 New ICT 시대, 기업과 정부기관은 폐쇄적인 사일로 문화에서 벗어나 개방과 참여를 통한 혁신을 지향해야 한다. 블록체인 네트워크는 바로 혁신 생태계의 다른 이름 이다. 블록체인은 하나의 조직이 내부 업무를 개선하기 위해 도입 하는 기술이 아니다. 블록체인은 다양한 이해관계자들 간의 커뮤니케이션 메커니즘을 구현하는 기술이다. 타자와의 교류가 없는 곳에서는 혁신도 없다. 블록체인은 바로 안전하게 개방하고 효율 적으로 소통하는 인프라를 제공한다.

자율성, 투명성, 개방성의 원칙에 따른 블록체인 거버넌스 설계 는 새로운 제도적 기반을 필요로 한다. 바로 분배의 규칙이다. 처 음부터 기회와 번영을 분배하기 위해 노력해야 한다. 전통적 계층 구조에 의해 만들어진 부를 단순 재분배하는 데에 그치면 안 된 다.[72] 블록체인 거버넌스의 설계와 이행은 생태계 혁신으로 이어 지고, 이 생태계는 새로운 가치를 만들며, 이 가치들은 공평하게 공유될 수 있어야 한다.

블록체인은 사회경제 혁신을 통해 새로운 질서를 만드는 거버넌스 기술이다. 개인과 기업의 노력들이 사회문화적 차원에서 실현될 수 있도록 하는 정부의 노력이 필수적이다. 즉, 블록체인은 정부의 리더십 없이는 반쪽의 혁신일 수밖에 없다. 그렇다면 블록체인이 만드는 새로운 변화의 시대를 맞이해 각국 정부에서는 무엇을 지향하며 어떤 노력을 하고 있는가?

IBM에 따르면, 16개국 200여 명의 정부 지도자에 대한 설문 결과를 볼 때 블록체인에 대한 각국 정부의 관심이 매우 높으며, 블록체인이 다양한 영역에서 긍정적인 영향을 미칠 것으로 기대한다고 한다. 블록체인 기술이 계약 관리, 금융 거래, 아이덴티티 관리에서 새로운 비즈니스 모델을 가능하게 할 것으로 예상하며, 10개 정부 기관 중 9곳이 2018년까지 금융거래 관리, 자산 관리, 계약 관리 및 규정 준수 등에 사용하기 위해 블록체인에 투자할 계획이라고 한다.[73]

다음으로는 각국의 노력을 살펴보자. 글로벌 금융 강국 스위스는 2016년 블록체인 주도권을 확보하기 위해 취리히와 추크Zug 지역을 크립토-밸리Crypto-Valley로 선포하고 지원 정책을 추진하고 있다. 이미 비트코인으로 철도 승차권, 증명서 발급 등을 결제할 수 있으며 단계별로 타 지역으로 확대할 예정이다. 입주기업에 대한 세금 혜택과 행정 지원으로 이더리움 재단을 비롯한 자포Xapo, 쉐이프쉬프트ShapeShift, 모네타스Monetas, 싱귤러 DTVSingular DTV 등 주목받는 블록체인 스타트업이 합류해 수백여 명의 전문가들이 활동하고 있다. 특히 금융과 자산이 연계되는 신기술 사업의 특성을 고려해 법률서비스 지원을 강화하고 미국의 실리콘밸리를 능가하겠다는 계획을 실행에 옮기고 있다. 특히 이더리움 플랫폼 기반의 수많은 스타트업들이 차후에 법적 걸림돌 없이 효율적으로 사업을 실행될 수 있도록 법적 구조를 만드는 데 초점을 두고 있다. ICO를 하고자 하는 기업들이 스위스로 몰려가는 것도 바로 제도적 이점 때문이다.

또한 추크에서는 시민들에게 블록체인 기반 디지털 아이덴티티를 발급하고, 지방정부 차원에서 다양한 디지털 라이프를 지원한다. 추크의 디지털 아이덴티티 프로젝트는 이더리움 기반으로 구축되는데, 애플리케이션 기반의 디지털 ID는 블록체인 기술을 이용, 개인 정보와 암호 주소를 안전하게 보관한다. 시민들은 디지털 ID로 자신의 아이덴티티를 앱에 등록할 수 있고, 이 아이덴티티는 일종의 '디지털 패스포트digital passport'의 역할을 한다.[74]

미국 동부 델라웨어Delaware주는 2016년 분산원장 기술을 도입한 미 최초의 주가 되었다. '델라웨어 블록체인 이니셔티브Delaware Blockchain Initiative'를 운영하고 있는 델라웨어주에서는 정부 기록을 안전하게 보관하기 위해 블록체인 기반의 기록물 저장소Delaware Public Archives를 운영한다. 블록체인을 통해 문서를 여러 위치에 동시에 보관할 수 있기 때문에 재해 시 복구가 용이하고 비용도 저렴하다. 또한 델라웨어는 2017년 '블록체인 기술'을 사용해 합법적으로 주식 거래를 인정하는 법안도 통과시켰다. 범위가 제한적이지만 블록체인을 사용해 주식을 거래할 권리를 명시적으로 인정한다. 즉, 델라웨어주에 등록된 회사들은 지분을 발행하고 거래하는 것을 블록체인 플랫폼에 올릴 수 있게 된다.[75] 델라웨어주는 인구가 100만 명도 되지 않는 작은 지역임에도 기업 친화적인 세금 우대정책으로 이미 포천 500대 기업 중 66%가 델라웨어주에 본사를 두고 있다. 블록체인 플랫폼으로 주식 발행과 거래가 본격화된다면 그 파급효과가 상당할 것으로 예상된다.

2017년 6월 미국 네바다Nevada주에서는 블록체인을 법으로 지원하는 이른바 '블록체인 지원법'을 제정했다. 네바다주 주지사인 브라이언 샌도벌Brian Sandoval은 네바다주에서 블록체인 기술의 사용을 승인하는 것을 목적으로 하는 법안에 서명했고 블록체인 지원법은 즉각 발효되었다. 네바다주는 블록체인 기술과 관련해 법률을 제정한 몇 안 되는 주가 되었으며, 특히 블록체인 거래에 세금을 부과하지 않는 첫 번째 주가 되었다. 공화당 상원의원인 벤 키에케퍼Ben Kieckhefer가 제출한 이 법안은 지방정부가 블록체인 사용에 세금이나 수수료를 부과하는 것을 금지함으로써 관련 비즈니스를 지원하는 내용을 담은 첫 번째 사례다.[76]

블록체인의 본질적인 가치를 실현하기 위해서는 규제 혁신도 필수적이다. 글로벌 각국의 규제당국은 블록체인 기술에 대해 관망하는 태도를 유지해오고 있었지만, 2017년 상황이 급변하고 있다. 국내외 많은 규제기관들이 블록체인·분산원장 기술에 대한 보고서를 발간하며 블록체인 기술 포용을 위한 검토를 하고 있으나, 기존의 법규체제 내에서 신기술을 도입하는 데에는 많은 어려움이 따른다. ICO 시장 혼탁으로 미국 증권거래위원회Securities and Exchange Commission; SEC에서는 연방증권법으로 ICO 시장을 규제할 것을 공표한 상황이지만 섣부른 규제는 더 큰 혼란을 낳을 수 있다.[77] 중국에서는 이미 ICO의 전면 금지를 공표했고, 국내 금융당국에서도 ICO에 대한 본격적 규제 움직임을 보이고 있다. 하지만 개별 국가만의 규제는 제한적이 될 수밖에 없다. 규제는 국가별 또는 지방정부벽로 상이하기 때문에 블록체인 기업들이 국경을 넘나드는 비즈니스를 할 때 규제 차익Regulatory Arbitrage을 이용해 국가 간 상이한 규제 강도와 형태를 악용할 가능성이 크다. 따라서 규제는 특정 지역에 한정된 것이 아니라, 글로벌 차원에서 협력해야 한다.

각국 정부는 블록체인에 대한 관심과 다양한 실험이 지속적으로 발생할 수 있도록 환경을 조성하는 역할에 앞장설 필요가 있다. 블록체인은 기술 그 자체로도 중요하지만, 새로운 방식의 커뮤니케이션과 의사결정을 지원하는 메커니즘이다. 기존의 규제 기준에 부합하도록 요구하기보다는 국가 전체 차원에서 필요한 규제 체계가 무엇인지, 그리고 어떤 항목들을 규제하는 것이 바람직한지 사회적 담론을 본격화해야 한다. 먼저 규제 당국은 가상통화 거래와 ICO 시장의 메커니즘을 제대로 파악해 제도권 내에 포용하기 위한 법률과 규제를 제시할 필요가 있다. 하지만 블록체인 기술의 잠재력을 극대화하려면 혁신 생태계를 위한 공공과 민간의 협력이 필수적이다. 그리고 이를 위해서는 아래로부터의 혁신을 수용하고 조정해나가는 '정치의 활동 공간'이 무엇보다 중요하다. 2016년 영국에서 핀테크 활성화를 위해 시작된 '규제 샌드박스(Regulatory Sandbox: 일정 기간 규제를 유예하는 일종의 가상 테스트 베드 공간)'도 적극 고려해야 할 방식이다. 무엇이든 가능한 규제 샌드박스를 통해 '먼저 시도하라Try First'의 정신으로 미래기술을 실증하고 정책을 개발하는 과정이 요구된다.

거버넌스와 규제는 상호보완적으로 균형을 이뤄야 한다. 거버넌스는 공통의 목표와 관심사를 위한 상호 협력과 조정의 구조이며, 규제는 리스크를 최소화하기 위해 행동에 제약을 가하는 법률이다. New ICT 시대를 선도하고 모두가 꿈꾸는 미래를 향해 사회경제 혁신을 가속화하기 위한 정치적 리더십을 기대하자.

'탈중앙화 자율 조직'의 등장과 일자리의 미래

새로운 형태의 기업이 등장하고 있다. 바로 DAO(다오)라고 부르는 '탈중앙화 자율 조직Decentralized Autonomous Organizations; DAO'이다. 기업의 유형이 달라지면 직업의 미래도 달라진다. DAO는 어떤 의미를 가지고 있으며, DAO로 인해 직업의 미래는 어떻게 달라질 것인가?

DAO는 말 그대로 탈중앙화된 자율 조직을 뜻한다. 즉, 특정한 중앙집중화된 주체의 개입 없이 개인들이 모여 자율적으로 제안과 투표 등의 의사 표시를 해 다수결로 의사결정을 하고 이를 토대로 운용되는 조직이다. DAO에서는 누구나 익명으로 참여할 수 있으며, 의사결정은 기본적으로 자체 알고리즘이 판단하며 투자자들은 투표로 찬반 의사를 표시할 수 있다. 그리고 수익이 나면 알고리즘이 수익금을 투자자들에게 분배한다. DAO에는 CEO나 이사회가 없다. 의사결정은 분산된 개인들에게 맡겨져 있다.

DAO에서는 특정한 집합의 구성원 또는 주주들을 갖고 있는 가상 독립체Virtual Entity가 필요한 수만큼의 구성원 동의하에(예: 67% 다수) 자금 운용 권한과 코드 변경 권한을 갖는다. 구성원들은 그 조직이 어떻게 운영자금을 배분할지를 공동으로 결정한다. DAO의 자금을 배분하는 방식은 포상, 급여 형식부터 보다 색다른 내부 화폐로 보상하는 형식까지 다양하다. 이것은 본질적으로 통상적인 기업이나 비영리재단에서 사용하는 법적인 장치들을 그대로 따르는 것이지만, 그 집행의 강제Enforcement를 위해 암호화 블록체인 기술을 사용한다는 점에서 다르다. 지금까지의 DAO에 대한 논의는 주로 '자본주의적Capitalist' 모델인 '탈중앙화된 자율기업Decentralized Autonomous Corporation; DAC'에 관한 것이었는데, 이 DAC는 배당을 받는 주주들과 매매가능한 지분을 가지고 있다. 이것에 대한 대안적인 형태로 '탈중앙화된 자율 커뮤니티Decentralized Autonomous Community' 같은 방식도 가능하다.[78]

DAO는 법적으로 이전에는 존재하지 않았던 새로운 비즈니스 형태로, 이것이 법적으로 유한 책임을 갖는지 무한 책임을 갖는지는 명확하지 않다. DAO는 현재 몇 개의 사업자가 성공적으로 운영되고 있고 추후 계속해서 새로운 사업이 나올 것으로 예상된다. 또한 DAO의 성공사례가 지속적으로 나타난다면 분산 자율 정부 DAG와 분산 자율 사회DAS의 탄생도 예상해볼 수 있다. 불투명하고 신뢰가 부족한 사회에서 투명하고 신뢰할 수 있는 사회로 전환될 수 있는 것이다. 하지만 아직까지 DAO의 가능성은 예단하기 어렵다. 2016년 4월, DAO로서 사상 최초로 설립된 더다오The DAO는 일종의 벤처캐피털 펀드로서 의결권을 토큰DAO Token으로 행사할 수 있도록 크라우드 펀딩을 통해 토큰을 판매했다. 투자자들로부터 확보한 이더를 어떤 기업에 투자할지 토큰을 기반으로 투표할 수 있도록 스마트 컨트랙트가 설계되었고, 특정 운영주체 없이 참여자의 투표로 운영되는 방식이었다. The DAO는 출발부터 세계적인 주목을 끌었으나 두 달도 채 되지 않아 코드의 논리적 취약점이 드러나 해커의 공격을 당하면서 운영이 정지되는 운명을 맞이했다.

The DAO 프로젝트는 DAO라는 개념을 실제로 구동시킨 하나의 사례에 불과하다. The DAO 프로젝트가 실패했다고 해서 DAO 자체가 실패라고 말할 수는 없다. The DAO 프로젝트는 블록체인 역사상 한 획을 그을 수 있는 중대한 시도였다. 전 세계 최초로 서로를 알지 못하는 익명의 투자자들이 어떤 위계질서 없이 공동으로 기업을 경영한다는 것은 수년 전만 해도 상상조차 하기 어려웠던 혁신적 사례라 할 수 있다. DAO는 소수의 특정 소유자에 귀속된 것이 아니라 다수의 참여자가 자율적으로 프로젝트를 제안하고 시스템을 구현하고 공동으로 의사결정을 내리는 새로운 유형의 거버넌스 체계다.

DAO의 변형 모델로서 '분산 협업 조직Distributed Collaborative Organization; DCO' 개념도 등장했다. DCO는 DAO에 대한 휴먼 인터페이스와 상호작용을 포함한다. 즉, 신뢰 네트워크가 인간 세계까지 확장된다. DCO는 DAO를 현실세계에 적용하기 위한 모델로 이해할 수 있다.[79] The DAO의 실패를 교훈 삼아 앞으로 DAO 2.0, 3.0이 지속적으로 출현할 것이다.

DAO가 향후 본격적으로 인공지능화할 것이라는 의견도 있다. DAO가 인공지능과 결합된다면 그 파급효과는 폭발적일 것이다. AI DAO는 인공지능 기술을 사용하는 DAO다. DAO가 AI DAO로 진화하는 방식은 여러 가지 경로를 가진다. 블록체인 네트워크의 각각의 노드가 AI로 구성될 수도 있고, 중앙의 스마트 컨트랙트 자체가 AI 기반으로 진화할 수도 있다. 마지막으로는 다중의 블록체인 네트워크에 복잡하게 연결됨으로써 일종의 '떼 지능Swarm Intelligence'으로서 AI가 창발할 수 있다.[80] AI DAO는 기존 금융상품 거래에 머물지 않고 기초자산을 담보로 다양한 파생상품을 직접 개발하거나 거래하는 데까지 진화될 수 있다. AI는 기초자산의 리스크를 투명하게 관리하고, DAO는 투자자 확대를 촉진한다. DAO의 앞날은 어둡지 않다. DAO의 미래는 결국 AI를 통해 얼마나 효율적이고 민주적이며 지속가능한 거버넌스를 구현하느냐에 달려 있다.

다음으로는 블록체인이 몰고 올 직업의 미래에 대해 생각해보자. 블록체인의 스마트 컨트랙트는 기본적으로 중개자의 불필요한 개입을 최소화한다. 즉, 전통적 기업 시스템에서는 프로세스 단계별로 다수의 사람들이 참여해 의견을 덧붙이고 판단하고 결정을 내렸다면, 블록체인 플랫폼에서는 스마트 컨트랙트에 따라 모든 것이 이루어진다.

돈 탭스콧에 따르면, "블록체인은 근본적인 자동화를 위한 특별한 플랫폼이다. 사람 대신 컴퓨터 코드가 작업을 하고 자산과 사람을 관리한다. 사물인터넷을 통해 많은 신규 비즈니스와 고용 기회가 만들어지겠지만 상대적으로 별다른 스킬이 요구되지 않는 일상적인 업무가 반복되는 시장의 경우에는 실업률이 확대될 수도 있다. 개발도상국에서는 기업가들이 블록체인과 암호화폐를 활용해 자본을 조달하고, 자산과 지적재산권을 보호하고, 가장 가난한 공동체에도 고용 기회를 제공할 수 있다. 수백만 명의 사람들이 신설 기업의 소액 주주가 되고 경제 교환 활동에 참여할 수 있다. 블록체인은 원조 활동의 반경을 넓히고, 정부 투명성을 높이고, 부패를 줄이며 좋은 정부를 위한 환경을 만드는 데 기여할 수 있다. 이것은 여러 영역에서의 일자리 창출을 위한 사전 조건이다."[81]

중요한 것은 새로운 기술과 역량이 나타났다는 사실이 아니라, 사회가 어느 수준으로 이러한 기술과 역량을 사회적 가치창출로 바꿀 수 있느냐다. DAO 참여를 통해 노동 없이 알고리즘만으로 새로운 부를 창출할 수 있다면 소유와 분배에 대한 새로운 사회적 계약관계가 요구되는 시기가 앞당겨질 수 있다. 즉, 모두가 자본가가 되는 시대가 다가올 수 있다. 사람이 할 일을 새롭게 정의하고 생계를 위해 몇 시간 동안 일해야 할지 결정을 내리게 되는 낙관적인 미래를 기대할 수도 있다. 하지만 자동화가 가속화될수록 사람이 필요성은 점점 근거를 잃어간다. 단순히 사람과 알고리즘의 공존과 협력으로 일자리가 진화할 것이라는 설명은 근거가 빈약하다. 스마트 컨트랙트와 인공지능이 결합되고 새로운 알고리즘이 지속적으로 출현한다면 사람과 머신, 머신과 머신의 협력에 의존한 일자리 역시 줄어든다. 나아가 블록체인 기반의 알고리즘 노동자가 모든 인간의 노동을 대체한다면 새로운 부의 창출은 어떻게 가능할 것인지에 대해서도 의문을 갖지 않을 수 없다. 생산성 향상과 불평등 축소는 동전의 양면이다. 소득과 분배의 문제를 함께 고려하지 않으면 안 된다. 대파국이 오기 전에 일자리에 대한 근본적인 고민이 본격적으로 시작되어야 한다.

블록체인 사회, '디지털 카탈락시'

호주 로열멜버른 공과대학RMIT의 싱클레어 데이비슨Sinclair Davidson 교수에 따르면, 블록체인은 기업과 시장의 새로운 제도를 만드는 거버넌스 기술이다. 나아가 블록체인은 경제를 재설계하는 기술이다. 이런 관점에서 블록체인은 전통적인 기존 조직과 경쟁하는 관계다. 달리 표현하자면, 블록체인은 평범한 조직이 아니라 일종의 '자발적 조직Spontaneous Organization'이다. 블록체인은 시장 그 자체는 아니지만 시장과 유사한 속성을 갖는다. 즉, 블록체인은 단지 교환Exchange뿐만 아니라 거래Transaction를 촉진시킨다. 블록체인은 분산된 그룹의 사람들을 조정하면서 그들이 하나의 경제를 이루도록 한다.[82]

20세기 중반 오스트리아 출신 경제학자 프리드리히 하이에크는 서로 다른 가치체계를 가진 개인들이 서로에게 필요한 물건과 서비스를 주고받는 자율적이고 창발적인 시장경제를 '카탈락시Catallaxy'라고 부르고, 이를 개인 또는 가정경제와 같이 공통의 목적체계를 가진 조직 내에서의 자원 분배와 사용을 의미하는 '경제Economy'라는 개념과 구분한다. 하이에크에 따르면, 헬라스어 '오이코노미아Oikonomia'가 어원인 경제는 가정경제 또는 가정경제의 확장판이다. 따라서 하이에크는 경제에 대한 편협한 인식을 극복하고자 카탈락시 개념을 대안으로 제시한다. 카탈락시의 어원은 헬라스어 '카탈라테인katalattein'인데, 이는 '교환하다', '화해하다', '공동체 안으로 받아들이다', '적을 친구로 만들다'라는 뜻이다. 다시 말해 카탈락시는 서로 다른 가치를 가진 참여자들의 호혜적인 상호작용의 패턴을 의미한다.

하이에크는 시장 체계의 참여자들이 단일한 동질적인 선호를 갖고 있으며 다만 양적인 차이만 있을 뿐이라는 주류경제학의 전제를 거부하고, 시장 체계를 다수의 이질적인 선호들이 공존하는 체계로 본다. 즉, 인간의 선호란 것은 너무나도 다양하고, 어떠한 단일 주체도 그 선호를 모두 파악할 수는 없기 때문에, 충돌하는 선호들을 효율적으로 충족할 수 있는 유일한 방법은 바로 '시장 가격 시스템'을 매개로 작동하는 자유로운 시장의 교환 관계다. 즉, 시장에서 가장 중요한 구성 단위인 '개인'은 제한된 지식만을 가지고 불완전한 판단을 하는 존재다. 이런 개개인의 불완전성을 보완해줄 수 있는 것을 하이에크는 '시장 가격 시스템'으로 본다는 의미다.[83] 시장 가격이 카탈락시를 경제와 구분할 수 있는 출발점인 셈이다.

카탈락시는 창발적 질서다. 그리고 이 질서는 시장 교환 내에서 상호작용하는 다수의 다양한 개인들이 가지고 있는 수많은 목적으로부터 창발한다. 카탈락시는 어떤 특정한 개인들이 의식적으로 고안하거나 계획하지 않았음에도 사람들이 일정한 규칙에 따라 서로 최선의 정보를 획득할 수 있게 해주며, 더욱이 다른 사람의 간섭 없이 각자가 자신의 목적을 자유롭게 추구할 수 있도록 해준다. 따라서 경제는 의도적으로 계획할 수 있다 해도 카탈락시는 계획 자체가 불가능하다.

"카탈락시는 시장에서의 많은 개별 경제들의 '상호 조정Mutual Adjustment'에 의해 생겨난 질서를 기술하는 데에 사용될 수 있다. 즉, 카탈락시란 소유권, 불법행위, 그리고 계약에 대한 법률의 규칙들 내에서 행동하는 사람들을 통해 시장에 의해 생산되는 특별한 종류의 '자발적 질서Spontaneous Order' 다."[84]

블록체인은 새로운 사회적 기술이자 디지털 시대의 카탈락시다. 복잡계 세계에서는 사전 계획으로 모든 것을 구현할 수 없다. 블록체인은 자발적 질서로 이루어지며 다양한 이해관계자에게 합의와 상호조정의 메커니즘을 제공한다. 디지털 세계의 복잡성이 강화될수록 네트워크가 확장되고, 데이터와 지식이 축적될수록 창발의 기회, 혁신의 기회도 커진다. DAO는 블록체인이 카탈락시를 구현하는 도구가 된다.

"카탈락시에 대해 중요한 것은 그것이 개인들이 이기적이든 그렇지 않든 관계없이 사람마다 크게 차이가 나는 서로 다른 지식과 목적들을 화해시킨다는 점이다. 카탈락시에서 인간들은 완전히 이기적이든 매우 이타적이든, 자신들의 관심을 추구하면서도 그들이 결코 알지 못하는 많은 사람들의 목적들을 촉진시켜주기 때문에, 카탈락시는 전체 질서로서 볼 때 어떤 의도적인 조직보다도 훨씬 우월하다. 위대한 사회Great Society에서는 서로 다른 구성원들은 자신들의 목적들이 서로 다름에도 불구하고, 아니 오히려 그 목적들이 서로 다르다는 이유로 각자 타인들의 노력으로부터 이익을 얻는다."[85]

사회 질서를 '카탈락시 게임'으로 규정한 하이에크에 따르면 시장이라는 게임의 규칙이 중요하다. 모든 이에게 공정한 기회의 평등을 주어야 하고 공정한 게임의 결과는 개개인의 운과 기량에 맡겨야 한다는 의미다. 따라서 사람들이 서로 공정한 경쟁을 벌일 수 있도록 균등한 기회를 보장하는 '법적 시스템'을 구축하는 것이 중요한 과제가 된다. 반면 시장에 자유롭게 참여할 수 있는 기회의 평등이 아니라 결과의 평등이나 조건의 평등을 추구하게 되면, 이는 자생적인 시장의 질서를 왜곡하고 개인들의 자유를 침해하는 결과를 낳게 된다.

"시장 시스템이 어떻게 작용해 하나의 질서를 창출하는지, 그리고 그것이 어떻게 사람들이 자신의 노력으로부터 얻은 수익을 크게 증대시키는지를 이해할 수 있는 최선의 방법은 시장 시스템의 작용을 카탈락시 게임Game of Catallaxy이라고 부를 수 있는 하나의 게임으로 생각하는 것이다. 그것은 부를 만드는 게임, 즉 재화의 흐름과 모든 참여자들의 욕구 충족에 대한 기대를 증대하고자 하는 게임이다."[86]

나아가 블록체인은 시장의 가격 시스템에 비유할 수 있고, 정부의 법에 비유할 수 있다. 블록체인은 사적인 행동을 조정하고 명확하고 분명한 공적인 신호를 제공하는 일관된 규칙 시스템이다. 즉, 블록체인은 새로운 경제 시스템을 기획하는 기술이다. 블록체인은 새로운 화폐이자 디지털 원장으로서 기존의 기업과 정부 시스템에 도전하는 새로운 가치혁신 인프라다. 바로 이것이 New ICT 시대에 우리가 꿈꾸는 디지털 카탈락시다.

블록체인 경제학은 새로운 경제를 만드는 새로운 기술 관점으로 이해되어야 한다. 근본적인 분산화를 시도하고, 자율 기업을 추진하며, 공유와 협력을 통한 분산 기록, 그리고 독점을 넘어선 새로운 거버넌스 시스템, 이 모든 것은 과거의 낡은 중앙화된 방식에서 기술적, 사회적으로 추진되는 완벽한 전환이다. 나아가 블록체인은 정치적 힘에 의해 강요되는 것이 아니라, 수학적 진리 위에 설립된 사회적 질서의 기초가 된다.[87] 새로운 질서는 하루아침에 다가오지 않는다. 자발적으로 탄생한 자율적인 주체들이 미래를 향해 다양한 꿈을 꾸고, 그 꿈들이 서로 충돌하고, 조정을 겪고, 새로운 가치의 지점을 찾아갈 때 새로운 디지털 카탈락시가 열린다.

프랑스 경제학자 앙드레 오를레앙André Orléan에 따르면, 화폐와 가치는 동일하며 분리되지 않는다. 디지털 카탈락시를 구성하는 암호화폐 역시 사회 구성원 전체에 의해 수용되고 승인되는 과정에서 가치에 실재적인 힘을 부여한다. 화폐를 통해서 경제적 가치는 사회적 성격을 획득하며 사회적 근거로 작동한다. "가치는 대상에 있지 않다. 가치는 사람들이 서로 조화롭게 생활을 영위하는 데에서 만들어진다. 가치는 제도의 성격을 갖는다."[88]

'크립토–유토피아'를 향하여

블록체인 사회는 유토피아Utopia가 될 수 있는가, 아니면 디스토피아Dystopia가 될 것인가?

'유토피아Utopia'란 500여 년 전 영국의 토마스 모어의 책《유토피아Utopia》(1516)에서 유래된 개념이다. 유토피아는 헬라스어의 'ou(없다)'와 'topos(장소)'를 조합한 말로서 "어디에도 없는 장소"를 의미한다. 유토피아는 '현실에는 결코 존재하지 않는 이상적인 사회'다. 즉, 유토피아는 현실에 발을 딛고 있는 한, 도달하기 어려운 '꿈과 이상세계'다.

디지털 기술이 가져올 미래에 대한 섣부른 낙관론은 아직 이르다. 기술의 진화만으로 더 살기 좋은 세계를 만들 수는 없다. 우리는 과연 '실현가능한 유토피아'를 만들 수 있을 것인가? 유토피아에 대한 기대는 현실에 대한 불만족에서 시작된다. 지난 수십 년 동안 디지털 기술이 사회적 삶의 질적인 변화를 가져오고 있지만, 아직 우리가 꿈꾸는 이상사회와는 거리가 멀다. 기회의 불평등과 독점은 여전하고, 가치 분배에 대한 이견도 좁혀지지 않고 있다. 즉, 이상사회는 누구에게나 동일한 모습으로 나타나지 않는다. 즉, 가치 지향점에 대한 '합의' 없이는 유토피아는 헛된 망상에 불과하다.

그렇다면 블록체인 사회는 어떻게 하면 유토피아가 될 수 있을까? 블록체인 기술은 정보와 지식에 대한 동등한 접근을 보장한다. 모든 구성원들이 의사결정에 참여할 수 있고, 그 결과에 대한 책임을 나눈다. 모든 과정은 투명하게 공개되며 소수의 이익을 위한 조작은 불가능하다. 블록체인 사회에서는 연결이 폭발적으로 확대되고 정보와 지식의 확대로 지속적인 가치를 창출한다. 그리고 새로운 가치는 참여자들에게 재분배됨으로써 커먼즈 창출의 기반을 이룬다. 블록체인 사회의 구성원들은 오픈 시스템들을 통해 공유된 가치를 창조하며, 공동의 작업으로 재사용이 가능한 공유 자원들을 만든다. 블록체인 사회에서의 지속적 혁신의 동력은 자본의 축적에서 오는 것이 아니라, 커먼즈의 축적에서 나온다. 연결과 자율성은 커먼즈를 낳고 커먼즈는 창발을 낳는다. 블록체인 유토피아는 물질적 풍요가 아닌 새로운 커먼즈를 통해 실현된다.

반면 유토피아에 대한 기대가 있는 곳에는 디스토피아에 대한 가능성도 존재한다. 인터넷이 자유와 혁신을 가져왔지만 통제와 독점의 확대로 디지털 디스토피아에 대한 우려도 낳았듯이, 블록체인 사회에 대한 불안감도 적지 않다. 사회경제의 토대가 되는 화폐의 분화와 파편화로 인한 혼란도 커질 수 있다. 암호화폐 투기 열풍이 식으면 암호화폐가 지닌 가상의 가치는 물거품처럼 사라질 수 있다. 중앙집중화된 안정적인 사회 시스템이 다수의 프라이빗 블록체인 네트워크들로 분해됨으로써 네트워크 간의 경쟁이 심화되고 갈등이 커질 수 있다. 권력이 분산됨으로써 얻게 되는 이익만큼 사회적 혼란은 커질 수 있다. 호혜적인 커뮤니케이션 없이 동등한 접근권과 의사결정 권리만을 요구한다면 '다수결의 함정'에 빠질 수 있다. 또한 과도한 투명성에 대한 요구가 기업과 개인에 대한 프라이버시 침해를 부추길 수 있다.

완벽한 시스템이란 존재하지 않는다. 어떤 시스템이나 조직이든 정체되는 순간 소멸의 가능성은 커진다. 모든 것은 하나의 과정이다. 우리가 지향하는 미래는 한순간에 실현되는 것이 아니라, 끊임없이 변화되어가는 과정으로서 다가오는 것이다. 사회문제의 해결책은 또 다른 사회문제를 낳는다. 따라서 문제 해결은 단 한 차례의 결단과 실행이 아닌 지속적인 커뮤니케이션과 피드백에 달려 있다. 블록체인 사회는 극적인 혁명의 사회가 아니라 지속적인 교류와 협력을 통해 변화해가는 사회다. 우리가 꿈꾸는 사회는 모든 꿈이 실현되어버린 '정지 상태'가 아닌 새로운 것을 개척해나가는 '운동 상태'에 가까워야 한다. 즉, 우리의 미래는 끊임없는 변화를 만드는 '프로토피아(Protopia: Process · Progress + Topia)' 사회여야 한다.

어떤 시스템이든 인간을 대신해 윤리적 판단을 하지는 않는다. 기술이 사회경제의 구조를 만들지만 방향을 결정짓는 것은 사람이다. 과학과 기술의 발전이 윤리의식의 진화로 귀결되지는 않는다. 블록체인이 더 나은 사회를 위한 새로운 기회를 제공하고 있는 것은 분명하다. 하지만 블록체인 역시 수많은 기술 중 하나다. 기술에 대한 광신은 기술 페티시즘이 될 우려가 있다. 블록체인은 기술 그 자체로서가 아니라 휴머니티 Humanity의 새로운 출발점이어야 한다. 기술과 사람의 상호작용과 공진화를 통해 사회제도적 변화와 혁신을 만들어야 한다.

오늘날 인류는 언제 일어날지 모르는 파국의 가장자리에 불안하게 서 있다. 하지만 다른 한편으로 인류는 협력을 통해 끊임없이 새로운 기회를 창조해나가고 있다. 어떤 개체든 소멸하지만 생명 그 자체는 끊임없이 재탄생한다. 협력이 만드는 혁신과 창조의 산물을 얻기 위해서는 협력이 번성할 수 있는 사회적, 기술적 환경부터 갖춰야 한다. 블록체인은 바로 초협력의 메커니즘이자 협력의 인센티브를 제공하는 사회경제적 환경이다. 고립되면 몰락한다. '크립토-유토피아'의 관점으로 현재를 다시 쓰자. 블록체인의 미래는 우리 스스로가 사회적 관계를 어떻게 협력적으로 재구축하느냐에 달려 있다.

주
—

- **들어가며**

1   https://www.wsj.com/articles/SB10001424053111903480904576512250915629460

2   VenkatVenkatraman (2017), 《The Digital Matrix》, LifeTreeMedia : p. 15

3   https://dealbook.nytimes.com/2014/01/21/why-bitcoin-matters/?smid=tw-share

4   http://www.goldmansachs.com/our-thinking/pages/blockchain/index.html

5   https://www.economist.com/news/leaders/21677198-technology-behind-
    bitcoin-could-transform-how-economy-works-trust-machine

6   https://www.weforum.org/agenda/2016/01/a-brief-guide-to-the-
    technologies-changing-world

7   Joseph A. Schumpeter (1950), 《자본주의 사회주의 민주주의(Capitalism, Socialism,
    Democracy)》, 북길드 : p. 126

8   Joseph A. Schumpeter (1934), 《경제발전의 이론(Theorie der wirtschaftlichen-
    Entwicklung)》, 지식을만드는지식 : pp. 180-181

9   Paul Mason (2015), 《포스트자본주의(Postcapitalism)》, 더퀘스트 : p. 104

10 Timothy Bresnahan, Manuel Trajtenberg (1992), 〈General Purpose Technologies
    "Engines of Growth?"〉 Available at SSRN : https://ssrn.com/abstract=282685

11 David G.W. Birch (2017), 《Before Babylon, Beyond Bitcoin》, London Publishing
    Partnership : p.20

12 Geoffrey Ingham (2004), 《돈의 본성(The Nature of Money)》, 삼천리 : pp. 27-28

13 Karl Polanyi (1944), 《거대한 전환(The Great Transformation)》, 도서출판 길 : pp.
    184-185

14 Gartner (2015), 〈Maverick* Research: The Programmable Economy Is the Ultimate
    Destination for Digital Business〉 Available at Gartner :https://www.gartner.com/
    doc/3152917/maverick-research-programmable-economy-ultimate

15 LG경제연구원 (2017), 〈알고리즘으로 움직이는 경제, 디지털 카르텔 가능성 커진다〉
Available at LGERI :http://www.lgeri.com/report/view.do?idx=19578

- **1부**

1 William N. Goetzmann (2016), 《Money Changes Everything》, Princeton University Press : p. 1

2 Melanie Swan (2015), 《Blockchain – Blueprint for a New Economy》, O'reilly : Preface p. 9

3 Timothy Bresnahan, Manuel Trajtenberg (1992), 〈General Purpose Technologies "Engines of Growth?"〉 Available at SSRN: https://ssrn.com/abstract=282685

4 한국정보화진흥원 (2017), 〈새로운 기술, 새로운 세상 – 지능정보사회〉

5 Ethan Kane (2017), 〈Is Blockchain a General Purpose Technology?〉 Available at SSRN: https://ssrn.com/abstract=2932585

6 산업연구원 (2017), 〈4차 산업혁명이 한국 제조업에 미치는 영향과 시사점〉

7 한국정보화진흥원 (2017), 〈새로운 기술, 새로운 세상 – 지능정보사회〉

8 William Mougayar (2016), 《비즈니스 블록체인(The Business Blockchain)》, 한빛미디어 : p. 218

9 아카하네 요시하루, 아이케이 마나부 (2016), 《블록체인 구조와 이론》, 위키북스 : p. 143

10 http://www.bloter.net/archives/273344

11 William Mougayar (2016), 《비즈니스 블록체인(The Business Blockchain)》, 한빛미디어 : p. 72

12 https://medium.com/@DebrajG/how-the-byzantine-general-sacked-the-castle-a-look-into-blockchain-370fe637502c

13 William Mougayar (2016), 《비즈니스 블록체인(The Business Blockchain)》, 한빛미디어 : p. 57

14 아카하네 요시하루, 아이케이 마나부 (2016), 《블록체인 구조와 이론》, 위키북스 : pp. 105-114

15 William Mougayar (2016), 《비즈니스 블록체인(The Business Blockchain)》, 한빛미디어 : p. 72

16 https://brunch.co.kr/@jeffpaik/28

17   WEF (2016), 〈A Blueprint for Digital Identity〉

18   http://theblockchain.kr/article-180

19   https://bravenewcoin.com/news/blockchains-for-artificial-intelligence

20   한국오라클 (2017), 〈SERVITIZATION 고객과의 WIN-WIN 생태계 확보를 위한 개
     방형 혁신〉

21   http://www.sisajournal-e.com/biz/article/170933

22   보험연구원 (2017), 〈중국 보험산업의 블록체인 활용 확대〉

23   보험개발원 (2017), 〈P2P 보험 도입 효과 분석〉

24   https://cointelegraph.com/news/worlds-first-blockchain-insurance-
     marketplace-to-launch-ambitious-ico

25   http://www.coindesk.com/aig-launches-blockchain-pilot-multinational-
     insurance

26   http://blog.kepco.co.kr/723

27   http://www.gereports.kr/renewable-energy-taking-page-bitcoin

28   http://lo3energy.com/press

29   http://www.coindesk.com/nuco-blockchain-beta-tmx-natural-gas

30   http://www.nasdaq.com/article/innogy-charges-new-electric-car-fleet-using-
     ethereum-blockchain-cm785270

31   http://www.etnews.com/20170629000305

32   http://biz.chosun.com/site/data/html_dir/2017/04/14/2017041402308.html

33   http://fortune.com/2016/10/19/walmart-ibm-blockchain-china-pork

34   http://www.newspim.com/news/view/20170920000203

35   http://blog.skcc.com/3319

36   https://news.bitcoin.com/deepmind-healthcare-ai-blockchain

37   https://www.cccinnovationcenter.com/challenges/block-chain-challenge

38   http://musically.com/2016/09/02/blockchain-platform-ujo-music-opening-up-
     in-early-2017

39   http://imnews.imbc.com/n_newssas/n_inside/4338548_16711.html

40   https://decent.ladesk.com

41   https://blog.mediachain.io/the-next-chapter-for-mediachain-labs-
     8aef3eedd729

42   Melanie Swan (2015), 《Blockchain - Blueprint for a New Economy》, O'reilly : p. 44

43 http://www.dubaifuture.gov.ae/our-initiatives/global-blockchain-council

44 http://smartdubai.ae/dubai_blockchain.php

45 http://www.du.ae/about-us/media-centre/newsdetail/2017/01/03/du-nmc-blockchain

46 http://realestatetechnews.com/blog/3-ways-that-the-blockchain-will-change-the-real-estate-market

47 https://www.forbes.com/sites/laurashin/2017/02/07/the-first-government-to-secure-land-titles-on-the-bitcoin-blockchain-expands-project

48 https://www.cryptocoinsnews.com/japan-place-entire-property-registry-blockchain

49 https://irts.molit.go.kr

50 http://www.reidao.io

51 https://atlant.io

52 https://rexchange.com

53 William Nordhaus (2013), 《기후카지노(The Climate Casino)》, 한길사 : pp. 17-18

54 https://idcubed.org/chapter-10-green-coins-using-digital-currency-build-new-power-platform

55 https://en.oxforddictionaries.com/definition/democracy

56 한국정보화진흥원 (2017), 〈블록체인 활용 전자투표 주요사례 및 시사점〉

57 Jason Potts, Ellie Rennie, Jake Goldenfein (2017), 〈A City is a Data Pool: Blockchains and the Crypto-City〉 Available at SSRN: https://ssrn.com/abstract=2982885

58 Jason Potts, Ellie Rennie, Jake Goldenfein (2017), 〈A City is a Data Pool: Blockchains and the Crypto-City〉 Available at SSRN: https://ssrn.com/abstract=2982885

59 Venkat Venkatraman (2017), 《The Digital Matrix》, LifeTree Media : p. 39

60 Huaiqing Wang, Kun Chen, Dongming Xu (2016), 〈A maturity model for blockchain adoption〉 in Financial Innovation

61 Marco Iansiti, Karim R. Lakhani (2017), 〈The Truth About Blockchain〉 in Harvard Business Review

62 https://www.linkedin.com/pulse/crypto-20-musings-blockchain-disruption-evaluation-alex-batlin

63 IBM (2017), 〈Guidelines for blockchain adoption in the enterprise: How to compare frameworks〉

64 Chamber of Ditital Commerce (2016), 〈Smart Contracts : 12 Use cases for Business & Beyond〉

- **2부**

1   https://en.wikipedia.org/wiki/Money

2   Georg Simmel (1900, 1930), 《돈의 철학(Phiosophie des Geldes)》, 도서출판 길 : p. 111

3   Georg Simmel (1900, 1930), 《돈의 철학(Phiosophie des Geldes)》, 도서출판 길 : p. 221

4   Geoffrey Ingham (2004), 《돈의 본성(The Nature of Money)》, 삼천리 : p. 163

5   Geoffrey Ingham (2004), 《돈의 본성(The Nature of Money)》, 삼천리 : p. 157

6   Georg F. Knapp (1905, 1923, 2013), 《The State Theory of Money》, Martino Publishing : p. 34

7   Geoffrey Ingham (2004), 《돈의 본성(The Nature of Money)》, 삼천리 : pp. 29-30

8   Geoffrey Ingham (2004), 《돈의 본성(The Nature of Money)》, 삼천리 : p. 127

9   https://coinmarketcap.com

10 https://blockchain.info/charts/total-bitcoins?timespan=all

11 http://biz.chosun.com/site/data/html_dir/2017/05/29/2017052902352.html

12 http://news.chosun.com/site/data/html_dir/2017/01/13/2017011301533.html

13 https://www.ubs.com/microsites/blockchain-report/en/home.html

14 http://www.asiae.co.kr/news/view.htm?idxno=2017031711062257607

15 http://www.yonhapnews.co.kr/bulletin/2017/01/19/0200000000AKR20170119153700002.HTML

16 David G.W. Birch (2017), 《Before Babylon, Beyond Bitcoi》, London Publishing Partnership : p.224

17 https://en.wikipedia.org/wiki/Dynamic_stochastic_general_equilibrium

18 Olivier J. Blanchard (2008), 〈THE STATE OF MACRO〉 Available at NBER: http://www.nber.org/papers/w14259

19 Olivier J. Blanchard (2016), 〈Do DSGE Models Have a Future?〉 Available at PIIE:

https://piie.com/publications/policy-briefs/do-dsge-models-have-future

20 https://paulromer.net/trouble-with-macroeconomics-update

21 이종규 (2011), 〈금융위기와 거시경제학계의 최근 논의〉 Available at 한국경제포럼
제 4권 3호

22 http://oecdinsights.org/2016/09/29/stop-pretending-that-an-economy-can-
be-controlled

23 Mark Buchanan (2013), 《내일의 경제(Forecast)》, 사이언스북스 : p. 153

24 https://www.santafe.edu/about

25 W. Brian Arthur (2015), 《Complexity and the Economy》, Oxford University Press
: p. 1

26 Eric D. Beinhocker (2006), 《부의 기원(The Orgin of Wealth)》, 랜덤하우스코리아 :
pp. 174-175

27 Mark Buchanan (2013), 《내일의 경제(Forecast)》, 사이언스북스 : p. 176

28 Mark Buchanan (2013), 《내일의 경제(Forecast)》, 사이언스북스 : p. 352

29 Mark Buchanan (2013), 《내일의 경제(Forecast)》, 사이언스북스 : p. 160

30 Kariappa Bheemaiah (2017), 《The Blockchain Alternative》, Apress : p. 213

31 조남운 (2016), 〈경제학에서의 행위자기반모형〉 Available at 2016 경제학 공동학술
대회

32 http://www.economist.com/node/16636121

33 Mark Buchanan (2013), 《내일의 경제(Forecast)》, 사이언스북스 : p. 45

34 Kariappa Bheemaiah (2017), 《The Blockchain Alternative》, Apress : p. 214

35 https://letstalkpayments.com/rethinking-capitalism-with-the-blockchain-part-ii

36 Eric D. Beinhocker (2006), 《부의 기원(The Orgin of Wealth)》, 랜덤하우스코리아 :
p. 283

37 Per Bak (1987), 〈Self-Organized Criticality〉 Available at Physical Review Letters
Vol. 59

38 Eric D. Beinhocker (2006), 《부의 기원(The Orgin of Wealth)》, 랜덤하우스코리아 :
p. 311

39 Geoffrey Ingham (2004), 《돈의 본성(The Nature of Money)》, 삼천리 : pp. 163-
164

40 https://hbr.org/2015/03/data-monopolists-like-google-are-threatening-the-
economy

41 백욱인 (2014), 〈정보자본주의와 인터넷 서비스 플랫폼 장치 비판〉 Available at 한국 언론정보학보 통권 65호

42 백욱인 (2014), 〈서비스 플랫폼의 전유 방식 분석에 관한 시론〉 Available at 경제와 사회 통권 104호

43 César Hidalgo (2015), 《Why Information Grows》, Penguin : p. 125

44 https://www.decodeproject.eu

45 http://www.econotimes.com/EU-project-DECODE-to-develop-blockchain-tools-to-transform-online-information-sharing-723736

46 Don Tapscott, Alex Tapscott (2016), 《Blockchain Revolution》, Penguin : p. 98

47 George Gilder (2013), 《지식과 권력(Knowledge and Power)》, 세종연구원 : p. 66

48 George Gilder (2013), 《지식과 권력(Knowledge and Power)》, 세종연구원 : pp. 26-27

49 Geoffrey G. Parker, Marshall W. Van Alstyne, Sangeet Paul Choudary (2016), 《Platform Revolution》, W. W. Norton & Company : p. 26 (iBooks Edition)

50 이상규 (2010), 〈양면시장의 정의 및 조건〉 Available at 정보통신정책연구 제17권 4호

51 W. Brian Arthur (1994), 《Increasing Returns and Path Dependence in the Economy》, University of Michigan Press : pp. 1-2

52 http://verticalplatform.kr/archives/9317

53 Nick Srnicek (2017), 《Platform Capitalism》, Polity Press : pp. 107-110

54 Arun Sundararajan (2016), 《The Sharing Economy》, The MIT Press : p. 33 (iBooks Edition)

55 http://robertreich.org/post/109894095095

56 Trebor Scholz (2016), 〈Platform Cooperativism〉 Available at RLS-NYC: http://www.rosalux-nyc.org/platform-cooperativism-2

57 Primavera De Filippi (2017), 〈What Blockchain Means for the Sharing Economy〉 Available at HBR: https://hbr.org/2017/03/what-blockchain-means-for-the-sharing-economy

58 https://cointelegraph.com/news/arcade-city-decentralized-blockchain-based-answer-to-uber

59 http://www.seunghwanhan.com/2016/09/akasha-next-generation-social-media.html

60 https://www.shareable.net/blog/11-platform-cooperatives-creating-a-real-

sharing-economy

61 Yochai Benkler (2006), 《네트워크의 부(The Wealth of Networks)》, 커뮤니케이션 북스 : p. 95

62 Yochai Benkler (2006), 《네트워크의 부(The Wealth of Networks)》, 커뮤니케이션 북스 : p. 98

63 Primavera De Filippi (2017), 〈What Blockchain Means for the Sharing Economy〉 Available at HBR : https://hbr.org/2017/03/what-blockchain-means-for-the-sharing-economy

64 https://www.tezos.com

65 https://coinlist.co/currencies/filecoin/overview

66 https://etherscan.io/tokens

67 https://medium.com/e-residency-blog/estonia-could-offer-estcoins-to-e-residents-a3a5a5d3c894

68 https://www.coindesk.com/ico-investments-pass-vc-funding-in-blockchain-market-first

69 https://www.bloomberg.com/news/articles/2017-07-18/ethereum-co-founder-says-crypto-coin-market-is-ticking-time-bomb

70 https://vinnylingham.com/why-tokens-are-eating-the-world-b4174235c87b

71 Don Tapscott, Alex Tapscott (2016), 《Blockchain Revolution》, Penguin : p. 107

72 Don Tapscott, Alex Tapscott (2016), 《Blockchain Revolution》, Penguin : p. 308

73 IBM (2017), 〈Building trust in government〉 Available at IBM : https://www-01.ibm.com/common/ssi/cgi-bin/ssialias?htmlfid=GBE03801USEN

74 https://cryptovalley.swiss

75 http://fortune.com/2017/08/01/blockchain-shareholders-law

76 https://www.coindesk.com/nevada-first-us-state-ban-blockchain-taxes

77 http://fortune.com/2017/07/26/sec-icos

78 https://github.com/ethereum/wiki/wiki/White-Paper

79 https://swarm.gitbooks.io/dco-book/content/dco-model-template.html

80 https://blog.bigchaindb.com/ai-daos-and-three-paths-to-get-there-cfa0a4cc37b8

81 Don Tapscott, Alex Tapscott (2016), 《Blockchain Revolution》, Penguin : p. 270

82 Sinclair Davidson, Primavera De Filippi, Jason Potts (2016), 〈Economics of

Blockchain〉 Available at SSRN: https://ssrn.com/abstract=2744751

83 https://en.wikipedia.org/wiki/Catallaxy

84 Friedrich A. Hayek (1982, 2013), 《Law, Legislation and Liberty》, Routledge : p. 269

85 Friedrich A. Hayek (1982, 2013), 《Law, Legislation and Liberty》, Routledge : p. 270

86 Friedrich A. Hayek (1982, 2013), 《Law, Legislation and Liberty》, Routledge : p. 275

87 https://mesosoup.com/2015/12/13/the-new-economics-of-blockchain

88 André Orléan (2011, 2014), 《The Empire of Value》, The MIT Press : p 323-324

신뢰 사회로 이끄는 거래의 혁명

블록체인노믹스

제1판 1쇄 발행 | 2017년 11월 15일
제1판 7쇄 발행 | 2018년 5월 10일

지은이 | 오세현·김종승
펴낸이 | 한경준
펴낸곳 | 한국경제신문 한경BP
편집주간 | 전준석
책임편집 | 황혜정
외주편집 | 정민규
저작권 | 백상아
홍보 | 정준희 · 조아라
마케팅 | 배한일 · 김규형
디자인 | 김홍신

주소 | 서울특별시 중구 청파로 463
기획출판팀 | 02-3604-553~6
영업마케팅팀 | 02-3604-595, 583 FAX | 02-3604-599
H | http://bp.hankyung.com   E | bp@hankyung.com
T | @hankbp   F | www.facebook.com/hankyungbp
등록 | 제 2-315(1967. 5. 15)

ISBN   978-89-475-4271-5   03320